凌叔华
中国的曼殊斐儿

Ling Shuhua

她被鲁迅称为『高门巨族的精魂』
她被徐志摩誉为『中国的曼殊斐儿』
她一生荣耀，半生海外飘摇，
芳魂化落叶，留一世才情多。

林 杉◎著

中国言实出版社

图书在版编目（CIP）数据

凌叔华：中国的曼殊斐儿 / 林杉著. —北京：中国言实出版社，2014.8

ISBN 978-7-5171-0557-2

Ⅰ. ①凌…　Ⅱ. ①林…　Ⅲ. ①凌叔华（1900～1990）-生平事迹　Ⅳ. ①K825.6

中国版本图书馆 CIP 数据核字（2014）第 082887 号

责任编辑：郭江妮

出版发行　中国言实出版社

地　址：北京市朝阳区北苑路 180 号加利大厦 5 号楼 105 室

邮　编：100101

编辑部：北京市西城区百万庄大街甲 16 号五层

邮　编：100037

电　话：64924853（总编室）　64924716（发行部）

网　址：www.zgyscbs.cn

E-mail：zgyscbs@263.net

经　　销　新华书店

印　　刷　北京毅峰迅捷印刷有限公司

版　　次　2014 年 10 月第 1 版　2024 年 1 月第 2 次印刷

规　　格　880 毫米×1230 毫米　1/32　12.25 印张

字　　数　275 千字

定　　价　48.00 元　ISBN 978-7-5171-0557-2

写在书前的话

凌叔华是20世纪一位卓有成就的才女。她出生于北京官宦之家，气质高贵，温婉，恬雅，诗文、书画兼擅，深得那个时代文人圈子的赞许。她比之林徽因成名要早，成就更为富瞻。然而，凌淑华与其他女性相比，却走了一条颇为不同的颠沛之路，半生居留海外，直到晚年才回到生她养她的北京。

我早在创作完成《一代才女林徽因》之后，因着凌叔华在书中出现，很自然地，她便进入我的创作视野。不过，由于当时资料匮乏，所见资料大都停留在一些著作层面，对于完成一部传记相去甚远。比如她的籍贯具体在何处？她的父亲人生背景如何？一如表格式的相当概念。即使我采访她的女儿陈小滢，干女儿杨静远也未得到确切答案，她们只提供了一些自我亲历的材料（当然也很重要）。所以，这部作品我迟迟未能动笔。

直到有一天，我采访了广州番禺区地方志办公室原主任胡家梁先生，他才慷慨地把多年研究成果悉数提供给我，并告之我凌叔华的故里在番禺区的深井村。在深井，我又得到村志办凌志康先生（原村党支部书记）的热情帮助，提供了许多生动鲜活的材料。加之天津朋友相助，又得到凌叔华早年在天津求学时的不少资料，弥补了凌叔华传记写作中的多个盲点。这些材料不仅丰富了作品中凌叔华的心灵世界，而且也建构了她的人生平台，在广阔的历史背景下，较为从容地展开灵魂的时空对话，向人物聚焦，写出多侧面的性格“文理”。

文本的透视很难一步到位，只能一步步接近它的真义。在新资料的支撑下，这次较之前出版的《秀韵天成凌叔华》一书有了较大的补充和修改，又添写了一些新的章节，不当之处请史家指正。

作　者

2014. 7. 20

目　录

第一章 布政使家的女公子

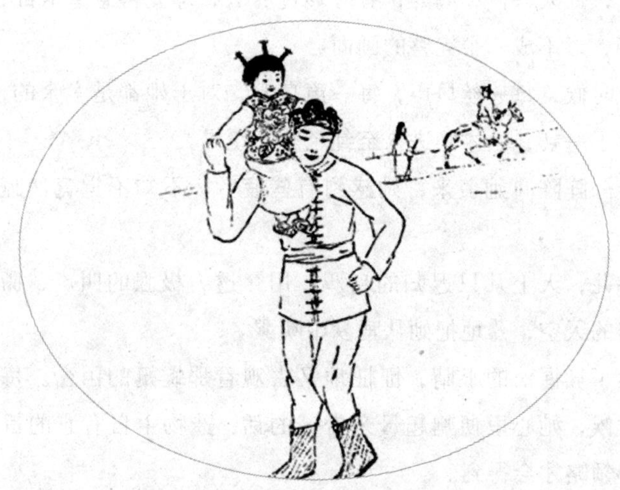

一

她坐在后花园的小山上，望着猫额状的夕阳，慢慢地被深灰色的西山所吞没，收起了它最后几缕灼目的光芒。

山，如同搁浅了的古船，静静地停泊在遥远的天边，失去了大自然如泣如诉的天籁。被暮色简化了的风景，勾勒出一幅姿容婉约而韵味无穷的剪影，那静穆的美，隐约着一派醉意朦胧的风景。

夕阳欲眠，归鸦率行上下翩飞，两个翅膀不停地拍打着远处近处的灯火，涂抹着一天意兴阑珊的倦意，慢慢溶入暮色。

而她依然坐在岩石上，像一个虔诚的拜谒者，进入了一个惟神忘我的境界。山，在她的目光中不停地变幻着：或疏淡，或浓重，或清晰，或朦胧，或喧腾，或宁静，这是绘画要捕捉的最好的境界和语言。可是在她的目光里，有时感到清晰可辨，胸有成竹，令人兴奋和陶醉；有时转过身去，却变得意象散乱，一片模糊，形不成一个完整的画面。

这个时候，每一丝风声，每一声鸟鸣，对于她都是多余的，唯独窒息了一切，她才能进入至纯至美的境界。

困倦一阵阵向她袭来，她感到有些疲劳，不知不觉竟然睡去了。

一会儿，天上几只迟归的乌鸦，用穿透力极强的叫声，撕裂着寂寥的天空，蓦地把她从睡梦中唤醒。

她揉了揉惺忪的眼睛，怔怔地又去观看那蜿蜒的山峦。每到这个时候，她心里便响起母亲告诫的话：造物主自有它的旨意，静心领略才会得到。

凌叔华北京东城史家胡同故宅

这一次改变了观察方式，她先去用心测量山峰的高度，再去估算山势的坡长。那山体的颜色，也在她的目光中不停地测试着：由银白到浅灰，由浅灰到深紫，直到暮色加重，与升起的夜色渐渐叠加在一起。

有时候，她心里猛然冒出了一茎萌芽，试图把它记下来时，可是那一束光亮迅速熄灭，脑海里只剩下一片模糊。

她毕竟不是能够探测自我心灵感悟的年龄啊！

整整一个下午，她陷入苦思的境地。梦想使她尝到了足够的伤害，她的心情又懊丧起来。

“宝贝儿，快回去吧，天都黑了，妈妈还等你吃饭呢！”佣人张妈到后花园来找她了。

叔华打了一个呵欠，站起身来，摇了摇头不想回去。

张妈问：“你在这儿干什么，吃饭都忘记了？”

叔华说：“看山。”

张妈说："山有什么好看的?"

叔华说："那是我的功课。"

张妈不解地嗫嚅着："做功课不在大先生书房，跑到这儿一待就是半天，这是哪门子功课。"她拉起叔华的手，一起回到妈妈的房里。张妈怕不有妥，又对叔华的母亲李若兰说："她一到小山上便坐半天，是不是鬼魂附体了，快给老爷说说，派人到东岳庙进进香吧。"

李若兰说："不用管她，你去给她用饭吧。"

这天夜里，母亲李若兰又和叔华说起外曾祖父五十岁才开始作画，一时间竟成了广东画坛名家的往事。李若兰是个有识见的人，她告诉叔华曾外祖父作画的事并非杜撰，而实有其事，这位外曾祖父是乾隆五十年（1785）恩科贡生、五十七年（1792）举人、嘉庆七年（1802）进士谢兰生（1759—1831）。《番禺县续志·人物志》载：他"字佩士，号澧浦，又号里甫，别号里道人。南海人。"中进士后"选翰林院庶吉士。以父年老未赴散馆，父殁，遂绝意进取。为粤秀、越华、端溪、羊城等书院掌教。治古文，得韩苏家法，诗宗大苏，出入杜韩；书法颜平原，参以褚河南、李北海；画尤高探吴仲圭、董香光之妙。论粤画者，谓在黎二樵之上。""布政使南城曾燠，最推重之。有诗云：'燕寝凝香一樽酒，眼中复得谢与崔。'崔为举人崔弼。"续志还说，他"生平意趣高迈，晚岁好道家言。""年七十余，殁于羊城书院。""著《常惺惺斋文集》四卷、《诗集四卷》、《北游纪略》二卷、《书画题跋》二卷、《游罗浮日记》一卷。"

谢兰生活了七十二岁，逝世后葬在火罗岭。

李若兰鼓励叔华说，绘画是一生的事业，不在一朝一夕，要有一种顽强的精神才能成功。你现在还小，长大后自然就明白了。

那一夜，凌叔华失眠了。

二

光绪二十六年（1900）庚子。

这一年是个多事之秋。英、美、法、德、意公使照会清政府，请禁大刀会、义和团，并调兵八千直抵北京，八月六日乙亥，西太后携光绪帝仓惶出逃至山西、陕西。

这一年三月二十五日，凌叔华出生在北京史家胡同的住宅。朱红大门坐北面南，兽环台门，两尊石狮一左一右在门前蹲伏着，麻木而冷漠地注视着街上匆匆过往的行人。院内古木参天，假山高耸，青砖兽脊，长檐斗拱，绕过照壁，一条砖石铺就的甬道穿过多进多厢院落，直通到史家胡同的后门，这便是凌福彭在京城任职时购置的房产。如果你从空中鸟瞰，这九十九间房子，鳞次栉比地纵横着凌府的豪华和气派。

然而，凌叔华的母亲李若兰生下这个女儿并没有给她增添些许喜气，因为前面两个皆为女儿，她此时又一次感到命运的无奈。在那个社会，女人要改变自己的命运，无疑是多生贵子，为丈夫接续家族香火。更何况她是家中最末的一位夫人，显然在几房夫人中也没有地位。这是那个时代的价值观。

三天后生女的消息才告诉了凌福彭。他若有所思地安慰李若兰养好身体，生育事由不得自己，来日方长，你还年轻。之后便按着“瑞”字排序，给孩子起名瑞唐。后来凌叔华发表文章，因在同母姊妹中行三，便沿用古人“伯仲叔季”称谓，以此行世文坛。

京城的形势一天天吃紧，凌福彭只好安排她们母女回家乡避难，襁褓中的凌叔华第一次回到广东番禺老家。

番禺，是秦置县，汉代因之。隋开皇十年（589），分番禺、南海二县，但辖域不晰。唐长安三年（703），于江南洲（今珠江岸南）置番禺县。宋开宝五年（972）并入南海，后又分置，县署在（广州）城东紫泥港。元后迁广州城的东部，城西部为南海，沿续到近代。

清代番禺县辖域：北 48 里至花县，南 35 里至顺德，东 51.5 里至增城，西 1.5 里至南海。东北 70.5 里至从化，东南 74.5 里至东莞，西北 2 里至南海，西南 3.3 里至南海。与今天的城域概念不同。

番禺建城很早。传周夷王（前891）时，南海有五仙人，衣各一色，骑羊亦各一色，来集楚庭，各以谷穗一茎留与州人，且祝曰："愿此阛阓，永无荒饥。"言毕腾空而去，羊化为石。这就是羊城、穗城之来源。

据史载，粤城自周赧王（前 314）初，越人公师隅相度南海地，始筑城曰南武。秦任嚣、赵佗相继增筑周围十里，是为越城。城内原有三山，北自白云蜿蜒南来，依次为粤秀、禺山、番山，相引如长城势，迤逦珠江而止。汉刺史步骘辟番山，唐节度史刘隐凿禺山。此后历代多有扩之，而故城大体如此。汉代史学家司马迁谓之"番禺一都会"，唐诗人高适云："海对羊城阔，山连象郡高"，便说越城之事。

清代的广州府署、番禺县署、南海县署皆在羊城内办公。番禺和南海的辖界北起镇海楼，南经五仙门至珠江，一线中分，东为番禺，西为南海之辖地。羊城还有一个特征，从东城门到西城门有一条主干道，叫惠爱街，这条街自西而东按十约（清代以人数多少定单位，约在镇乡之下），六约为府署所在地。八约为番禺县署所在地，十约为粤东典试和主考官行辕皇华馆所在地，凌福彭就是在这里完成乡试中举的。光绪十九年（1893）二月十五日，他又北上京城参加顺天会试（复试），中试恩科（即遇皇上庆典举行的考试，故称恩科）举人。

然而，凌叔华的家并不在广州城里，而是在城东珠江口交汇处金鼎乡（今深井村）的岛上。

小岛四面环水，形似一只宝鼎，古称金鼎。它的面积不足三平方公里，外出靠船摆渡。西北与黄埔隔水相望；东北与长洲隔水相邻（今河道已填平）；南望新坑等村落（今辟广州大学城），亦由河道相隔；东是珠江滔滔流水。小岛埠岗起伏，叠翠成青苍如黛的碧色。

小岛土壤肥沃，除种植传统农作物水稻、甘蔗、莲藕、茨菇、马蹄（又称荸荠）外，还种植荔枝、龙眼、黄皮等水果，尤其是荔枝，已有两三百年种植历史，百年树龄近千棵，红壳糯米糍是荔枝中的极品。

金鼎称乡，是以晚清规制，“无论为社为乡为约，人满五万为镇，不满者为乡”。金鼎人口四千，因而称乡。乡下有约，分别是中约坊、正吉约坊、岐西约坊，南田约坊等，凌福彭的祖居便是在“中约坊”的上街。

村中古宅、庙宇、祠堂林立，古巷石板铺路，幽深而绵长。

从“扶轮”、“说言”牌坊进入，放眼可见悠长的麻石巷，古宅石基高达两米，檐下雕刻精美。红砺石是明代建筑，大青石是清代建筑。屋顶双层梁柱，叠成品字，覆盖着墨色“黑瓦”。还有客家碉楼式建筑、西洋式门楼和廊柱，明显有着中西文化碰撞的痕迹。坐落于岐西约坊的“愚园”，是清末民初广东省警察厅厅长凌鸿年的故居。

金鼎庙宇有十余座之多：武乡侯庙、北帝庙、雷公庙、医灵庙、关帝庙、观音庙、洪圣宫、三圣宫等。其中三圣宫便是凌叔华散文写到的庙宇，庙址在南田约坊，离凌叔华祖居中约坊上街很近，步行十分钟便可抵达。

凌氏祠堂原有二三十间，今存九间，其余因年久失修倒塌或“土改”充做民房。值得一提的是，一九二二年六月十六日，广东军阀陈炯明发动武装叛乱，炮击孙中山乘坐的永丰舰，吃水三米的永丰舰，巧妙地从金鼎与长洲之间东西小河里（仅两米水深）突围而出，直奔广州白鹅潭。一九二四年，黄埔军校创建时，因校舍不足，曾借用凌氏祠堂暂作营地，还借用井头岗、江抱元岗辟做操场，用以训练学员。

在番禺，凌叔华的家族史可上溯到南宋末年。

据《番禺县续志》和《凌氏家谱》载，她的宗祖凌震（1235—1315），字国威，号雷门，是福建莆田人。淳祐年间（1241—1252）进士第，知广州，兼领岭南东路经略安抚使，改广东都统。景炎元年（1276）端州航海至闽广间，广州海上溃军奉张镇孙为帅，震与镇孙结集，行伍分东西二路，誓图恢复。后与元兵屡战广州，张镇孙死，凌震收集散兵数千，倚文天祥为声援。后与王道夫再走广州，诏擢凌震为广州制置使，王道夫拜兵部侍郎、广州转运使。祥兴元年（1278）十一月，元将李恒复陷广州，“十二月，道夫先引兵取广州，与恒战，大败被执。震继至，亦败退，战于茭塘，又败，复退至城东东圃，纠义勇力战，兵势莫支，后震死，其子孙葬之东圃古鼎冈”。东圃在珠江北岸，与南岸的黄埔遥遥相望，平日有渡船往返。

凌震死后，其子凌方名落籍于南岸的金鼎墟，是为凌氏家族之始祖。累经元、明、清诸朝，凌氏一族生齿日繁，今深井四千多人，凌氏后人占了一半，凌叔华数“景客”一支，已是二十一世。

她的曾祖父凌梓，育有八子，是本村巨富。

她的祖父凌朝赓，号作朋，县志有载：“朝赓性慈惠而好奇，耐劳苦。亲丧未葬，徒步野宿数百里，求墓地，卒得之西樵山（南海县苏村），大科峰厝焉。咸丰初，岁大饥，时红匪乱后，乡民荡析，朝赓恻然，捐米数万石，全活无算，以是‘凌义士’之名遍远近。道、咸之交，中外多故。海山仙馆潘氏译刻西人算学，制器诸籍，朝赓与一西人友，益广加搜讨，昕夕研摩，有汽船、水雷之制，尝以水雷破敌船舰之策，陈于钦差大臣龙元僖、罗惇衍、苏建魁三公。复制成风船，迳驶白鹅谭，机件灵捷。殁后，水雷颗颗犹陈列厅事侧。遗书数大椟，当时未有识者。论者咸以‘天不假年，不竟其用’，为可惜云。”

金鼎正像它的名字一样，这块形同金色宝鼎的土地，流光溢彩，香飘四季，它很容易让人想起富丽、凝重，沧桑的张力，人杰地灵的引力。这是大自然造物的杰作，也是给金鼎人一份独有的馈赠。

金鼎的渔业生产也颇具规模。清末民初已组成大型船队远涉零丁洋捕渔，“咸鱼地”就是出海归来用来晒鱼的场所。村南的沥江海（河道 80 至 100 米不等，水深 10 米）边，是金鼎八景之一“沥海渔歌”之地，这里聚居着村里上百户异姓居民，他们打鱼之外还负水上安全之责，有“金鼎海军”之称。每近黄昏，便舟船云集，歌声四起，此唱彼和，用渔歌镀亮着他们的人生。

沥江海还有津渡码头，北通黄浦、东圃、长洲，南达新坑、官山墟、大石头等地。清晨脚步匆匆，一片繁忙。随着欸乃桨声，船便驶离码头，放眼江水，烟波浩淼，衣袂飘飘，伴着水淋淋的朝暾，半江瑟瑟半江红，大自然给他们折射出特有的人生况味。

金有鼎的态度，鼎有金的精神。这便是凌叔华童年根之所系的故乡，精神的故乡，灵魂的故乡。

三

凌叔华的父亲凌福彭是晚清广东省一名俊彦，而在京津一带则更负盛名。

他原名福添，字仲桓，号润台，咸丰六年丙辰（1856 年 8 月 30 日）生。光绪十一年（1885）乙酉科拔贡（秀才）入张之洞幕府；十九年（1893）癸巳恩科举人，二十一年（1895）乙未，会试中进士（二甲第三名），那一年他三十九岁。同榜有康有为（二甲第二十七名）、胡思敬、曹汝霖等。他未参加公车上书，朝考和殿试后，授翰林院庶吉士，入馆学三年后，补户部主事。之后，到地方任职，由天津知府（1901）、保定知府（1905）、天津道（1907）、

凌福彭（1856—1931）

代理津海关道、长芦盐运使，顺天府尹（1908），一路飚升到直隶布政使（1910），授头品顶戴，赠光禄大夫。民国后任约法会议议员，参政院参政，获少卿，二等嘉禾章。后受袁世凯派遣，到河北遵化“续修东陵”，袁死后赋闲。一九三一年暮秋病逝广州，享年七十五岁。

凌福彭学路很长，踏入仕途却很晚（一说与辜鸿铭同为张之洞幕府幕僚），但走得顺风顺水，升迁很快，十多年便达到他官位的峰巅，与其比肩者不多。内中原因，是他传统士大夫思想和皇权观使然。他早期得慈禧心腹恭亲王信任，光绪二十八年（1902）到直隶任职后，又深得袁世凯的荫护。但他也付出了自己的一份努力。随着政治形势变迁和年龄衰老，他也不得不在家赋闲了。

李若兰（约 1878—1939）

凌福彭一生经历四次婚姻。原配冯氏（番禺黄埔村人，后病故）；二夫人不详，三夫人谢氏（1873—？）；四夫人李若兰（约 1878—1939），是凌叔华生母。凌福彭与四位夫人一共育有十五个子女。据有关资料透露，大女（名不详），二女凌雪山（嫁广州荔枝湾潘家）；子凌启恂、凌启松（见凌福彭墓碑，1932 年 3 月刻立）；女凌淑英（1895—

1913)、凌瑞清（1896—1913)、凌大容（1897—1913)、子凌淑桂（1898—1913）（见日本《神户新闻·姊妹四人溺毙瀑布水潭》1913 年 8 月 11 日）；与李若兰育有四女：凌淑芝（约1896—?，嫁铁道部长之子)、凌淑萍（1898—?，嫁上海)、凌叔华（1900—1990，嫁留英博士陈西滢)、凌淑浩（1904—2006，嫁留美学人陈克恢)，以上共十二名，其余不详。这其中佼佼者要数凌叔华和留美医学硕士凌叔浩了。

凌叔华在自传体小说《古韵·母亲的婚姻》中，给她的母亲李若兰编织了一个美丽动人的故事。

她在小说中写道，朱兰（李若兰）的家在景色秀丽的三水镇，她的祖父是个学者，诗人，应试成了一名举人。朱兰的母亲生了两个女儿，朱兰最小。有一天亲戚送来一张请帖，请朱兰和爸爸去广州参加寿宴。生日庆典过后，爸爸带朱兰与亲戚去码头看灯火，到码头后发现女儿朱兰丢了，在亲戚帮助下连找三天，还是没有找到，回到家就病了，一年后死于心脏病。

朱兰被一个坏女人拐走，不久卖给了富商潘家。潘少奶奶几年前死了丈夫，潘老先生把家业交给这位儿媳打理，潘老先生知道儿媳喜欢孩子，见四岁的朱兰长得好看而且聪明，于是便收作养女并送私塾读书。第二年朱兰生母找到潘家，潘少奶奶十分同情生母，决定让朱兰自己拿主意，最后朱兰选择留下，生母随时可以来看望。

朱兰十六岁时，媒人踏破门槛。一天早上潘老先生告诉儿媳，晚上有贵宾到家吃饭并题写匾额。贵人是京城要员，京考中试被恭亲王选用，将来肯定官运亨通，且是潘少奶奶父亲的学生。饭后这位要员欣赏潘老先生的书画时见到了朱兰，对她颇有好感。几天后要员差人送来婚帖，潘少奶奶征求朱兰意见，朱兰说欣赏要员的字，并不反对这门亲事，于是就这样定了下来。

又过了一天，说恭亲王发来电报，催“贵宾”丁先生速离穗返京，得赶快定亲。三天后朱兰便随丁先生上了回京的路。到京后她才知道，丁先生已有三位太太，无奈之下她希望生个儿子，来改变自己的命运。但结果却是她一连生了四个女儿。

无疑这个故事是小说家言，演绎颇为生动、传奇和感人，但也给真实生活蒙上了一层面纱。故事不排除有真实的成分，但凌叔华为尊者讳和抬高自我的因素不能忽视。我们无须为之多怪，评头论足，文学允许虚构，与纪实作品不能等量齐观。

比较起来，妹妹凌淑浩，在九十八岁时与她女儿陈美芳的丈夫（美籍加拿大人）讲的话，倒是接近她母亲李若兰的真实情况。内容大致如下：

> 她母亲年轻时曾经在画舫上卖唱，那些船雕刻得十分精美。她父亲上了船，指着最漂亮的姑娘说：“我要娶她。”李若兰跟着他走了。

凌淑浩的话，说的直接、通透，完全颠覆了叔华的隐讳之词。此时的凌叔浩已无少年的虚荣和自尊，世事洞明的她，无须再作什么掩饰。且凌淑浩性格率真，那段话很符合她的性情。

那次回乡未待多久，随着清政府与多国议和、签约和赔款，李若兰也带着襁褓中的叔华回到北京。但北京的家被糟踏的一片狼藉，财产也受到很大损失。

四

光绪三十年（1904），李若兰再次临产，回故乡金鼎去待产。凌叔华和两个姐姐也一同跟去。

这次回乡，凌叔华在《爱山庐梦影》一文中，作了详细描述：

“母亲因要回广东，把孩子全数带去了。去看过外婆，我们便住在黄埔附近一处濒海的祖屋，那也有两三个月吧。祖屋门外不远，便是一个沙滩，滩上本有两三只无主的破旧木船，我们到后，它们便成了孩子们的乐园了。除了刮大风下大雨，我们无时不在那里玩耍的。这个沙滩听说从前是一个小港口，繁荣时代曾有货船游艇停泊，但在一次大暴风雨之后，有三只船吹上了沙滩，海湾忽然变得很浅，船也不进来了。那些破木船搁在岸上，村中的人，谁也不知是在什么年代。”

“那时附近的几家孩子，常在沙滩上玩捉迷藏。记得有一次我藏在一块船板底下，大家没找到我，等了好久我便睡着了。醒来时，觉得凉阴阴的，身上衣服也有点湿渌渌的，不知是潮水来过，或是下过一阵雨。我懒懒的仍旧躺在船板上，偶然望到对面绿油油的山头，被云雾遮住了，山腰有朵朵白云，很快的飞来飞去，但不一会儿，又阖眼睡着了。”

“忽然耳畔听到邻居的四婆的叫唤才醒来。她要我立刻回家，我不肯。她问我缘故，我就把看到的小孩子驾着朵朵飞云告诉她。她大为吃惊立即拉着我跑回家去。她跟母亲说对山的齐天大圣对我显了灵了，她得带我去对面山上他的庙烧香，并挂名作他徒弟。这样不但可以消灾，还有齐天大圣保佑。母亲立刻就答应了。”“到了那庙我发现所谓齐天大圣神像，原来是一只金脸大猴子，”她告诉我“以后什么山神鬼怪，见了我都要另眼相看，因为齐天大圣神通广大”。

“可是，我至今还不解：为什么我那时看见的青山高得很，常有白云朵朵缀着？过了二十年，我再去的时候，非但一朵云彩也没有，连那山，也变成一座平平无奇的矮山了。”

这就是凌叔华第二次回乡的记忆。深井村史办公室的同志说，凌叔华的祖居就在中约坊上街，出村往南经过南田约坊，步行十分钟就到了沙滩和小船的地方。那是一个废弃了的码头。她说的庙宇叫“三圣宫”，现在还在，只是很破旧了，村中其他庙宇都没有了。

那次回乡，叔华在金鼎足足待了三个月。一天清晨，舅舅坐船来接她们回广州，从那里乘轮船回北京。等待她的将是生命中一个至关重要的春天。

第二章　天光初露

 一

人生，是由一连串偶然的链条构成的，如果你不慎更动了中间某一个链环，人的命运就会变成另外一种样子。

凌叔华与绘画结缘，便是六岁那年不经意间在墙上涂鸦时，被前来拜访父亲的天津商会总理、山水画家王竹林看见，才向她的父亲举荐拜师学画的。

而这个如同做着庄周梦的小姑娘，因着蝴蝶的出现，她的目光也为之明亮起来。

绘画是爱的激情，灵魂的低语，用线条和色彩通过心灵底部的光芒，去照亮那命运之途的未来。

却因蝴蝶梦生涯。

一个至纯至诚的梦境，便成为她艺术生涯的开端，启动了她命运的另一扇门扉。

从故乡金鼎回到北京后，叔华的身体一直不好，姐姐们开学时，她便在家里玩耍。一天下午，她没有玩伴，就又跑到院子中间花园的小山上观看西山的风景。这是一个晴好的天气，阳光灿烂，秋风徐徐，在天海之间，西山朦胧着一种婉约的含蓄之美，她痴痴地望着，时光在钟声里慢慢地淡远着。她站在那里，仿佛成了那座山的影子。

寂寞的时候，叔华便从小山下来，拿起一只炭棒，在雪白的墙上画了起来。

不知过了多少时候，一面墙上画满了山水、树木、白云和小鸟，她越画越想画，记忆中的一切缓缓地从她的手下流出。她幻想，她的云朵，她的小鸟，能够纵身飞去，在天地间遨游，

而那白云和小鸟，仿佛从她梦中飞来，不要被阳光融化掉。

不知什么时候，王竹林先生站在了她的背后。

“有老师吗？”

“我只是画着玩。”

“画得不错，很有天分。我去跟你爸爸说，不让你学画太可惜了。”

王竹林是父亲在天津商务公所时的同事和朋友。母亲李若兰曾与她说起过王竹林的身世。他本名王贤宾（1857—1939），天津县人，咸丰七年生，与她父亲年龄相仿，早年经营长芦盐务和商业，捐河南补用道，买卖做到京津一带，北京房山有他的煤运公司、华胜烛皂厂，是一个有着不小产业的商绅，也是一位有名气的画家。

但她母亲没有想到，王竹林晚节不保，天津沦陷后，他参加了日伪组织，任“天津物资对策委员会委员长”。一九三九年在家中被刺而死。

王竹林（1857—1939）

光绪二十九年（1903）五月，凌福彭督办天津商务公所的时候，王竹林任董事，他们共事一年半。天津商务总会创办时王竹林被推举为总协理，那时候，商务总会办报纸、修铁路、办学校，他的工作异常出色。只是这一年运气不佳，因“杨翠喜借款案”被弹劾，停职了几个月，闲暇的时候，常找凌福彭聊天。

叔华带着忐忑不安的心情，跟王竹林来到父亲的书房，她担心因涂抹了白墙惹父亲生气，走到门口就停了下来，扶着门扉站在那里。

王竹林向凌福彭讲了叔华绘画的事，并建议叔华从现在起开始学画。

凌福彭听后又惊又喜。他一生工词章，爱书画，早就盼着子女中有这样的人才。他当即让叔华拜这位山水画家王竹林为师："快过来给老师行礼。竹林兄，以后她就是你的学生了。"

凌福彭又顺手拿出一瓶威士忌，倒了三杯，递给叔华一杯说："来，敢喝吗？你先敬老师一杯。"

王竹林端起酒杯说："先祝贺你有这样福气的女儿。"

第二天，王竹林来的时候，给叔华带来画笔、彩墨和一大卷宣纸。他在凌福彭大书案上作画，边画边教叔华如何调色、运笔和赏画。他说："你学画山水，第一要懂得山水的性情脾气，等到你懂得它性情脾气的时候，你就会猜到它什么时候要笑，什么时候会发愁，什么时候会打扮起来，什么时候会生气，什么时候它会假装不理人。到你真的懂得山的脾气，你就会下笔潇洒自如了。即使不照古人画法，你也可以自成一家。"

他先勾线、麻皴，再设色、点苔，一幅山水画在腕下渐渐清晰起来。

叔华静静地看着，眼睛一刻也没有离开王竹林的手和笔。

凌福彭对叔华学习绘画特别看重，以后常带她到收藏家那里看画，有客人来时，也让她与哥哥淑桂作陪吃饭。他把绘画看作是凌氏家族的一件雅事。

二

那两年，为推行清廷“新政”，凌福彭不仅身兼数职。而且调动频繁。他曾“护天津道，并代理津海关道篆，河工洋务”。那时直隶在“保定设有谳局，为通省刑名总汇，遇有疑难重案，督饬局员，悉心推鞫，务得真理，民不含冤，狱无留滞”。光绪三十二年（1906），凌福彭继上一年署保定知府后，实授保定知府，一度搬家到保定居住，姐妹们无事时，就跑到官邸花园去玩，至今她仍留有四姊妹在花园假山上的合影照片。但没有多久，“因天津交涉事繁，仍调署天津府篆，以资熟手，并令督办自治局，总理高等审判分厅，以为立宪基础”。

这一年，清王朝实行了司法改革，改刑部为法部，专掌司法行政；改大理寺为大理院，为全国最高审判机关；并设总检

凌叔华四姐妹在花园假山上的合影

察厅，为全国最高检察机关。同时又令各省分期筹设各级审判厅。

凌福彭回天津后，一面制定审判章程，一面筹办审判厅。同年十一月，《天津府属试办审判厅章程》在《北洋法政学报》第十期上刊出。这个章程分四编一百四十六条，成为全国第一个地方性试办审判厅的法规，同时还制定了《天津府属试办审判厅员弁职守》等法律文件。第二年三月，在凌福彭主持下，天津率先在全国设立天津高等审判分厅和天津地方审判厅，同时又在县乡设立乡谳局四处，负责审理天津府、县的民事和刑事案件。凌福彭又从留日法政学生中挑选了一批办事人员，使司法人员开始专业化。

凌福彭也亲自开庭审理犯人。

开庭时，叔华姐妹偷偷躲到法厅的屏幕后边偷听偷看。她记得父亲审案时总是穿上满清的官服，公堂装饰着鲜红的窗帘，中央是一张大桌案，上面放着用黄缎子包着的官印，旁边是毛笔和砚台。父亲身后站着许多黑黄制服的兵士，帽子上缀着红缨。文官身穿朝服，按官阶大小站在一侧，整个大厅给人一种肃穆庄严之感。犯人依次过堂，如不抗辩，便让其在供状上签字，不会写字的就画个红十字。父亲审理案件也像平时一样爱笑，他那温文尔雅的微笑，给犯人增添了交待罪行的勇气。父亲有时提醒犯人，狡辩是没有用的。当然，父亲也有发怒的时候，有一次怒叱一个扯谎的犯人时，姐姐竟被吓哭了。父亲遭扰后并没有责怪她，说她还小，不该待在这种地方，错全在让她来这儿的大人身上。父亲还对叔华姊妹们讲，对于犯人总要给他们有生还的机会，这是他能做的唯一的事，即使毫无价值。

有一次，李若兰跟叔华姊妹们讲，一个全区最漂亮的小媳妇，害死了她的婆婆，审案时企图哄骗父亲缓刑。后来父亲对三妈说那个女人的确漂亮时，三妈说话不注意，伤了父亲的自尊，他把刚冲好的一杯热茶全泼到三妈的新衣上。三妈是个性子刚烈的女人，当晚就吞了鸦片，全家人吓坏了，赶紧请了附近医院的大夫来救治，才没有发生危险。后来叔华试着问父亲："那女犯是不是个美人?"

父亲说："我看她算是个美人，但那是水中月，镜中花。尽管我很喜欢这朵花，可不至傻到那个程度，这就是你三妈的错。"

一九〇六年八月二十九日，袁世凯委任凌福彭和翰林院金邦平筹办天津自治局，这是"新政"的内容之一，也是直隶城乡最高地方自治领导机关。天津自治局成立后，下设法制、调查、文书、庶务四课，"有督理二名，参议三名，法制科员三名，其他科员二名，书记若干名，分掌多项事务"。同时还在天津初级师范学堂设立了地方自治研究所，研究其学理法则，令天津府七县派绅董五十人入所学习，为期四个月，学后一律发给文凭，为地方自治宣传宪攻制度，开启民智做准备。

在这同时，天津还成立了由官、绅、商、学等四十六人组成的自治促成会，仿照日本自治法规，制定了《试办天津县地方自治章程》，使之活动有法可依。光绪三十三年（1907）八月十八日，天津地方自治议会经过选举宣告成立，李士铭任议长，王邵廉任副议长。

袁世凯派人前去祝贺："今日为天津议会成立之日。可为天津贺，并可为直隶全省贺，不但为直隶一省贺，可为我中国前途贺!"

天津地方自治短时间获得成功，它雄长大陆，比隆三代，迅展全国。由此直隶替代湖南，成为全国地方自治的模范省。

三

过了一段时间，王竹林告诉凌福彭，他已恢复了天津商会的职务，要回天津去，建议让叔华拜宫廷画师的缪嘉蕙为师。

凌福彭说："我看她不一定会教小孩子。"

王竹林说："真不教也没关系，我的意思是让叔华去看去听。让她见识一下丹青高手，不光看她如何作画，还要看她日常生活的一切，言谈举止，艺术趣味，以及一切与画有关的东西。这样，即使不画一张画，她也会成为丹青高手。"

凌福彭说："你是真想让你的学生成为一个丹青高手？那好，就照你说的做。"

王竹林说："我真心希望她成为一个丹青高手，而不是一个画匠。"

王竹林去后，凌福彭给叔华讲了这位女画师为人和故事。

缪嘉蕙，字素筠，云南人。光绪中叶，慈禧太后传谕选绘画命妇，那时被选进宫的有两个女画家。一个是王韶，号冬青，浙江人，另一个便是缪嘉蕙。

缪嘉蕙既工花鸟，又能弹琴，字也写得很好，且能善体圣意，深得慈禧青睐，置诸左右，成为终身侍候慈禧太后的女画家。

慈禧太后在宫中作画时，宫女们跪着平托画具、颜料伺候，缪嘉蕙在一旁"指点"。有一次，慈禧在画仙鹤时喃喃自语："这仙鹤的腿总是画不好。"缪嘉嘉会意，立刻画一只仙鹤的腿奉上去。慈禧见了，很高兴地进行临摹。

缪嘉蕙为人也很好，上自后妃，下至宫监，对她都很亲密，常称她缪师傅或缪太太。她曾特意画了一幅武则天的画，《金轮皇帝衮冠临朝图》献给慈禧，深受赏识。从此以后，慈禧太后赏赐给王公大臣的花卉扇面，大都出自缪嘉蕙的代笔。

缪嘉蕙除给慈禧太后作画外，自己也常作应酬笔墨，京师画店也时有她的字画出售。除月俸银二百两外，出售字画也是一笔丰厚的收入。她不仅给儿子捐了个内阁中书，而且还在后海醇王府旁边买了座房子。

过了几天，王竹林和凌福彭说，他安排好了，带叔华去见缪嘉蕙画师，至于是否收为徒弟，要等见了面再做决定。

那时候，要建立师生关系，学生要给老师送礼。凌福彭为拜师的事准备了一只大红箱子，里面有衣料、山珍海味，钱装在一个大信封里。

李若兰给叔华穿上新棉袄，戴了一顶过年时才用的棉帽。

那一天，在军咨府任职的表哥冯耿光也来了，他和王竹林带叔华去拜会缪嘉蕙。

缪嘉蕙见到叔华和她的习作非常高兴，对叔华寄予了厚望，希望她将来成为一个大画家。这是她第一次对着众人夸自己的学生。

后来凌叔华回忆说，与缪师学画，非常令她沉醉，心里总是充满抱负和诱惑。凌叔华在天津女师上学，缪嘉蕙给她的侄儿写信时，常询问凌叔华的情况。

凌叔华没有辜负缪嘉蕙的期望，终于成为她最得意的弟子。

童年时代的凌叔华，还拜另一位专攻山水的画家郝漱玉为师。

郝漱玉学问极好，似乎有些怀才不遇，终日郁郁寡欢，但她训徒极严，要叔华每天至少画两幅山水交她修改。

有一次凌叔华说："我看过的山水全画完了，怎么办呢？"

郝漱玉说："哪里会画得完呢？古人说画山远近不同，四时不同，画一山莫可尽悉，要画出山的异同，不是一日之功。画山没有穷尽，绘画也没有止境，孩子，那是一辈子的事啊！"

郝漱玉的话，不仅给童年叔华学习绘画以深刻启迪，还帮助她成了一个终生爱山的痴迷者。

一次汪洋恣肆的挥舞，一次金蛇绕日的涂鸦，透露了她生命深处的天赋之光，而王竹林慧眼识珠，点石成金，跨过时间的长河，镀亮了这个多梦女孩儿的金色童年。

第三章 再添几重师从

一

叔华学习绘画，转瞬便是一年。

她在线条和色彩上的进步，令父亲凌福彭心情格外激动。他高兴地给在广州的女儿凌雪山写信说："我们家出了个画家，虽然她才学了一年，可画得跟大人一样好。

那些日子，凌福彭的一颗心汪洋似的激荡着。

有一天他吩咐家人，为叔华布置一间画室。

这个画室就在府邸的后院，与母亲李若兰的居室有一墙之隔。画室两边各有一个明净的窗子，从里边望出去，一边如紫瀑布般的藤萝，一边如白云出岫似的丁香。微风吹过，屋内气爽神清，沁人心脾。为布置这间画室，凌福彭派人跑遍了京城的家具店，每一件家具都由他亲自定夺。特别是那一张大红漆几案，放在朝丁香花树的窗前，铮明闪亮，光可鉴人。那只红色方凳恰与案几相配，它的高度正好让叔华坐在上面写字画画。

父亲对这个画室十分满意，给这个画室起名为"香岩精舍"。他亲自题写，请京师雕刻名家制成匾额，那棕红漆地，配上石绿大字，鲜艳夺目，十分照眼。

叔华除去到老师那里上课，她几乎天天泡在画室里。不停地临摹、调色、读画，成了她的全部功课。不临摹的时候，她就到外面看山、看花、看树，对着自然景物学习调色，那斑斓的色彩，为她打开了无穷的情趣，探索到了艺术深处的奥秘。最有趣的是，那些藤萝、丁香、白云、小鸟常常伴她入梦，母亲几次听到她在梦中笑醒。

有一次叔华把这个画室画在一个"玫瑰团扇"上，凌福彭把它送给在度支部任郎中的好友廉泉先生，他欣然挥毫题了一首七绝赠给叔华：

隔墙柳色映鹅黄，
南海明珠入梦芳。
移向鸥波亭子里，
一生旖旎不离娘。

这首诗后来收在中华书局出版的廉南湖的诗集《梦还集》里。

廉泉，字南湖，江苏无锡人。他不仅是当时著名的诗人，而且也是书画鉴赏名家。他的夫人吴芝瑛，安徽桐城人，清末古文大家吴汝伦的侄女。她亦通文史，能诗文，擅书法，与秋瑾在京城结识，并资助其赴日本留学，创办《中华女报》。秋瑾死后，与徐自华相偕，营葬秋瑾于西泠湖畔，并书墓表，题墓碣，遭清廷忌恨。

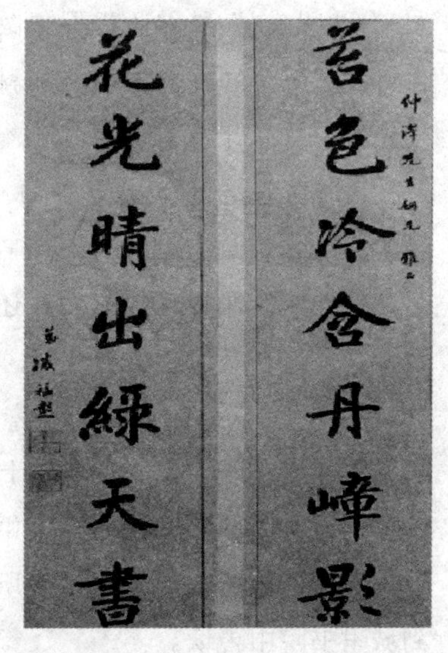

凌福彭书法

凌福彭闲暇的时候，也到画室写写书法。父女二人研墨裁纸，不一会儿便有几幅墨迹悍畅的大字跃然纸上。凌福彭善篆书，在广东粤城颇有名气。然而，凌福彭对自己写的字总是不满意，把它挂在墙上，一会儿近看，一会儿远望。他说：“写书法要手眼合一，意到笔随，沉醉其中，方能悟出它的境界。”

凌福彭为鼓励叔华学习上进，告诉她太祖母（当地人叫她黄毛太，是太祖父海上劫来的意外收获）持家的不易。

你的太祖父病逝南海后，老祖母“接受了家里的生意”，听说有人要卖附近一块坡地，“老祖母卖掉了凌家所有店铺，把钱都投到了花生种植上。”“为了在当地占据竞争优势，她决定不光卖花生，而且还出售花生油。”“一榨出油来，他们就送到广州去卖。”事业成功后，她想让她的孙子们去哪儿上学就能到哪儿上学。因你的爷爷去世早，太祖母对我很宠爱，但同时发现我对学习没有兴趣。太祖母问：“你长大后想干什么？”我说想做生意。太祖母给了我一个机会，借过年派我到一些店主家去讨债，在门房外一等几个小时，结果睡着了，天快亮时被鞭炮声吵醒，沮丧地回到家，太祖母问：“要回多少债？”我回答：“一分也没有。”“你还想不想做生意？”我回答“不想了。”她告诉我，只有好好念书，参加科举考试才是正道。于是给我雇了先生，从此开始了认真学习。

凌福彭还告诉凌叔华，青少年时代他是在背诵经典中度过的。

他在熟读四书五经之后，还要学习经典的注疏，模仿着写诗作文。最初是通过重重考试，光绪十一年（1885），取得督办学校的“生员”名号，又称秀才，凌家门上用红纸写了“生员”二字来庆贺。那一年他二十九岁。

那段时间，家里为他定下婚事。他的结发妻子是黄埔村富商冯氏。但他还要继续攻读，所以大部分时间不在家里，而是到城里书院中苦读。

光绪十八年（1892），他在省城“秋闱”中式举人。但这还不算数，须于第三年二月初十前到京，参加顺天府复试，又叫“北闱”。复试于二月十五日在贡院举行，这是新科举人于乾隆五十四年定的规矩，实质是对举人资格的再认定。复试试题为论一，经义一。他顺利地通过了会试，获得了“癸巳恩科举人”头衔。这年会试，发生了“倩作顶替”事件，经言官劾奏，将三人斥革，其余无一人受罚。

凌福彭对叔华说，顶层考试更是难上加难，没有深厚的经史根底，卓越的属文能力，很难高中鼎甲的，这几乎没有什么侥幸可言。光绪二十一年（1895），又是一个大考之年。“他走的是水路，雇了一艘小船，从人工挖掘的大运河北上”。“墨砚里的墨汁冻上了，仆人就把砚台贴紧身体，用体温将墨汁化开”。他到京后下榻在一个小旅社里。一个春寒料峭的清晨，他又一次走进被高墙围着的贡院。在考官阅卷排序之后，他金榜题名，成了名副其实的进士，在群星灿烂考试的举子中，他名列二甲第三名，同乡的康有为则列二甲第二十七名。

接下来是殿试，在三月发榜后四月初进行，新进士殿试用大卷，阅卷者偏重楷法，一字破体，一点汙损，皆足以失翰林。交卷以日内为度，由皇上在保和殿对二、三甲进士亲自策问。

朝考是在殿试后的五月进行。

新进士殿甲后，由皇帝亲自出题试于保和殿。试题为论、诏、奏议、诗四项；入考者可选一二题，亦可全作。试卷用白纸套格，每页两面共十二行，每行十八字，书法要工楷，即日交卷。阅卷大臣阅后将选卷上呈，由皇帝裁定。朝考翰林院庶吉士，目的是为朝廷“养人材”。每科少则四十余人，多则七八十人不等。这样一来，对入选者又加一重尊崇和荣耀，含金量陡增。

他顺利地通过了朝考，擢翰林院庶吉士。他自幼失怙，在祖母的启迪下，以考取功名为指归，尽管年近四十，苦海慈航，他终于踏上了仕宦之路，光耀凌家门庭。那一刻，他神采焕然，激动之心溢于言表。许多年后他回想起进京赶考那个小客栈外的芬芳，对女儿说："我特爱闻这紫藤花香，它总让我记起许多赏心乐事，带我回到进京赶考的那段日子。我一见榜上有名，便心花怒放，好像天下人都在看我，等着我大展宏图。"

他的名字被刻在北京孔庙的碑上，凌叔华、凌淑浩及其后人不止一次到那里观摩，分享他的荣耀。

凌福彭进入仕途快车道，是他与袁世凯的结缘。特别是袁在北洋推广"新政"期间，凌福彭的创造发挥，使得袁对他另眼相看，步步提携。他也不忘袁的知遇之恩，唯袁是从。他明白绑在这架马车上的意义。即使在袁世凯倒霉归隐河南彰德洹上三年，他也没有与袁断绝往来，年节的问候，生日的贺寿，尤其是养寿园的落成，亲自登门献诗。在袁克文编辑的《圭塘唱和诗》集中，就有凌福彭诗词的墨迹：

解甲归农田，恋岫知云意；
真灵位业存，寻山到水源。
勋名三尺剑，东皋春已及；
生计数弓园，布谷唤前村。

"真灵位业存"，"勋名三尺剑"，如果说是对袁世凯一生概括与写照，那么，"寻山到水源"便是凌福彭半生追随袁世凯的心灵感受。

宣统三年（1911）六月，袁世凯在彰德致函直隶布政使凌福彭、提学使傅增湘、提法使张镇芳，请他们为其在光绪二十八年（1902）倡立的天津民立第一小学筹集经费，以维持该校继续存在。接信后，凌福彭允诺从“藩库中每年支取八百金”给予解决。

区区小事，凌福彭对这位老上司给足了面子。

凌福彭点燃一支香烟，悠闲地吸着，烟在头上旋绕。他打开一个纸包对叔华说：“今天让你看一样东西，这是叔祖从广东老家带来送给你的，你一定要好好保管它。”

那是一个十五寸可见方的画夹，有工笔、写意，有山水，也有人物，古朴庄重，墨色苍然，足足十多张，原来这是她外曾祖父谢兰生的画作。他的画，是学吴镇、董其昌、王原祁等人的山水，笔调清雅，设色明快，雄俊而有秀气。传世画作有道光元年的《搽山飞瀑图》、《水榭腾花图》，今仍藏广东博物馆。

他的书法师欧、颜、柳、董，继师二王，晚年之笔酷似米芾。

他的弟弟谢观生，字退谷，号五羊山人，以绘事与乃兄齐名，世称“二谢”。子女亦均工书画。

叔华看着这些嶙峋陡峭的山峰，烟雨满素的朦胧，简洁传神的人物问：“你见过外曾祖父吗？”

凌福彭说：“他是嘉庆年间的举人，八十年前就去世了。年轻时，他的书法便已远近闻名，三十岁通过科举，他不愿留在京城，就回到广州书院做事。他五十岁时突然决定挥毫作画，与他同时的大画家无不惊讶。后来他果然成功了。他的画是文人画，受到许多学者的称赞。”

自此，叔华备受鼓舞，更加勤奋学画，同时又跟父亲学写书法。

二

快吃午饭时候，凌福彭对她说：“你的画师让我为你找个先生念书，这对画画也很重要，今天下午我带你去见大先生。”

大先生的书房在院落的花园附近，它的南面正对着一个圆圆的月亮门，是居室通往花园的路口，书房的四周是太湖石堆起的假山，下边放着许多盆栽的鲜花。墙边生长着龙槐、枣树和翠竹。书房一正两厢，宽敞豁亮。北墙上挂着孔子画像，上边写着“至圣孔子先师”，桌子正中摆着一只青铜香炉，两边放着一对青瓷花瓶，沿墙摆满书架，窗前是书桌和茶几。

大先生在凌家教书许多年了。他是典型的北方人，身材魁梧，肤色黑红，声音宏亮。他不苟言笑，性情直爽，读书时他的头总是微微摇着，像唱歌一样把书的内容读出节奏来。

下午，凌叔华跟父亲来到大先生的书房，先拜孔子像，再向先生行跪拜礼。大先生扶起叔华说：“起来起来，以后你每天到这里上课，我来教你读书。”

凌福彭说：“磕过头，她就是学生了。她这个年龄，最好是先练练耳朵。我像她这么大的时候，能背许多诗词，但不懂什么意思，十二岁以后才渐渐明白。”

大先生说：“您说得太对了，有些孩子因听得不准，大了后常发错音、用错字。”

凌福彭说：“现在用不着学太多，只要学会在画上题诗就足够了。”

大先生说："有你这样的父亲，写诗不成问题。"

凌福彭说："可她的哥哥哪写过一首好诗？"

大先生说："树上果子有大有小，它们是自然生长的，又不是茶杯，你想做多大就多大。"

凌福彭开心地笑着走了。

叔华每当背会两首诗，大先生就让她到外边玩一会儿。她很快学会了好多短诗。大先生每天早晨用红笔在他教的诗句边画个圆圈，然后给叔华读两遍，第三遍让她跟着读，然后再一起读几遍，叔华就差不多记住了。

大先生看着叔华说："猜猜看，这首诗是什么意思。"

叔华告诉他不敢说。

"说吧，没关系。"

"我怕说出来会说我的想法可笑。"

"可笑的想法有时能成好诗，别把可笑的念头吓跑了，一首诗只要有真情实感，可笑不可笑都没关系。"

叔华跟大先生学了近两年，所学古诗和散文，都深深地印在她脑海里，许多年后还能出口成诵，每当看到一些美好的景物时，她便会产生写诗的灵感，脑海里浮现许多新奇的想法。

三

光绪三十三年（1907 年）二月，袁世凯上书光绪皇帝，这样推荐凌福彭：

> 该员才长心细，器识宏通，如果重以事权，必能力膺艰钜，应如何量予擢用之处，出自宸裁。该员现

因卓异，请咨引见，除给咨送部外，理合附片具陈。

翌年正月二十五日，凌福彭在袁世凯举荐下，由天津知府擢升顺天府（北京地区）尹。

他到任后，有人议论顺天府开办的东、西、南三路中学堂“人数太少，程度不齐”，“遂有主归并中学、开设师范之说”。他仿效天津经验，札饬顺天二十四州县就此事公决。“开议之时，主归并者十有四人，不归并者十人。”他决定在京师另立一所中学。将正在开办的顺天东、西路中学堂改办成师范学堂，顺天南路中学堂改办为农业学堂。令宛平县高等小学堂由西什库后库迁出，移至外城梁家园办学，所腾校舍供新设立的顺属中学堂使用。新设中学堂属东、西、南“三中学之学生、经费概行归并”。

这年十一月，御史张世培折参凌福彭“破坏学务”、“淆乱定章”，而学部却在奏折中支持凌福彭的主张，并就招生和经费提出建议：“北路学生有合格者亦酌量选择收录，以昭平允。”

凌福彭还整顿了顺天高等学堂。

经过整顿后的高等学堂，“每年可省一万余两，若以此款撙节动支，当可敷用”，如有不足，顺天府会商直隶提学司设法筹拨应用。

宣统元年（1909）十二月，凌福彭擢任直隶布政使（直隶不设按察使，总督之后布政使是二把手）。清帝退位后，他又受袁世凯委派，到遵化“续修东陵”。

直隶，因直接隶属京师而得名。囊括今河北、北京、天津和山东、山西、河南、辽宁、内蒙古一部分，因地处京畿，为清代省府第一衙。有“一座总督衙署，半部清史写照”之说。

直隶总督署建于雍正七年（1729），近代历任总督有曾国藩、李鸿章、袁世凯等，督署设在保定，后迁天津。尤其是袁任总督时，光绪二十八年（1902）在保定创办北洋行营将弁学堂。后来又建成北洋陆军预备大学堂、保定陆军军官学堂。保定军校（俗称）前后其办九期，毕业生7000人，后来成为将军的就有1000多名。吴佩孚、孙传芳、蒋介石、李济深、叶挺、傅作义、陈诚、白崇禧、蔡廷锴等，皆出自“保定系”。

四

有一天，凌福彭对叔华说：“我给你找了一个最好的英文老师，咱们现在就去拜见他。”

辜鸿铭（1857—1928）

凌福彭告诉叔华，这位英文老师就是大名鼎鼎的辜鸿铭先生，他在国外留学多年，现在是北京大学教授。凌叔华心想，这位教授，一定是个西装笔挺，领结光鲜，风度翩翩，不同凡响的人物。到了辜家大门口，正好辜鸿铭刚从外边回来，一辆黄包车叮叮咚咚地停在门口，黄包车夫是一个彪形大汉，最显眼的是他头上盘着的一条粗黑油亮的大辫子。凌叔华不由吃了一惊。这时从车上下来一位干瘦矮小、鼻梁上架一副玳瑁式眼镜的小老头，他头戴红疙瘩黑色瓜皮帽，身穿灰布长袍，上罩一件紫红色的中式夹褂，最奇特的是，从瓜皮小帽下，垂下一条灰白色小辫，令凌叔华诧异地张大了嘴巴。

凌福彭冲着那个瘦老头迎上去，大声说：“鸿翁近来可好。”

瘦老头宽宽的额头下，一双小眼睛漾出笑意，连声说：“好，好。”又转向凌叔华：“这就是你说的要学英文的女公子吗？”

凌福彭点点头，他把叔华推到前边说：“快叫辜伯伯。”

叔华忍住笑，轻轻地说了声：“辜伯伯好！”

后来凌叔华才知道，辜鸿铭是福建闽侯人，祖上移居新加坡并在那里出生。他勤奋好学，少年时去英国爱丁堡读书。他精通六国语言，并获得文学硕士学位，回国后曾在张之洞幕府任职，一干便是二十年。清末任教于北京大学，与他同时期的还有陈汉章等人。

辜鸿铭和凌福彭同为张之洞幕府时期的老朋友，就住在凌家对面的柏树胡同。他与收藏家梁松生，每隔一两天便到凌府小聚，话题涉及古今中外，海阔天空，深夜方才尽兴。

辜鸿铭谈吐诙谐，然而他的诙谐却离不开一种悖论，逆向思维是他的特性，要点是以违反常理使人感到意外。他与梁松生往往意见相左，争论起来互不相让，有时面红耳赤。话题开头总是从那根猪尾巴小辫开始，梁松生认为已经过时，剪下来他第一个收藏，辜则认为留着是一种时尚，给多少钱也不能剪下，那是他生命的所在。梁赞成共和体制，辜则坚持君主立宪，夸它是一条时髦的领带。梁认为仁厚是陈腐教条，辜说他对儒家有天然亲近，那才是足够好的哲学。

辜鸿铭的古怪已成天然特性，他以对立为守成，大家接受的，他拒绝；大家喜欢的，他厌恶；大家崇拜的，他鄙视；这已成为他各种话题的定论，并成为他与众不同的乐趣和骄傲。他特立独行，已是家喻户晓的最有趣人物，他走到哪里哪里便陡添情调，把枯燥乏味的世界唤醒。

他不是哲学家，却有着天然的哲学因子；他不是思想家，却有着思想家的某种光辉。他到凌府来，不完全是二人早年在张之洞幕府的同僚之谊，而是为了天然启迪智慧的享受。最后，连梁松生和凌叔华也喜欢上他独有的一份癖好。

辜鸿铭记忆力很强，直到晚年，还能把弥尔顿的《失乐园》背诵如流，一字不错。他对凌福彭说："学英文最好像英国人教孩子那样，从小学背儿歌，大点儿后背圣经，亦像中国人教孩子背四书五经一样。"

他让叔华到他家去，从尘封的书架上拿出一本英文诗集，挑出两首诗让她背，不一会儿她就背会了。在辜鸿铭的指导下，她背了许多英国的诗文，对于学习诗歌，也得到许多健康的启蒙。

一天下午，辜鸿铭来到凌叔华家，凌福彭正在和叔华看花工老周移栽过来的新竹。辜鸿铭来后，凌福彭备好了茶，便请他一同欣赏，并说："大思想家，帮我解答个相当困惑的问题怎么样？你说如果邻家的花在我家长出来了，能不能说我家的花匠更精于料理土壤，我家的花园更适于花木生长？"

辜鸿铭笑了，他说："这问题太简单了，倘若这是在我家，根本不会去想它，你家的花匠是个了不起的大政治家，如果他当总理，中国将会变成美国一样的强国。来，为你的总理、天才的花匠干一杯！"

叔华那时还小，但很喜欢《天方夜谭》里的故事，便请辜鸿铭讲那里面的故事，还问他去没去过那里。

辜鸿铭说："我若生在《天方夜谭》那个世界就好了，我可以给你讲上三千个中国的故事。"

叔华不信："辜伯伯，我知道你去过许多国家，你想瞒我可不成。"

他拿起笔来，给叔华写了十六个字：

生在南洋，学在西洋，婚在东洋，任在北洋。

叔华因年龄小不太明白辜鸿铭写的意思，然而那些英文却像树的根须，深深地扎在她幼小的心灵里，总有一天会长出枝干，挂满茂密的叶子，成为一株碧树，开花、结果。

凌福彭的苦心，是希望他的家风延续，并源远流长。

第四章　泪洒神户

一

辛亥革命的骤然爆发，清王朝顶层政权即刻倾覆，长达二百六十八年的满清封建统治，走到了尽头。而南京政府与袁世凯的南北议和也变数重重，民国元年二月二十九日晚，袁世凯精心策划了北京政变，一时间这座古城枪声大作，火光四起，数千家店铺被洗劫一空，许多官商携带细软急避各国使馆，一般百姓则逃往他乡。随之兵变亦漫延到天津和保定。

凌福彭为了全家人的财产和生命，不得不作出自己的选择和安排。

他先是安排与李若兰生的大女儿淑芝与铁道部长的儿子举办了婚礼，然后让其去哈尔滨经营夫家的卷烟厂。接着让李若兰携小女儿淑浩到保定的舅舅家避乱。再是让三夫人谢氏带叔华等六姊妹由京师法政大学讲师松丰龟次郎帮助，赴日本神户

凌叔华与北大教授在一起（胡适、林语堂、凌叔华、陈西滢、周作人等）

去上学。

一切安排就绪，谢氏带儿女登上了去日本的轮船。

那一年叔华十二岁，走前曾到义父母家告别，这件事对凌叔华留下深刻印象。多年后她在自传体小说《古韵·义父义母》里，记下了义父赵朋生和义母相别而缠绵悲恻的回忆。有人考证，这个赵朋生不是别人，即是清末民初的风云人物赵秉钧，因暗杀宋教仁事泄，最后在天津被袁世凯毒毙。

赵秉钧，河南汝州人，咸丰九年（1859）生，早年因考不中秀才，投笔从戎，参加了左宗棠的楚军。他有一定的文化功底，字也写得不错，被保以补缺，后改捐典史分发直隶，投奔了袁世凯。光绪二十八年（1902）被袁任命为保定巡警局总办，后调天津创办警务学堂。光绪三十一年（1905），由袁保举担任了巡警部右侍郎。光绪三十四年袁世凯被裁后，他便在天津赋闲。辛亥以后，赵秉钧助袁窃国，逼清帝退位，炸死主战派核心人物良弼，吓退恭亲王溥伟。孙中山践言辞去临时大总统，让位袁世凯。民国元年（1912），赵秉钧当上了第三任国务总理并兼任内务总长。民国二年（1913）初，袁世凯召见赵秉钧，指示其杀掉与袁“对抗到底”的宋教仁。三月二十日晚，赵秉钧借宋赴京参加国会之机，派刺客将他枪杀于上海火车站。案发后第四天，应桂馨等人落网，事情大白于天下。五月，赵秉钧托病辞国务总理及内务总长，袁又任命他为直隶都督兼民政长。民国三年（1914）二月二十六日，赵秉钧吃了厨子送来的他爱吃的一盘鲜艳的葡萄，七窍流血而亡。

赵秉钧是凌福彭在天津的同僚，二人有过口头婚约，等叔华长大后与其子完婚。赵秉钧的突然暴亡，给这桩婚姻也蒙上了阴影。其妻虽然很喜欢凌叔华，但自知儿子不争气，与叔华不相匹配，那时叔华只有十四岁，正在上中学，于是主动与凌家解除了婚约。

值得注意的是，凌叔华在小说中写到了两个人物，一个是“义父”赵朋生（赵秉钧），另一个是她的蒙师王竹林（王贤宾），这两个人都不是什么贤者、尊者。前者赵朋生，破译他并不难，朋者，崩也；生者，虽死犹生也。后者王贤宾，日伪时期在天津当了汉奸，引起国民公愤，一九三九年被人杀死于家中。从上述两个人物看，凌叔华的自传体小说中显然有个人成份在内，因此误导了不少读者。

凌淑浩在婚嫁态度上与凌叔华就不同。她回忆说，叔华小时候，父亲就给她定了亲。亲家是天津巡警总监赵秉钧，他们有一个口头婚约，等叔华到了合适年龄，就嫁给他儿子。那是叔华九岁那年的事。

凌淑浩就此事对父亲说：“只要我没被许配出去，我就去当医生。”

凌福彭问：“那要花多少钱？”

淑浩说：“我不花你一分钱。”

事后果真如此。凌淑浩考上北京协和医学院，是自己争得奖学金完成学业的。她是班上仅有三名女同学之一，还有一名是李德全，后来与冯玉祥将军结了婚，中华人民共和国成立后，成了新中国首任卫生部长。

到了一九二五年，凌淑浩又以优异成绩考取清华留美奖金，踏上赴美留学之路。她是当年考取清华留美奖学金五人之一，且年龄最小，只有二十一岁。

从这些事情上，不难看出她与凌叔华的性格差异，同时也窥见凌淑浩的聪慧和性情的率真。

民国元年（1912），凌淑浩因年龄小不便出国上学，便由母亲李若兰带她去了保定乡下的舅舅家。

这年四月，凌福彭的三夫人谢氏带着六姊妹从天津登上了赴日本神户的邮轮。

大约经过一周的海上颠簸，待他们到达日本兵库县的首府神户，已是樱花盛开的季节了。这与春寒料峭、尘土飞扬的北京相比，简直成了两个世界。他们最先看到的是濑户湾水碧如蓝的海水和如云的樱花。

樱花是日本最有代表性的国花，西班牙人说：“唱一支民歌给我听，我就能道出这个民族的性格、风土和历史。”日本各地都有观樱的胜地，每到樱花盛开的季节，人们在樱树下与花同饮同眠，已成为一种习俗，而他们最爱唱的，还是那首最有代表性的民谣《樱花》，一上岸，几个孩子就听到这支歌优美的旋律：

樱花，樱花啊！
暮春时节天将晓，
霞光照眼花英笑，
万里长空白云起，
美丽芬芳任风飘。
去看花啊，去看花，
看花要趁早，要趁早！

它的音阶与众不同，是一种特殊的五声音阶。叔华姊妹虽然听不懂歌词，但音韵使他们备受感动。

神户的美，也让花季六姊妹激动不已。他们在气爽风清里带着各自的行囊，在松本的引领下，随着谢夫人走出熙熙攘攘的码头。

松本告诉他们，神户古时是个小小渔村，原名叫兵库，从六世纪以来就成为海上交通门户，后来因贸易繁忙被辟为物资集散地。一八六七年成为国际通商口岸，五年后改名神户。当时这里有生田和长田两个神社，因侍奉生田神社的民户居住地叫神户村，“神户”的名称便由此而来。一八八九年神户设立市，人口有百万之众。

他们下榻的地方是神户下山手通区一座二层小楼里。打开窗子，便能看见六甲山绵延起伏的山峦。

安排好食宿后，他们便请来家庭教师学习日语。五月，凌淑英、凌瑞清和凌大容便进入华侨办的同文学校就读。凌淑英和凌瑞清读二年级，凌大容读一年级。凌叔华、凌淑桂和凌淑平因年龄小继续跟家庭教师读书。

同文学校由流亡日本的梁启超倡办。一八九九年五月，梁在中华会馆举行的欢迎会上致词，要华人以“增长支那之学识，激发国民之正气，交通支那、日本两国之声气”，以“同气同根，血脉相承”为宗旨，创办一所华人学校。在日华侨纷纷响应，第二年三月校舍便很快落成，并命名为神户华侨同文学校，由日本政治家犬养毅出任名誉校长。

在神户，他们去的最多的地方是南京町，它是华人聚居之地，起始于一八六八年，清政府在神户设立了领事馆，因中日贸易兴旺发达，从此中国人增多。这里街道热闹非凡，号称华人“厨房”。叔华姊妹最爱吃的是那里的糖果和名闻遐尔的神户牛肉。这里的牛都是单独饲养，吃上等的饲料，其肉质超级鲜嫩，入口即化。牛肉红白相间，尤其是那洁白的脂肪夹在鲜红的瘦肉中间，如同大理石的波纹，精致而有韵律，且不说制作加工后的吃口，仅此一望便垂涎欲滴。在叔华的记忆里，比起家乡粤菜风味，神户的牛肉是有过之而无不及的佳肴。

凌叔华哥姐溺水的日本神户布引瀑布水潭

二月上旬的春节庙会，是神户南京町不可或缺的活动。舞狮和舞龙最让人怦然心动，那狮舞滚动，那龙舞腾跃，让围观人欢声四起，叫好声不绝于耳。高跷队穿着节日盛装，化妆成老头老太，手舞着手帕和大烟袋，随着锣鼓的奏鸣声，他们走着扭着，叔华姐妹紧随其后，也情不自禁地扭将起来。

神户的日子，带着香，带着蜜，甜甜地装饰在叔华童年的梦里。那是抹着色，涂着彩的记忆。

 三

喜与悲是一对孪生姊妹，它们在人们不经意间上演着令人

惊咤的一幕。

就在他们到神户第二年八月，这一幕突然降临了。

一九一三年八月十日，凌淑英、凌瑞清、凌大容、凌淑桂（弟弟）四姊妹乘星期天去六甲山游玩并拜谒生田神社。

六甲山海拔九三三米，分东西六甲山、摩耶山和再度山。在东六甲山的北侧，便是布引瀑布和有马温泉风景区。这里的瀑布大小不同，约有四十八条之多。

北京的山有些因为无水是荒凉的，有的裸露着胸膛，在季节风里卷着一阵又一阵的黄尘，撕心裂肺地锐吼着掠过人们的耳畔，很难让人产生亲近之感。山有了水才会有生命，因了水的浸润，山便活了起来，中国江南的山便是印证。

六甲山占尽水的风光，因此也灵秀起来。那苍郁的林木，染苔的石头，走近它也就有了一份眷恋，一份亲切之感，这也是造物给予人类的馈赠。

四姊妹一踏进这山的怀抱，立刻感到一股扑鼻的清香向他们袭来，那气息直透腋下，幽静、安谧仿佛是山涧无形的器官，使人的心灵顿然安宁肃穆起来。姐妹们嘻闹着、追逐着一路前行，他们中那个唯一的男孩淑桂则显得另类，从路上捡了一枚石子，一路用那洁白的球鞋踢着前行。年龄最长的姐姐淑英，对这个弟弟关爱有加，她不停地停下来催促其赶快前行。

山路越来越陡峭，他们绕过了一道弯，又爬过一道坡，虽然穿着浅绿和浅蓝的丝绸夏装，但依然感到身体的温热，汗水也浸湿了脊背。前面有一家茶社，他们想吃冰激凌，在各自的招呼下，又一阵风向茶社跑去。让他们失望的是，茶社只卖茶水和食品，却不卖冰激凌。于是他们买了一张布引瀑布的明信片，接着继续往山上爬行。香草公园位于山顶，山上有一幢仿中世纪欧洲建筑大屋，有餐厅和各种香水出售。那里聚集了世界各国的香水，让参观者试闻。四姊妹对这些化妆品不感兴趣，他们走出大屋，继续四处游荡。大约四点钟的时候，他们穿过离瀑布不远处的一道黑色大门，因为天色将晚，工作人员告诉他们不要再往山上走了，于是他们折回来，从那道黑色大门下来。

在香草公园下方的山脚下，有一条布引之龙瀑布，这条瀑布高43米，下面有个430米的瀑潭，水深6.6米，潭水清澈，煞是壮观。据说潭底有一座龙宫，它的神秘为日本古代诗人提供了不少创作素材。

大约一小时之后，亦就是在这座深潭里，悲剧发生了。

据《神户新闻》次日《姊妹四人溺毙于瀑布水潭》的文章称：

> 一九一三年八月十号下午五点，一位叫中村龟增的人在回家途中经过瀑布时，看到三具年轻的中国少女的尸体，还有一个溺水的男孩。他们漂浮在泪滴瀑布下面幽蓝的水中。这个人吓坏了，赶紧去报案。法医对尸体进行了检查，估计那几个姑娘分别是十五、十六和十七岁，男孩是十三岁。当时有很多人围观，纷纷表示同情。这几个女孩都穿着浅色中式丝绸夏装和丝织内衣，最大的那个姑娘系着浅蓝色的绸缎腰带。然而，记者特别注意到一个重要线索，那就是她们虽然都穿着外套，但脱下了裤子。她们的裤子和四把丝绸伞是在谷川桥下被发现的。

文章还根据警察得到的证据进行了推测：

那个光着身子的男孩脱掉了衣服，去瀑布下面的水潭里游泳。结果陷在不断冲下来的水里，出不来了。他的姐姐一个接一个地脱掉裤子，跳到水潭里想去救他。她们没来得及脱掉外套，两个姐姐的尸体比妹妹的更加僵硬一些，警察据此推测年纪大些的姐姐是最先跳进水里的。在最大的姐姐上衣口袋里有一个装着两日元的钱包，还有几本中文书。

文章接下来写道：

死者名单列出了他们确切的年龄：男孩凌淑桂（15岁）、他的三个姐姐凌淑英（18岁）、凌瑞清（17岁）、凌大容（16岁），都是凌福彭的孩子，他们住在神户市的下山手道区。那天下午早些时候，凌淑桂和三个姐姐去拜谒生田神社，一直没有回来，家庭教师就出去找他们。在去神社的路上，他听说有几个中国人在布引瀑布淹死了，马上回家去告诉几个孩子的妈妈，三十九岁的谢氏，还有两个留在家里的孩子凌淑平（15岁）和凌叔华（13岁）姐妹。她们一起赶到布引派出所，从一个警官那里听说了发生的事情，如五雷轰顶。当地的警方帮助他们把尸体运回家里。

文章最后写道：

凌家这几个孩子是在上一年的五月被送到日本上学的。淑英和瑞清在国文学校上三年级，大容在一年级。这几个孩子个个都是又美丽又聪明，大姐淑英特别爱护十五岁的弟弟，所以不顾一切跳下水去救他，发生了几个姊妹在水潭里香消玉殒的悲剧。

这是一位撰写凌叔华论文的日本研究者，寄给凌淑浩外孙女魏淑凌的文章复印件，也是四姊妹溺水而亡最权威的记载。

凌叔华失去哥姐后饱尝撕心裂肺的痛苦，第二天她躲在屋里写了一篇哭姊文，抒发了心中的郁闷：

我最爱的清姊掉在瀑布里溺死了。我们天天哭她。有一夜我醒了，窗外月明如画，房内夜凉如水，粉墙上风筛树影，情境凄寂极了。忽然我看见凉台上有一人影倚栏立着，细认正是清姊。我大惊跳下床，影子却没有了。这一宵便流泪直到天明。第二天，饭也不吃，独自躲在屋顶的小房内，在衣箱背上写了一篇哭姊文。写完一边拭泪一边念，直到黄昏，母亲催逼才下来。

这篇短文的真挚与错愕，表达了她小小心灵的巨大的隐痛，文字符号浸泡在无比纠结和忧伤之中，泣着血，滴着泪，凝固成《我的创作经验》最初的一块璞玉。

凌叔华还回忆说，那天早上八姐（瑞清）离开家前，她向她借了一把梳子，如今再也不可能还给她了。这是八姐生前留给她的一件遗物，每见到它总会黯然神伤。这件事让她终生难以释怀，一直到晚年，那个“结”也没化开，她从不把梳子借给别人。也许是善的感受力驱使，她不想再把拆裂之痛殃及别人。

一年多的海外读书生活就这样嘎然而止了。在谢氏夫人带领下，凌叔华怀着极度的悲伤离开了神户。

第五章　直隶女子师范学校

一

民国二年（1913）八月晚些时候，凌叔华等从日本神户回到凌福彭从北京迁居天津（今河北区）新大路无线电后的家。

一月中旬，袁世凯下令革除旧制，各省最高执政官为民政长，下设内务、财政、实业和教育四司。直隶先后由冯国璋(兼)、刘若曾担任。根据参议院通过的清室优待条件，凌福彭受袁世凯委派，到遵化为清室续修东陵。李若兰告诉叔华说，袁世凯考虑她的父亲在布政使任内损失了不少钱财，修皇陵可是个肥缺。言外之意从那里可找回些补偿。

民国初年的凌福彭

凌福彭知道，天津是他任天津知府、直隶布政使的旧地，有广泛的人脉和良好的教育条件，于是便在天津（今河北区）新大路街购地建了一幢中西合璧的二层洋楼，四面竖起围墙，室内配置了欧式和中式两种不同风格的家具。至于多余的烂泥地，他便差人把它填平，卖给了那些开发商。李若兰带着几个女儿从北京来天津团聚，因为少了四个孩子，天津的家也少了些往日的吵闹，多了些生活的安静。

早在十年前袁世凯便下令开发河北新区，范围是东沿京奉铁路（今京津铁路），西至北运河（今海河），南起金钟河（今金钟河大街），北抵新开河。此外，还要求六个月把坟茔迁完，一年内填平坑塘，二十个月建起新屋，建筑标准每亩不低于一千两白银。同时规划南自金钢桥，北至河北新火车站的大经路（今中山路），并以此为轴线，建成与之相平行的二经、三经、四经、五经路（即今二马路至五马路）。又借《千字文》之天、地、元、黄、宇、宙、日、月东西交插的多条“纬”路，使得新区形成经纬纵横，四通八达的交通网络。

为解决交通不便，光绪二十八年（1902）一月，在天津北边的京奉铁路又增设了河北新站（今北站）；同年十一月，在南部旧城厢通往河北新区的金刚铁桥完工，取代了原来的窑洼浮桥。此外，又建了由法租界通往老龙头火车站的老龙头铁桥和金汤桥（原来是浮桥），新区内还开通了通往老城厢和意、日、法租界的有轨电车，尤其是这三座铁桥的建成，大大方便了天津市海河两岸的交通。

随着新区的建成，袁世凯的直隶总督衙门也从保定迁来天津办公，地址在金刚桥西北侧、东临大经路附近（原海防公所）；凌福彭的知府署衙门亦迁到大经路中段路东的署址（今中山公园西）。

这些开发，天津府是当然执行者，凌福彭再熟悉不过，这恐怕是他再次来天津筑楼建屋的原因。另外去东陵比之北京也较为便捷，从新大路街到北站上火车只有300米之遥。

警察局长是凌福彭旧属，关照也是他份内的事，加之凌福彭不常在家，剩下的全是些女人孩子，便在附近增设了派出所，加强安全和服务。电话局长也不甘落后，很快拉线进屋，给家里装上了电话。不太理想的是，这里离火车站太近，火车的轰鸣声和房子的潮湿给一家人平添了新的烦恼。

一切安顿下来之后，李若兰把注意力很快转移到淑萍、叔华、淑浩的就学上来。

一天，李若兰找到一位毕业于北洋女子师范学堂的老师，来辅导三个女儿（淑萍、叔华、淑浩）的入学考试。当这位老师得知她们几个在家庭教师那里已学过古文、数学和中国历史，便决定让她们直接参加直隶女子师范学堂入学（插班）考试。

接下来，姊妹几个按照老师的安排，进入入学考试前的准备。

二

一阵秋风过后，给津门大地镀上一层萎靡的苍黄。

鸟声敛声而去，迷迷茫茫的黄，地老天荒的黄，统治了这个世界。只有天空弄云的鹰，诉说着一种存在，一种慰籍，在广袤的天海间游荡。芦苇和茅草再也挺不起腰脊，顺着风的方向，摇曳着旷野最后的亮色。

凌叔华走出院子，向北拐上一条小路，便是村野。她停下脚步，幽幽地站在那里，等待着那些穷苦人家的伙伴。

在老师辅导凌叔华入学考试的日子，她不时走出院落到郊外玩耍，那乡间生活，成了她生命中唯一乐趣。

一天下午，几个穷孩子来到墓地，都是八九岁的小孩，后面还跟着四五岁的小不点儿。他们划着火柴点燃干草。风一吹，火苗便迅速升腾起来，像一条火蛇上下蹿动。孩子们追逐着火苗，兴奋地呼喊，好玩极了。火苗熄灭时，他们看看散在各处的黑色灰烬，又显得很为沮丧。

一个高个女孩看到叔华站在那儿看他们，便问："你也点一根儿。"

叔华笑了笑，接过火柴，点燃干草。叔华和孩子们跟着火苗一步步向前走，她看着那一张张被火映得通红的小脸，她指着一个孩子说："你看他的脸色红的跟烧鸡似的。"

一个女孩儿说："烧鸡是什么味儿，我从来没吃过。"

另一个女孩儿说："一定好吃，我在食品店里见过。"

一个男孩儿对叔华说，他奶奶告诉他，头年烧草，第二年草会长得更好。

一个女孩儿说："我爸妈都埋在这儿。姐姐说他们走时穿得很少，冬天会觉着冷，烧火能让他们暖和暖和。"

叔华说："世间没有鬼，那是老师在课堂上讲的。"天真的叔华，心里感到歉疚，她意识到刚才不该说那句话。

那个女孩儿眼里闪着泪花说："照你说我妈永远不会回来看我了。"

一个男孩儿提议："来，咱们玩游戏吧，不说这些了。"

女孩儿问："玩什么游戏？"

男孩儿说："今天我们玩开火车。"

"开火车"是孩子们的发明创造，每个人就是一节车厢，一个接一个站好，互相抱着腰，开起来像条长蛇舞动。

大一点的男孩儿当火车司机，一个小一点的男孩儿骑在他的背上当烟囱，叔华站在最后当车尾。小一点的男孩儿高喊一声，“火车”就开了。孩子们在墓地转动起来，爬过一个坟头又一个坟头，就像翻过座座山峦。最后火车缓缓驶到一片空地上，那儿站着一个女孩儿当站长，她一吹哨，火车就停了。

他们有时坐下来讲故事，每一个故事叔华都爱听。叔华也给他们讲西方的故事，好像他们也能听得懂。玩上课游戏的时候，叔华也教他们认一些简单的字，他们非常尊敬她，叔华为此感到骄傲，常常沉浸在快乐之中。

一个星期天的下午，叔华正看一只鹰在空中盘旋，忽然听到远处灌木丛里传来吵闹声，走近一看，原来是个老太婆和一个警察争吵。

老太婆面色苍白，满脸皱纹，身瘦如柴，眼里含满了泪水，破衣服裹着她瘦小发抖的身体。她的牙都掉光了，不断地向警察哀求：“长官，可怜可怜我这个老婆子吧，我不在乎您逮我走，判死刑也没事，在牢里倒有饭吃，我还很高兴您带我走呢，可是我儿媳妇病在床上，没钱看病买药，连吃的都没有，发烧两个星期了，她为了孩子也得硬撑着，不能死。而我还要照顾她。长官，您听见了吗?”

警察说：“盗棺犯法，你知不知道?”

老太婆说：“我知道，我男人多老实，从没犯过法，饿死了，法也救不了他。我儿子那么孝顺，卖苦力挣点钱还要养活一家五口，自己吃不饱也饿死了。你可怜可怜我这个穷老太婆，您要让我走，他们还有活头，长官，发发慈悲，救救我们吧。”

警察说：“你也太狠心了，来偷死人的头发。”

老太婆说：“我是没办法呀，您要是看了我儿媳妇病得直唉哟，孩子们饿得直哭，就会原谅我了。”

警察说：“我没工夫听你闲扯，我只知道你犯了法，上司让我逮你走，我也没辙。我再说最后一遍，你要是赖着不走，我就把你捆着拖走。”

老太婆绝望了。她硬撑着想走，但突然摔倒了。

警察说：“快走，你个没良心的。”

叔华看着这一幕，心里非常难过，但又帮不上忙，眼里盈满了泪水。

回去以后，叔华把墓地发生的事跟母亲李若兰说了，她也很同情那个老太婆。那天下午，李若兰去看了那老太婆的儿媳妇，回来时显得很悲伤。

李若兰把佣人张妈叫来，摘下一对玉耳环交给她，让她拿到当铺去，把钱给那个可怜的女人，请个医生给她看病。

叔华半夜里醒来时，母亲和张妈坐在一起，显得特别难过。

叔华问：“张妈，那媳妇怎么样了？”

张妈说：“已经死了。”

叔华问：“孩子呢？”

张妈说：“小点的先死了，两个大的明天送孤儿院。现在邻居照顾他们。我给那媳妇钱时，她笑了笑，说不出话。她指着大孩子说：‘饿’。然后就默默地死去了。”

母亲说：“我真担心连棺材都没有。”

张妈和母亲关系不错，常在一起聊天。她突然说：“我担心别有哪个缺德的把这事告诉了老爷。三太太已经怪我们了，怕把病传到家里来，给她儿子染上。”

母亲说：“叔华，从现在起不许你再到墓地去了，待在家里好好读书做作业，闷了去画画。”

凌叔华隐隐感到，世上有些东西比死亡更可怕。

三

民国三年（1914）初夏，凌叔华参加了入学前的考试，和姐姐淑萍如愿以偿地到直隶女子师范学堂插班就读，而淑浩则到另一所公立学校上课。

入学之初，凌淑浩表现得极度兴奋，但不久就厌倦了。在课堂上，她和其他女孩子递纸条，还把书本立放在书桌上当挡箭牌，下面大读通俗小说。

一天，她跑到院子里和同学去玩，听到老师喊她的名字。老师说："我知道令尊的地位很高，你可能在家被娇宠惯了，但是在学校的功课上，你真是不见得多聪明。"然后又把她叫进屋里，大声呵斥："小凌你长得一张聪明脸，却是一副笨肚肠！"

凌淑浩说："是吗？那我就不用你教了。"

就这样，她辍学回到家里。

凌福彭问："你准备怎么办？"

凌淑浩说："我在家里学。"

凌福彭问："你学什么呢？"

凌淑浩说："历史、地质，那些学校规定的课程。"

凌福彭说："你去找你想找的老师，我给你付学费。"

凌淑浩说："那再好不过了。"

于是她找了一个教化学、物理和数学的老师。那一整年，她就在家里学习。

也是在这一年，凌福彭出任北洋政府约法会议议员，参加起草《约法会议组织条例》。不久，约法会议通过了《中华民国约法》，帮助袁世凯废除国务院，改责任内阁为总统制。四月九日，北京政府又任命他为参政院参政，这也是对他尽职尽责的一种酬报。

民国四年（1915）七月，凌叔华的故乡广东闹水灾，许多县冲决了基围，房屋坍塌，人畜溺毙，损失严重。北京政府派她的父亲凌福彭和蔡乃煌、李翰芬携灾款赴粤赈灾，设救济公所，分赈灾区，修筑各地基围。他们在肇庆救灾时，受到百姓称赞，并建祠纪念，至今还有他们的名字。

同年秋天，凌淑浩经过补习，也考入北洋女子师范学堂读书。

这年年底，凌福彭被派往山东青岛任职，见证了中日谈判和德日权力的移交。尽管他早年几次到日本考察，了解些日本情况，直到这时他才看清了日本人用军事恫吓和外交讹诈的野心。在青岛期间，他“日渐失望，萌生退意”。随着袁世凯称帝和死亡，凌福彭的政治生涯也走到尽头。

民国五年（1916年）一月，齐璧亭（1885－1968）从日本学成归国，担任了北洋女子师范学校的校长。这年六月，适逢女师建校十周年，学校开展了隆重的纪念活动，并更名为“直隶第一女子师范学校”。

这所学校于光绪三十二年闰四月二十二日（1906.6.13），由北洋政府学务处傅增湘（1872－1949）根据袁世凯“大兴女学”旨意创办，校名为北洋女子师范学堂，初设简易科，学制一年半；后设完全科，学制四年，加预科一年，学生五年毕业。他任学堂总理（校长），实际由他的夫人凌女士主持。校址初在天津河北区三马路三才里西口，宣统二年（1910）迁到天纬路东口（今天津美术学院）。生员来自天津及东南各省。

宣统二年六月（1910.7）由吴鼎昌接任，添建附属小学，民国元年（1912）春更名为北洋女子师范学校。第二年又更名为直隶女子师范学校。同年，北洋高等女子学堂划入，成为女师附属女子中学。

吴辞职后由张相文接任（1866－1933），民国元年（1912）八月，任校长不几日（因与白雅雨策划滦州起义失败），遂辞去校长职务，去北京专办中国地理学会。校长由李家桐接任。民国三年（1914），天津劝学所蒙养园拨入女师，成为附属幼儿园，民国四年（1915），李家桐因病辞职。同年，又聘南开学校的张伯苓代理校长，实际事务由其妹夫马千里执行校务。

民国五年（1916），齐璧亭接替张伯苓。齐璧亭（号国梁）是个有开创性的校长，他执掌女子教育三十四年，把这所学校由初师、中师、最后开将为师范学院。他本人也是一个有不断进取心的人。

他早年毕业于保定高等师范学堂、北洋大学师范科，曾两度赴日留学，后又到美国哥伦比亚大学攻读学士、硕士学位。他根据自身经历和中外女子教学实践，接任后即大力提倡“勤仆、奋勉、和婉、敬信”的办学宗旨，不长时间便把学校各项事业搞得风生水起，五彩纷呈。

教学之外，他又创办了女师学友会并自任会长，下设总务、学艺、图书、讲演、文艺、运动、交谊、馀兴等八个部，各部部长由教师担任，各部又设正副委员长、委员若干，由学生中选拔。后来又设总、副委员长，由各部委员长选出。校友会还创了《会报》，每年出刊，两期。《会报》为16开本，每期200页，15万字左右，设教学、文理、新闻、文艺等10多个栏目。《会报》由图书部编辑，每期1000册，北洋印书局印刷，总务部发行。

《会报》的创办，大大活跃了学校气氛，调动了师生学习和教学的积极性。与此同时，女师还筹建了学生自治会、青年会、乐群会等组织。

凌叔华初被选为文艺部委员长，后又担任校友会总委员长。宗旨是“辅助本校国文之发达，期得美满有用之效果”，职责是“掌理文社、诗社等之组织，进行学校新闻、年会会报之编辑、发刊等项。”

民国五年（1916）年四月，《会报》第一期刊登的“十周年纪念录”一文中附有“毕业生及现在学生一览表”，记录了190余位在校学生的基本情况。这个一览表透出凌叔华姐妹的一些信息，凌淑萍，本科三年级，凌淑浩，本科二年级，二人籍贯均为“广东番禺”，家长职业“政界”，住址“天津（今河北区）新大路无线电后”。而且表格中只有凌淑华的名字，却无具体年级等资料。这个“淑”字，应是她本来的名字，改成“叔”字，是成名以后的事。在女师，她还用“瑞棠”这个名字写文章。

据凌淑浩回忆，凌叔华在一九一四年秋就已经是女师的学生了。一年后，她也考入女师，并与叔华同在一个班，凌淑浩还说：

> 到了年底，考试成绩出来的时候，她很不高兴，因为我是第一名，她是第三名。叔华总以为她是家里最聪明的。她一直这么想，我不觉得她最聪明，不过她倒是能写会画。她的作文真的很棒。便是我说，别的你就不懂了。我觉得我在其他方面更在行些。

据民国六年（1917）十二月《会报》第四期该校语文老师张皞如在《奇遇歌赠荷生、淑华二女士》一文中说：

> 丙辰（1916）秋，同肄（修）业于直隶第一女子学校，而不同组——荷生隶于四年甲组，淑华隶于四年乙组。盖荷生来校已久，淑华则以后始纠鼓箧，而名能以文才优秀，为本组冠。

“荷生”，本名凌集嘉；“鼓箧”即击鼓开箧，是古代的入学仪式。按照一览表的记录和张皞如的文章记载，二人不是同一班级。即使到秋天，淑萍、叔华倒是同一年级（四年级），凌淑浩只能是三年级的学生。这恐怕是凌淑浩的回忆有误（或《家国梦影》作者有误）。

民国五年（1916）暑夏，齐壁亭经过竭力筹划，女师增设专修科终于有了眉目。《会报》第三期（1917.4）登出了《专修科将升增设》预告：

> 本校创始以来，前后毕业者已五次，共计有数百人之多。毕业后，赴多地任职者，固属多数，而立志升学者，亦复不少。惟以我国尚无女子高等专门学校，以致升学无地，殊属遗憾。校长有鉴于此，已向公署呈责经费，以便增设专修科。想我前后毕业诸君，有志深造者，必同声相庆也。

专修科的设立，是为了弥补天津当时女子师范无高等教育的缺憾，来满足一些女生继续求学的心愿。

民国六年（1917）六月六日，凌叔华随“正科第七学级”毕业（见《会报》第四期《学级定名之布先照录》和《直隶第一女子师范学校学生毕业名单》）。

不久，专修科成立（《会报第四期》），凌叔华毕业后业去教书，她选择了“学制为两年”的专修科继续读书。然而，就在这年的夏秋间，天津突发大水，县西北三十三个村庄被淹，天津周围河水暴涨，赵家庄、唐家庄、唐家湾、杨柳青、西大洼等处河堤相继决口，顿时一片汪洋，津浦铁路中断，日、英、法租界大都被泡在水中，天津六万多间房屋被淹，两万多间倒塌，十多万灾民流离失所。

凌福彭在天津河北区新大路无线电后的家亦未幸免。

凌淑浩记得，她家的一楼，水漫到椅子腿上，不得不搬到楼上去。当水淹到楼梯平台时，一只飘着红十字小旗的救生筏听到他们的呼救，她从二楼的窗户里被拉出来，接到一条又宽又平的船上，载着他们从屋顶和烟囱间穿过。蛇、老鼠和狗在污水中游动，猫和鸡爬上树和房顶，原先店铺林立的大街变成了河道。人们把门板当作救生筏，沿着水的街道到处是浮动的脑袋，想从店铺里捞点儿东西上来。周围的农民把舢板停在自家的田里，年轻人带着镰刀潜到水里割点庄稼，然后再浮上来透一口气。

凌家挤到他们在德租界原先买下的一幢小房子里，直到十二月把南运河决口抢修合拢，水患才得以平息。

他们回到天津新大路街的家里，洪水给他们留下的是一片狼藉。衣物全泡在水里，地上是一层奇臭无比的淤泥，橱柜里漂着死去的老鼠，茶杯被冲到院子里。

难民无家可归，食不果腹。他们挤在临时搭建的棚子里，顶盖着用芦苇编织的席子，地下铺得是稻草和谷草。许久，这座城市才慢慢恢复了正常秩序。

八月二十二日，学校恢复正常教学，凌叔华到“家事专修科”开始上课。按照学科要求，课程由“家事学指导”和“自我修养”两部分组成。齐璧亭说，日本女子能力的强大，皆源于女子家事教育的发达。中国办女子教育也必以家事为主，方能发展女子特长，而大有造于国家社会。专修科还增加了设备，创办了实习工厂，设备齐全，为全国之冠，参观者络绎不绝。

在这期间，凌叔华还撰文《拟募捐赈济水灾启》，文中说：“乡关日暮，望万里而谁归；涕泣路穷，嗟半菽之不给，狂风起于深夜，冻馁不能成眠；冷雨降乎中宵，淋漓那堪驻足”。她饱含深情的描述，让人读后产生对灾民的同情和悲悯。

需要补充的是，邓颖超（文淑）于一九一六年由女师的预科升入本科（后定为十学级），并担任了校友会余兴部委员。许广平一九一七年考入女师，比邓低一年级，后担任了校友会文艺部委员，应归部长和凌叔华领导。

民国八年（1919）五月四日，北京爆发了轰轰烈烈的学生爱国运动。第二天，消息迅速传到天津，天津立刻沸腾起来。五月五日开始，天津各校学生纷纷集会、发表通电，全力支持北京学生的正义斗争。五月十四日，天津各校代表在北洋大学集合，商议抵制日货，下午在直隶水产学校正式成立了天津学生联合

邓颖超（1904—1992）

许广平（1898—1968）

会。五月二十五日，以直隶女子第一师范学校为主体，在天津东门里仓敖街江苏会馆成立了天津女界爱国同志会，公推刘清扬为会长，李毅韬为副会长，郭隆真、邓颖超、张若茗为评委委员；王侦儒、周之廉、张嗣静、周敏、郝雨春、王瑞生等为执行委员。这些学生组织成了领导天津五四运动的核心力量。

凌叔华也热情洋溢地参加了这场运动，以能为国家分忧感到骄傲。她的中文在班里最好，被直隶第一女子师范学校学生会选为四秘书之一。学校游行或到公众场所演讲前，她都参与了写计划、讲演词和标语的活动。

邓颖超任讲演队队长，她和张若茗不仅是同班同学，更是讲演队刚柔相济的一对，演讲起来，一个温文尔雅，一个牛气冲天。

副队长郭隆真是一位婚礼上逃出来的女学生，她带领同学奔波于四郊乡里。敲开门，就拉起话匣子，见做饭从做饭说起，见做针线从做针线说起，而且将话题巧妙地引入救亡图存、妇女解放之中。说到起劲处，她满脸的麻子粒粒通红，听讲的人全都乐了。她自已也乐，然而讲得更加起劲。

由于她们的齐心协力，使爱国、反封建和民主精神得到最广泛的传播，为天津五四运动的深入打下了坚实的基础。

民国八年（1919）年夏天，凌叔华专修科学习结束了，她从直隶第一女子师范学校毕业，名字刊登在《教育公报》的“直隶第一女子师范学校家事专修科学生毕业名单”附表中。

在女师读书期间，《会报》保留了她的大量佚作，与她后来发表的作品风格有很大不同，表现出她对国家命运深切关注和忧虑。如民国七年（1918）她刊登在《对于中日秘约之感言》一文中说：

亡国秘约已签字矣！将继朝鲜之后矣！四万万同胞装饰沉沦于万劫不回之城矣！䈁何言哉！……吾国今日即类于濒死者也。惟稍异而稍优者，即吾国青年尽有力强体壮、才大思转者在。苟能息争悔祸，同心协力，十年生聚，十年教训，卧之以薪，尝之以胆，不信以四万万之众，不能沼吴而疆越边。同胞！同胞！莫忘今日之耻！

民国六年（1916）一月，她随父游览北京，所见沿途满目凄凉，对奸细的“西服人”之说颇为愤慨，她在日记中写道：

噫，悲哉！苟国泰民安，朝野同体，得共和之真义，又何来奸细之事耶！驱车出正阳六，城楼焕然一新。表项城欲假此饰粉太平，亦可笑也。

在《与执友书：历述生平得意事与失意事》说：

我国今日一家农而千家食，一人织而千家衣，己国制造不足，取之于外，舶来品之输入日夥，金钱外溢，如水就壑，曷胜叹哉！（并称自己）棠椿萱并茂，不兴风木之悲；衣食温饱，未感饥寒之苦……

一样的情怀，一样的热血，家国之思，气度非凡，发自内而溢于外，读来令人拍案。

她的诗也写得非同一般，在《暮秋竹枝词四首》其中二首写道：

（一）

柿红栗熟又深秋，杨叶萧萧起暮愁。

才向金刚桥上过，引人袖手少行舟。

（二）

九月燕津秋兴豪，黄花灿烂有肥螯。

闻道旺朝重九节，鼓楼闲步算登高。

诗贵意象的选取与巧达，一个十六岁的少女，把秋天的金刚桥，“引人袖手少行舟”；九月的重阳节，“鼓楼闲步算登高”，这样平常的事表达意趣盎然，清新老道，特别是“少”与“算”字用得恰到好处，分寸感极强，没有诗才和功底是写不出来的。

凌叔华在女师期间仅《会报》上留下的书信、诗词、游记、论说、日记等十九篇（见年表篇名）之多，且题材多样，笔法纵横，思随时代，让我们看到青春时代的凌叔华文采卓然，不同凡响，作为女师学生中的翘楚，深得老师和同辈的称羡。

从民国九年（1920）一月起，天津各界群众和爱国学生又投入到抵制日货的斗争中。那时有两名参加罢工的工人被日本厂主杀害，直隶第一女子师范学校学生联合会向天津市长递交了请愿书，要求他转呈总统。凌叔华和全校学生走上街头讲演宣传，说服商店抵制日货，关门一天，并要求政府向日本当局提出强烈抗议。

那时天津许多日本商人的商品以次充好，把便宜货运到中国市场，以高价销售。他们还将走私品运到天津，谋到暴利。中国人对此非常愤慨。

游行返校后，语文老师张皞如要求凌叔华和其他几个学生，立刻把当天的请愿活动写成作文，他选出最好的一篇送到《天津日报》发表。

第二天早上，张皞如带来一张报纸。下课时他当着全班同学朗读。凌叔华听到是她写的作文时，脸红心跳，激动得流下了泪水。张先生把报纸递给凌叔华说："留着这张报纸，上面有你的名字，等你有一天成了作家，你会更加珍惜它。"

张皞如是凌叔华的班主任和语文老师，南满人。一八九六年，他的家乡被日本人占领，父亲被捕，母亲出走，他流落街头，叔叔找到他，把他带到天津上学，中学毕业后又到北京一所学院学习，他的中文学业非常出色，毕业后回到天津任教。他非常憎恨日本人，也讨厌洋货。学生运动在天津持续了两年，他经常帮助学生会为他的学生制定活动计划，修改讲演稿、请愿书，还推荐到报纸上发表，像对待自己的工作一样，这为他赢得了叔华和许多同学的尊敬和爱戴，叔华做什么事都事先同他商量。抗日战争前一年，张皞如在南满被日本人杀害。

凌叔华的老师张皞如，也曾是周恩来的老师。凌叔华在女师写的文章，倍受张先生赞誉，并写了许多评语留在《会报》里。

在凌叔华《雨后天晴邀女友看菊小启》，他的评语写道："一路雨天花。此文家纤秾之品，亦文家自然之品也。二者兼得，真乃难事。"

在《与同学书劝真熟读尤西堂〈反恨赋〉》，他的评语是："无一语不神韵，无一笔不风华。凌生才人也，亦学有根抵人也。勉之进之。”

在《张允瑛女士追悼会记》，他的评语写道：“匹马单枪，如入无人之境。此语惟凌生当之。”

在《论女子学文之功用》，他的评语是：“入门下马气如虹。惟斯文得之，虽后幅于文字稍略，而议论坚卓，根底宏深，大气盘旋，实有他人能不可及者。瑞棠勉之，吾为吾校得才贺。”

在《与执友书：历述生平得意事与失意事》，他的评语是：“谈得意处，如龙跳天门；谈失意处，如蝉吟秋树。光明俊伟如子由，抑郁慨恻如子长，读之领人神往。”

在《拟中秋夜与嫦娥书：对月述评》，他评论更是议论纵横：“神情遥远，气象万千，壮夫之怀，才人之笔。金圣叹所谓‘灵眼觑着，灵手捉着’，史家所谓‘天雨为栗，鬼为夜哭’者，此也，有此文乃不负此题”。

在《人必如何而后为得志说》，他评论说：“色色空空，唤醒世人，理既超妙，笔复纵横，读之如遇南华老仙，放言谈道，句句令人点头称是。”

在《对于中日秘约之感言》，他评论说：“笔有锋芒，辞挟风雷，使当道者见之，不知心有慽慽焉否。”

凌叔华对张皞如老师十分敬佩，曾将她的思念写在小说《古韵》里，但又朦朦胧胧，今从校友会《会报》里终于得到一些具体细节，他不仅文采斐然，对凌叔华也有识珠之明。上世纪二十年代凌叔华走上中国文坛，印证了他的判断并非虚言，上述评语便是佐证，今抄录在这里，与读者诸君共飨。

刘表扬（1894－1977）、郭隆真（1894－1931）、张若茗（1902－1958）毕业后，一九二〇年十一月同周恩来一起赴法勤工俭学，成为早期的共产党员。邓颖超（1904－1992）毕业后，到北京高等师范学校附小任教，一九二二年夏应天津达仁女校校长马千里之聘到该校任教。一九二四年加入中国社会主义青年团，第二年转党，同年与周恩来结婚，奉调南下广州从事妇女运动。许广平（1898－1968）晚一届毕业，一九二二考入北京女子高等师范学校。

一九八四年，邓颖超来天津会见女师校友，还记得同班同学岫尘名字叫秀臣。梁岫尘（1900年生，是班上最年长的学生）说："我是封建家庭出身，爷爷盼孙子，可惜生了两个孙女，姐姐叫秀君，我叫秀臣。到了民国，姐妹怎么还称君臣呢？这个名字是毕业时白老师给改的。"邓颖超说："我原来叫文淑，白老师给改为颖斌，我不喜欢，后来自改为颖超。"

凌福彭退居林下后，曾两次到北戴河度夏。

北戴河在商、周时属孤竹国，伯夷、叔齐即孤竹君二子。公元前六六四年孤竹亡，又属燕地。秦始皇第五次东巡到此，刻"碣石门"。三国时曹操北定乌桓，来"碣石"赋《观沧海》诗，这是耳熟能详的历史。

北戴河的开发始自光绪二十四年（1898），清政府正式划定"鸽子窝"沿途三海里为避暑区。民国六年（1917）北宁铁路局为方便中外游人，开设了北戴河至海滨的支线。民国八年（1919），建莲花石公园和第一、第二公共浴场，吸引了大批游客。凌淑浩按奈不住宣传的吸引力，鼓动父亲凌福彭携家人来此度夏。第二年，美、英、德人又建"东山会"（组织），海滨增添了人力车和驴脚为载客工具。凌淑浩不甘落后，和姐姐叔华又随其父来此避暑，在饱尝海浴滋味的同时，又意外地圆了她的求学梦，上医科学校的计划有了眉目。

第一次到北戴河度夏，凌福彭带叔华、淑浩住在朋友的别墅里，她们曾记得，在二楼阳台上能看附近跑道上的赛马。凌福彭在这里办过一次宴会，和一帮北洋老友一边喝着木桶里堆着冰块的德国黑啤酒，一边畅谈往事。凌淑浩在这里认识了两个外藉女人，一个是印度青年女子，她帮她学中文；另一个女人是在山东齐鲁医学院教书的美国人，她在北戴河开了一个杂货店，凌淑浩因买浴帽与她相识。她问能否到她那儿上学。那位女士告诉她，医学院有一半课程是用英语讲授的，上医学院先得练习好英语。于是她明白了上医学院必备的先决条件，从而坚定了学医的志向。

大约在民国九年（1920）淑浩毕业前夕，表哥冯耿光（小说中叫康光）因事到府上看望姑夫凌福彭，并为叔华、淑浩姐妹回北京上学说项，得到了父亲的同意。

冯耿光（1882—1975），字幼伟，广东番禺黄埔村人，是凌福彭大夫人的侄子。他早年留学日本陆军士官学校，先在福建马尾要塞任司令，后改任清政府军咨处司长。辛亥革命后任袁世凯总统府顾问兼山东临城矿务局督办，后脱离军界。民国七年（1918）冯国璋任命他为中国银行总裁，直到民国十一年（1922）辞去总裁一职，改任常务董事。在这期间曾发生安福系攻击中国银行总裁、副总裁“贪渎”一案。

冯耿光是梅兰芳（十四岁相识）一生重要支持者，梅早年住宅芦草园，便是冯耿光所赠，梅妻福芝芳亦是冯牵的红线。梅赴美、苏演出，经费都是冯为之筹集。梅称自己“一生事业中受他影响很大，得他的帮助也最多。”

另一位表哥冯祥光（小说中叫康贤），字玉潜，广东番禺黄埔村，清举人，曾赴德国留学。历任闽浙总督署和两广总督署文案，考察宪政大臣参赞。民国后任驻巴拿马、旧金山、汉堡、新加坡总领事。

二位表哥还劝说凌福彭不要“成天跟那帮军阀费唾沫”，尽早搬回北京去居住，也让两表妹到北京去上学。

凌福彭很快同意了两位表侄的建议。

民国九年（1920），凌淑浩以优异成绩从直隶女师毕业。两姐妹一起考入燕京大学女子学院。

凌叔华站金刚桥头，回忆着七年来天津女师的读书生活，一颗心像海河荡漾的澄波，不停地翻腾着这段青春似水的流年。

第六章 燕京，燕京

一

一九二一年秋天，凌叔华、凌淑浩怀着无限喜悦的心情，一起走进燕京大学女子学院。

这是一所非常年轻而又充满活力的大学，说它年轻，因为“燕京”这个名字正式得来尚不足两年，它最早是由四所大学合并而成。正式合并是在1916年完成，即使上推到这一段，燕京大学才有五年历史。

燕大女校设在东城灯市口同福夹道前佟王府内。华北协和女子大学加入后改为燕大文理科女校。

联合大学最初的校址在崇文门内盔甲厂十所院落内，校方为购置这块地皮，花光了前期投入的全部基金。盔甲厂原来是明清两代制造军火之地，在经历了两次爆炸事故之后，改为制造盔甲和弓箭作坊。此外地基湫隘，尘土没胫，是往京城运煤的必经之路，门前还有一条流淌不尽的臭水沟。

燕京大学的命名，有一个复杂的争论过程。合校之初，这所大学叫什么名字，几所大学的代表争论不休。新学校名义上是基督教会及长老会、美以美会、美以美会妇女海外传道会、公理会和伦敦会协办。总投入三十五万美元，暂时叫做“北京大学”。如同所有的事情一样，基督教到了中国，自然也不可避免地带上明显的中国特色，再加上这些教会之间本来就有很多门户之见，所以学校的正式名称一时很难统一。

汇文派提出，不管联合大学取个什么英文名字，如果它的中文名称不叫汇文，他们就不予承认。而非汇文派则坚持，联合大学叫别的名字都可以，就是不能叫汇文，如果用汇文这个名称，他们就会把毕业文凭，堆在校园里付之一炬。直到一九一九年一月，司徒雷登入主这所大学，还没有一个确定的名称。司徒雷登接受了当时的中国基督教协会会长诚静怡的建议，才用北京的古名，叫燕京大学。当时还组织了一个由社会名流蔡元培、王宠惠、吴雷川、胡适以及教育总长傅增湘组成的专门委员会，来审定这一名称。

这年秋天，司徒雷登与博晨光、郭必德共同制定了校训：因真理得自由以服务。每年的圣诞节为燕大的校庆日。

司徒雷登（1876—1962）

早期燕大学制预科一年，本科三年。一九二三年与全国统一，改为本科四年。那时学科尚不完备，理科主要是生物、化学；文科主要是英文、教育、哲学。只有二十九名教师，其中有四名中国教师，其余全部是外国传教士。学生总数九十四人。一九二〇年三月，燕大正式挂匾。这时华北协和女子大学也加入进来，成为燕大女校，这样燕大由文理科男校、文理科女校和神科三部分组成。其中文理科男校和神科设在崇文门盔甲厂。主持女校的是原华北协和女子大学校长麦美德，主持男校的是博晨光。所谓男女合校不过是女生到男校上课，男生到女校上课而已，相互之间都很拘谨，没有多少联系。

凌叔华（1900—1990）

叔华和淑浩参加迎新会就在灯市口同福夹道的女校本部。她走进二门，便是王府前三间大厅改成的大礼堂，长廊下摆满了红色的玫瑰。这样鲜艳的花朵，将揭开凌叔华人生最灿烂的一页。校长司徒雷登首先致辞，因为迎新会是在女校举办，所以司徒雷登讲的是女子教育问题，他说：第一是希望本校女生，从今天起得与男生受同等教育，将来在社会上服务和发展，也是和男生相等；第二是现在男女两校校舍，都太嫌狭窄，我们要建筑一个大规模的学校；第三是希望男女青年道德，都趋向光明协力；第四是希望我校学生，出校后作回报社会中坚人物，以所得学问，改造中国。

直到这时，凌叔华才真正见到了这位大名鼎鼎的司徒雷登校长。

他是一位四十多岁的中年人，宽宽的额头，浓重的眉毛之下，一双炯炯有神的眼睛。这是一个标准的美国人，是一个有着深厚的宗教意识和东方情结的美

凌淑浩（1904—2006）

国人。他的中文演讲一口地道的南京口音。凌叔华正在暗暗纳罕，旁边一位女生说：“司徒雷登的杭州话比南京话还好呢。”

对于司徒雷登的经历，凌叔华在报考该校之前大概知道了一些。

他的父亲约翰二十五岁时，被作为美国南长老会传教士派往中国，到了杭州，五年之后就能流利的使用汉语了。他还给自己起了个中文名字叫司徒约翰，所以他生下的儿子，就沿续了中国的姓氏司徒。司徒雷登最先学会说的就是中国话，他直到四岁才学习英语。他的全部教育是在美国完成，而他文化的根却深深扎在中国。当他作为传教士，再次踏上中国这块土地的时候，自然也就有了回到故乡的感觉。

接下来是唱校歌，由高年级的合唱队演唱。合唱队的同学是青一色的黑燕尾服，白衬衫，黑领结，风度翩翩。他们唱着：

雄哉壮哉，燕京大学，轮奂美且崇，人文荟萃，中外交孚，声誉满寰中。

良师益友，如琢如磨，情志美相同；踊跃奋进，探求真理，自由生活丰。

燕京燕京，高业浩瀚，规模更恢宏；人材辈出，服务同群，为国效荩忠。

凌叔华的情绪也被感染了，心中仿佛有团火在上升。她意识到，这种强悍的精神力量，将影响她的一生。

凌叔华读的是动物系，她报考这个系并不是因为她十分热爱动物这门学科，实际上，使她发生兴趣的，是她最崇拜的作家歌德。歌德最先就是学动物学的。另外一个原因，就是她的妹妹凌淑浩准备学医。而动物学中有门解剖学，说不定还能帮助妹妹做点什么事情。

真正读了动物系，她才发现自己的选择有多么的荒唐。

首先，这门课程十分枯燥乏味，整天都是生命的物质基础，生命的细胞，生物的新陈代谢，生物的进化等等，一点也提不起她的兴趣。再者教学设施十分简陋，仪器也很老旧。至于解剖学，在凌叔华看来，几乎就是残忍和恐怖了。第一次上解剖课，打开一只狗的腹腔的时候，凌叔华的眼睛都不敢睁开，一个人跑到墙角处呕吐不止。还有那些昆虫和无脊椎软体动物，就更让她害怕，夜里做梦常常被爬到她身边的小动物惊醒。

她实在是有些厌倦了。然而她的英文水平由于底子扎实，在这里又多是英美教师，所以长进很快，而且，她对文学的热爱也与日俱增。

体现她英文水平的是，她编写出了两个英文短剧《月里嫦娥》、《天河配》，以西乐的方式呈现，从布景对话到舞蹈音乐，全是她一个人策划。制作布景需要木工，好在她们家工人多，就拉了几个人来帮忙，居然做得有模有样。她请来了她的好友陆小曼当主演，表演的服装是向梅兰芳借来的。梅先生答应得也很痛快，只是借来戏装又宽又大，穿上去一点也不合身。没想到的是，这两出戏在协和医院小礼堂接连演出两天，竟场场爆满，卖出去一千多张票。后来剧本还被刊登在北平的《科学及文学》期刊上，真是出尽了风头。卖票收入两千元，全部交给基督教青年会拿去赈灾了，为此，凌叔华在毕业前还得了中国燕大斐德斐荣誉学会颁发的金钥匙奖。

妹妹淑浩入学后每天用完早餐便去教室做弥撒，因为学校是由美国卫理公会和长老会共同管理的，这一课是不可或缺的。

淑浩是班上最小的学生之一，学校给她的任务是早晨在宿舍外摇铃，早饭后到教室听讲道、祈祷，还要诵经。而叔华则在宿舍里讨论恋爱、婚姻等诸多她们关心的问题。

淑浩记得，一个周六姊妹二人到真光影院看美国默片《赖婚》，叔华看到紧要处哭得像个泪人，淑浩却笑她眼泪太多。

淑浩的舍友是李德全（后来为共和国第一任卫生部长，冯玉祥的夫人），她们下课后经常到王府井去闲逛，用英语对话，引得别人盯着看她们。她还对李德全说，我要学好英语，以后到那座绿房子里去念书。

在燕京那一年，英语教师艾丽丝·佛瑞姆给淑浩起了个英文名字“艾米”。

到了年底，淑浩决定报考北京协和医学院。她参加了四天笔试，考完生物、化学、物理和数学，就剩下英语口试了。她心中忐忑，对主考官 W·W·斯蒂夫勒说：“拜托您能不能说慢点儿，说快了就不能全听懂了。”她还请佛瑞姆老师帮忙，给斯蒂夫勒写了一封信。过了几天，斯蒂夫勒给佛瑞姆回信说，凌小姐已以高分通过了考试，不用为之担心了。

凌淑浩就这样顺利地考上了协和医学院。

二

凌叔华虽然初入学读书，但每天大半光阴依然用在书画上。由于父亲凌福彭嗜好书画，认识的画家也很多，因此她经常去参加北平画家的聚会。那时，中国画学研究会刚刚成立，著名画家陈师曾是发起人之一，画家们经常在罗园雅集。罗园位于东城，且具亭榭水石之胜，主人罗雁峰善画佛，常与陈师曾、齐白石、王梦白、金拱北、姚茫父及吴静庵、江南苹夫妇合作。江南苹和凌叔华年龄相仿，是陈师曾惟一的女弟子，这一帮丹青高手，茶余饭后，濡毫染纸，兴之所至，一幅又一幅画作在腕下诞生。

因此江南苹便成为凌叔华的丹青好友。

江南苹原籍杭州，一九〇一年出生于河南，后来到了苏州。十七岁那年，因母亲患病，带了她到北京外祖父家养病。表兄知道她想学画，便介绍她拜陈师曾为师，二十一岁那年，江南苹奉父母之命与金融界吴静庵结婚，一九三〇年吴静庵调上海，于是她料理行装赴沪，直到一九八六年在富民路寓所病逝。

凌叔华上课之余，也经常参加中国画学研究会的活动。

一九二二年春天，陈师曾、齐白石宴请日本画家渡边晨敢，渡边此番来北京是想捐些中国画带回日本出售，所得款项周济中国华北旱灾。渡边是陈师曾的日本老友，齐白石是师曾挚友，而凌叔华又是江南苹的好友，所以凌叔华也被邀同去赴席。凌叔华当即应允捐出她画的山水屏风助赈，后来方知卖了一百大洋，渡边特来信致谢。那时她是大学一年级的学生，业余正在读西洋文学。也是在那次宴席上，她第一次见到了她非常钦佩的作家郁达夫先生。

一九二三年初，凌叔华的父亲凌福彭在他的寓所为画家们举办了一次画会。

这一天来的画家有陈师曾、陈半丁、姚茫父、王梦白、萧厔泉、齐白石、金拱北、周养庵，还有美国女画家穆玛丽，也是叔华一个不错的画友。

先来的是齐白石。他操着湖南口音问：“今天是请我吗？我怕又弄错了日子。上次到她（江南苹）家去，一个人都不在，问当差的，他也搞不清。”那一天他看到叔华室内的玉兰花开得很好，说要写一首诗送她。过了几天，他真的写了一首玉兰诗送来，并另画一小幅画。

随后来的是陈师曾和陈半丁。陈师曾是一代文宗陈散原先生的哲嗣，留学日本，执教于北京大学。陈半丁虽在晚清肃亲王门下多时，却并未染上满人官场恶气。看到叔华和南苹招呼他们的茶，陈半丁说：“这是头号观音！没有好画报答主人，先生也得打手心了。”

不一会儿，王梦白摇摇摆摆地衔着纸烟走进来。他后面是姚茫父，圆圆的脸，一团笑意，同他一起走进来的萧厔泉，却是一张历尽沧桑非常严肃的脸。

午炮响过，金拱北也来了。他是一个很富态的绅士型中年人，穿着也比这几位在座的画家考究得多。

客人的年龄都过了中年，穆玛丽的年龄也近五十，只有江南苹和凌叔华年纪最轻。

饭后大家回到画室中用烟茶，叔华和南苹裁纸磨墨。

陈师曾说：“让我来开张。”

王梦白说：“我们俩合作。”陈师曾说：“你只画肥猪，让我来题字。”

几分钟后，肥猪在竹子下走。陈师曾抢过笔来题字，只见他写道：

无肉令人瘦，
无竹令人俗；
若要不瘦亦不俗，
莫如竹笋烧猪肉。

上两句是苏东坡的句子，下两句却引得大家发笑。

接着白石、半丁、茫父，各人都画了一二张新近得意之作。每张画未收笔，就有人在旁订下。

齐白石平时最恨人来讨画，他当面骂过不少来要画的人，画室门上贴着："不给钱要画，是为无耻"。但这一天却白送了好几幅。

"大家合作一张好不好！"不知谁在提议。

陈半丁把纸铺在桌上，簌簌几笔，画他得意的秋海棠。

王梦白接过笔，用飞白勾出一朵白菊花。他把笔递给齐白石说："让金冬心大笔镇压一下，不然我的菊花要飞了。"

齐白石画了一束雁来红。陈师曾接着画了一枝秋葵。

笔传到姚茫父，一口气撇了一丛兰叶。周养庵接过笔画了一枝桂花。

金拱北曾在英国学画，对中国合作画不熟。他温和地笑着画了一朵牵牛和一小枝红蓼在高高的画角上。他说："该谁了？吴太太、凌小姐怎么不来几笔？"

江南苹说："该萧先生了。"

"石头算不算秋天的花卉？"萧厔泉是山水专家，他这样说，引得大家发笑。他随后写了一枝松，松针疏疏的，倒衬出其他花草的绰约。

凌叔华说："纸上画得差不多了，请哪位写几个字。"

姚茫父拍拍他的大肚子："别忘了这里面装得都是主人家的酒菜呢。"他也不推辞，提起笔来写道：

九秋图，癸亥正月，半丁海棠，梦白菊，师曾秋葵，厔泉松，白石雁来红，养庵桂花，拱北牵牛红蓼，茫父兰草，集于香岩精舍，叔华索而得之，茫父记。

他的字有点学魏碑，紧紧地聚在画的一角。叔华提出要收藏这幅画，自然便如愿所偿。《九秋图》便成了凌叔华珍藏的现代画中的精品。

这一天画会尽欢而散。

与此同时，凌叔华的文学才能在写作中也渐渐呈现出来。

入学后不久，一位英文老师包贵思读了她的作文后，独具慧眼地认为她在文学上会有大的发展，并把意大利宗教家阿西西的几本书借给她看，说读后保证她会改变主意。

一九二二年三月，周作人应聘到了燕大。凌叔华给周作人写信，谈了自己转系的想法。周作人非常支持她转系。当时英文系除了主科英文之外，还要修两门外文，周作人为了让她顺利转系，特别把日文列为副科，而当时燕大尚未开设日文课程。一向不借书给人的周作人，破例给凌叔华搬来了三尺高的日文书，让她抓紧“恶补”，好在凌叔华幼时住过日本，有些日文基础，考试时总算轻松地过了关。

这一年，在周作人的帮助下，凌叔华从动物系转到了外文系。

第七章　文坛初涉

一

周作人到燕大执教，无疑给爱好文学的青年带来一缕新鲜的阳光。凌叔华的文学梦，也就从那个时候开始了。

进入大三后，她写了很多小说和散文作品，把这些作品挑了几篇满意的，送给了周作人，请他给予指导。周作人从中选出一篇，送给《晨报副刊》去发表，这一篇便是凌叔华的小说处女作，《女儿身世太凄凉》。这篇作品以细腻的笔触，写出了男权社会中女性的不幸，对女性命运发出了质问。这篇小说发表后，很快在读者中引起了反响，也有人在《晨报》发表文章，说这篇小说实际是凌叔华自身经历的写照。最可恨的是，这位作者在文章中，说凌叔华曾嫁给前国务总理赵秉钧的儿子，后又离婚云云。这让刚刚踏上文坛的凌叔华立刻感到头晕目眩，她万万没有想到，她一向视作圣殿的文坛，竟是这般污浊。她给周作人写了一封信，诉说自己的苦闷与不平：

周作人（1885—1967）

周先生尊鉴：

寄来《晨报》副刊投稿一份已收到，至为感激。投稿人不知为谁，不知先生可为探出否。日前偶尔高兴，乃作篇小说，一来说说中国女子的不平而已，想不到倒引起人胡猜乱想。家父名实是 F. P. Ling，唐系天津师范毕业，并担任《今报》著作，稿中前半事实一些不错，后来所说就有些胡造，最可恶者即言唐已出嫁又离婚一节。若论赵氏之事亦非如稿中所说者，唐幼年在日时，家父与赵秉钧（他二人是结拜兄弟）口头上曾说及此事，但他一死之后，此事就已如东风过耳，久不成问题，赵氏之母人实明慧，故亦不作无谓之提议矣。那投稿显系有心坏人名誉，女子已否出嫁，在校中实有不同待遇，且瞒人之罪亦不少，关于唐现日之名誉及幸福亦不为小也。幸《晨报》记者明察，寄此投稿征求同意，否则此三篇字纸断送一无辜女子也。唐日前因女子问题而作此小说，有人想不到竟为之画蛇添足，此种关于人名誉的事，幸报上尚不直接登出，先生便中乞代向副刊记者致我谢忱为荷。余不尽，专此并谢，敬请时安。学生凌瑞唐上言

这封信由周作人拿给《晨报》副刊发表，算是为叔华辩诬。凌叔华这个名字，反而被更多的人所熟悉了。这之后，凌叔华在《晨报》副刊又发表了《资本家的圣诞》、《我那件事对不起他》两篇小说和《朝雾中的哈大门大街》等散文作品，一鸣惊人，出手不凡。那老到的语言，严谨的架构，实不似出自新人之手。

因为凌叔华鹊起的文学声望，所以一九二四年泰戈尔访华到北京时，她已成为京城文艺圈子里的翘楚人物，出面参与了接待工作。

印度诗人泰戈尔（1861—1941）

凌叔华在欢迎泰戈尔的宴会上，第一次见到这位仙风道骨的大诗人。泰戈尔访华，早已被北京的大小报纸炒得沸沸扬扬，《晨报》甚至用了倒计时方式，追踪泰戈尔抵华后的每一处行踪。凌叔华早就喜欢泰戈尔的作品，但是没想到她会一下子离这位大诗人这么近。她感谢贯于提携后进的包贵思教授，把她引荐给这位大诗人。泰戈尔在北京期间，一度住史家胡同的西方公寓，北大指派招待诗人的是徐志摩和青年教授陈西滢，当时北京画界同志会找不到开会合适的场所，有人就提议到凌叔华家的大书房开会。凌叔华因认识了陪同泰戈尔一起访华的印度画家兰达·波士，便也要他赴画会，消息传到北大，徐志摩和陈西滢就跟着泰戈尔一起来了。

本来凌叔华想从东安市场买些西洋糕点，但她母亲说不能给中国人丢脸，于是就叫佣人到外订了一些藤萝饼、玫瑰花饼，还让佣人现磨新鲜杏仁，用杏仁茶招待贵宾。

四月二十九日上午，到凌家来的除了印度客人、画会的同仁，还有北京的著名文化人。屋里挂满了中国画界同志会画家不同风格的作品。

北京画界同志会的凌文渊（江苏人，画家，曾任北洋政府副总长）致欢迎词，他特别强调了中国画历来“诗中有画，画中有诗”这一理念。这是中国画一脉相承的传统。

接着，泰戈尔作了《中国画之观感》为题的讲演。他说：

> 凌君所举“诗中有画，画中有诗”二语，余甚承认。又谓诗人与画人在艺术上有一致之精神，尤表同情。盖艺术无国界，最称高尚。中国艺术源流，在历史最为悠久而深奥。西方人士不知中国文化者，往往误谓中国艺术，将有断绝之虞，其实不然。余昔游日本。由某收藏家，约观中国画，早已叹赏不置。及至中国，觉得民族爱美的实现，与自己的理想，甚是相合，并极相信爱美的精神，不易磨灭。惟有时暂为消沉，但是如泉水之流于地下，不久又能涌出地上，仍然进行，或者反加活泼。今观诸君作品已入此境矣。不过余对于中国画，尚有两层意思：一、须将历史的遗传与现在的关系合一研究之。二、将印度与中国美术上可以使它得到融洽机会。如百川合流，益流益大，于美术前途，大有希望。余昔亦曾游历西方，但见闻所及，有如履行沙漠，干燥无味，一到中国，如睹绿洲。今观诸君作品，咸有趋于新的发展之倾向，此等愉快，岂可言宣？

欢迎仪式和讲演结束后，大家一边吃着藤萝饼，喝着杏仁茶，一边听着古琴弹奏的乐曲，相互间娓娓不断地交流着。

凌叔华见到泰戈尔，与他握手时不免有些拘谨，抬头见他银白的长髯，高长的鼻梁，充满神秘思想的双目，宽袍宽袖，下襟直垂到地，顿时好像觉得神游在宋明画本之中，差点连“久仰久仰”都忘了说。但泰戈尔的爽朗立刻就冰释了她的拘谨。

凌叔华问泰戈尔：“今天是画会，敢问你会画画吗?”也许这么问实在是过于唐突，也有些不礼貌。可没想到的是泰戈尔竟真的坐下来，在已经准备好的檀香木片上画了佛像和莲花，画完后还一再说“谢谢，谢谢”。

他问凌叔华：“你画画是喜欢用中国手法，还是用西洋的手法。”

凌叔华说：“中国画比较古老，经验也许比西方的画深一些，中国画好得真是令人出神，可是拿古人作招牌又真是使人厌恶。欧画有些太重写实，近来流行巴黎印象派新式画法也很怪气。叫人一看分辨不出什么来，细看才能悟到，真正的艺术品，并不贵乎做作，越随便越见妙笔，兴会到了的作品，实在有一种不可抗拒的神力。”

泰戈尔点头微笑说：“好诗也是如此啊。”

叔华又问：“您什么时候学的英文?”

泰戈尔说：“十三岁。”他说的时候，连当时上学淘气的神情都带了出来。

凌叔华又问：“到北京后感觉怎么样?”

泰戈尔说：“很想一个人随便上街走走。”

这让凌叔华着实感觉到，泰戈尔的神韵实在是令人可爱，慢慢地泰戈尔与凌叔华聊到了诗，他问凌叔华是写新诗还是旧诗。

凌叔华回答：“旧的没味，新的常不觉要模仿欧式，也很无聊，不如不做爽快。”

泰戈尔感同身受地说："这是你们年轻人的困难，我也是尝试着过来的。"

然后泰戈尔又说："要成为大诗人、大作家、大画家，书可以少读。却要多逛山水，到自然里去寻找真、善、美，寻找人生的意义和宇宙的秘密。实在不是印有黑字的白纸才是书，生活就是书，人情就是书，自然就是书。"

凌叔华请来的古琴演奏家，还为泰戈尔演奏了《高山流水》、《寒鸭戏水》、《壩下吟》等中国名曲。

泰戈尔的话，伴着杏仁茶的香气和淙淙的琴声，在屋子里弥漫着。

也许是受泰戈尔用英语写诗并获诺贝尔奖的影响，在送走泰翁之后，凌叔华从一本《伟大艺术家的故事》的书里选择了《约书·那瑞那尔文》、《汝沙·保诺》和《加米尔·克罗》三位艺术家的生平，牛刀初试，翻译成中文，次第刊登在《燕大周刊》上。这不仅检验了她英语专业的实力，也是毕业前为母校交出的一份答卷。

是年七月，凌叔华以优异的成绩从燕京大学外文系毕业。业师周作人送给她的礼物是一摞日文经典，希望她日后多研究日本文学，从中汲取创作营养，在写作上更上层楼。这是他对凌叔华的殷切期待。

二

这次聚会之后，徐志摩和陈西滢结识了凌叔华，有时他们到凌家拜访，有时邀凌叔华到西单石虎胡同七号新月社参加活动。

石虎胡同七号是北京西单一个司空见惯的四合院，坐落在一条幽静的小巷里。大门两侧一对石鼓，宛若古物，注释着这座房子的年代。

一正两厢两进的院落，核桃、柿树、藤萝、古槐，点缀其间，弥漫着香甜浓郁的香味。中国现代文学史上著名的新月社就设在这里。

它的前身是前清大学士裘曰修的府第，再往前则是右翼宗学，一代文豪曹雪芹和他的挚友敦敏、敦诚，也曾在这座小院里落过脚。

松坡图书馆，是以蔡锷将军的字命名的，不久前梁启超主持从沪迁京，主馆设在北海快雪堂，外文部就设在这里。徐志摩从欧洲回国，滞留京城期间，在蒋百里、胡适帮助下，担任了外文部秘书，他的寓所也安置在这里。

新月之名是由泰戈尔《新月集》而来，新月社的创办人胡适、徐志摩等人，是在聚餐会的基础上组成的文学社团。聚餐会是徐父徐申如和银行家黄子美共同出资，为在京的朋友会面组织的，成员大多是欧美的留学生。后来还有与徐志摩交往深厚的作家和诗人。也就是在新月社里，凌叔华认识了梁启超、林长民、蒋百里、张君劢、胡适、陈博生、丁西林，林语堂、金岳霖等名士，还有徐志摩的父亲徐申如、银行家黄子美等人。

最初的时候，新月社想演戏。用徐志摩的话说是，“我们想做戏，我们想集合几个人的力量，自编戏自演，要得的请人来看，要不得的反正是自己好玩”。不久前，为庆贺泰戈尔六十五诞辰，他们在东单协和小礼堂上演出了泰氏剧《齐德拉》，轰动了整个京城。

他们新年办舞会，元宵节办灯谜会，中秋节办赏月会，还办古琴会、书画会、读书会等，办得最多的是朗诵诗会，这样简便易行，也是徐志摩的特长。凌叔华就是在这样的时候，领略了徐志摩的风采。

办书画会也展示了凌叔华的才华，她画的山水意韵悠远，墨色淡雅，静谧清逸，透着元明诸家的遗韵。与悬挂在展室中梁启超法张迁碑的隶书，林长民法二王的行草，徐志摩法张猛龙的行楷，一样的笔法遒劲，一样的意味隽永，受到新月同仁的交口称赞。

三

那次聚餐会后，她与胡适也成了朋友，或请他到家里看碧桃丁香，或请他到舍下品茗谈书，她的父亲凌福彭非常支持女儿与这些新派文化人交往，常常设宴款待。一个星期三，收到胡适的信，她复信说：

> 月下谈佛，幽雅极了，恨我无福列末座。本星期六早上大驾没课，有事吗？舍下客走，很清静。你来告诉我那件小事行吗？
>
> 日来我写了一篇短小说，也想高攀你看看。这是两个人的事，西湖做背景。原来我很想装契诃夫的俏，但是没有装上一分，你与契老相好，一定知道他怎样打扮才显得这样的俏俊。你肯告诉我吗？通伯说上篇意思深刻，好好写，可以成为我的 masterpiece（杰作），所以我存了奢望要仔细打扮一下。
>
> 望你能来。

就这样，她与胡适间书信频频往还，求学问道，探询人生。

这年冬天，徐志摩又与一班朋友来凌叔华家小聚。事前徐志摩说要带郁达夫一起来，到时恰恰缺了他一人。问其原因，是郁达夫的棉袍被穷学生穿走了，而现在的棉袍是大家集资后才买下赠给他的。

徐志摩眉飞色舞，把这件事说得有声有色。

大家并不觉得郁达夫有什么不对，只是觉得十分有趣。

叔华的好友江南苹当即提议："我看你们应当到前门估衣铺交涉一下，给他们第一件棉袍的钱，把这件棉袍取回，言明万一失掉了，让铺子立刻送第二件来。"

"要是第二件送到也不见了，该怎么办?"丁西林讽刺说，"我看应该出钱连做三件，一件不见了，穿第二件，第二件不见了，穿第三件，这样一来，便无问题了。"

陈西滢问："谁出钱呢?"

他们中有人起哄："当然是徐志摩啦!"

志摩连忙叫道："你们都来欺负我，我老徐不是傻瓜，惹急了会打人的，知道吗?"

志摩的生气，谁也不当回事。一个雨雪漾漾的早晨，他一个人又巴巴地跑去前门估衣铺，为郁达夫买了一件棉袍，否则郁达夫连课都上不成了。

这年十二月，《现代评论》在北京创刊，凌叔华的小说《酒后》在第一卷第五期上发表，立刻引起文坛的关注，好评如潮。她的业师周作人立刻在《京报副刊》上发表文章，给予肯定和好评。那时正好日本一家很有名的杂志《改造》主笔小火田薰良来到北京，打算收集几篇中国新文学代表作译成日文，出一期中国专号，杨振声便将《酒后》拿去译成日文发表了。剧作家丁西林受杨振声、沈从文的鼓励，把《酒后》改编成同名剧，也在第一卷第十三期上发表。

后来，鲁迅在编《中国新文学大系》小说二集的序中说："凌叔华的小说……大抵是很谨慎的，适可而止地描写了旧家庭中的婉顺的女性。即使间有出轨之作，那是偶受着文酒之风的吹拂，终于又回复了她的故道了。这是好的——使我们看见冯沅君、黎锦明、川岛、汪静之所描写的绝不相同的人物，也就是世态的一角，高门巨族的精灵。"

初上文坛的凌叔华，因着她的努力和朋友们的帮助，终于写出了《酒后》这样的成名作和代表作，使她一举成名，奠定了在中国文坛的地位。

四

一九二五年七月，妹妹淑浩要参加清华留美奖学金考试，叔华有些担心，这是一场全国范围的考试，参加者有五百之众，于是她写了一封信给胡适，请他为之帮忙。信中说：

> 淑浩妹已考清华，听说了三位评判员作最后的选定，赴考各生皆找人介绍个人品德学业于评判员，以便届时参考。评判员里有范源濂，记得您与他相识，不知您可否写封介绍书与范？浩曾在北洋女师毕业，在燕京大学理科二年，后至协和医学院预科毕业，现在已读完正科二年，在校素有好学之名，于一九二二到一九二三年两年曾得首名荣誉奖金。就她的健康活泼方面说，历年皆作女生体育部长，这都是事实，想

你不至笑我自己夸自己的人吧？如果您与范不识，请示知是盼。

胡适问凌淑浩为什么谎报年龄（时年不足21岁，登记为22岁），她解释后胡适笑着说，“不会因为年龄小就把你刷下来”，并请她的表哥冯耿光为她做经济担保人。凌淑浩还请胡适不要把此事告诉她的父母。

一周后，电报送到凌家，告知已考上，并且是五位获得奖学金的学生之一。另外四个女生是江苏的张乃充，专业是音乐，所选学校是奥柏林音乐学校；江苏的唐禄贞，专业是历史与政治，所选学校是史密斯学院；江苏的郑伟凡，专业是物理学，所选学校是康奈尔大学；广东的王罗兰，专业是商务管理，所选学校是芝加哥大学。

父母得到消息后，想让她放弃这笔奖学金，但淑浩没听从父母劝告。她兴高采烈地满城疯跑，为出国作准备，母校推荐她去西储大学医学院，她按克莱夫兰地址，寄去了自己奖学金证明。七月下旬，她得到外交部的出国护照，并买了一只大箱子，把能带书藉都装了进去。大姐淑芝和父母每人送她三件皮袄，叠放在书的上面。

叔华告诉她，到上海后再买西装。

走前，凌福彭为这个宝贝小女儿淑浩设宴饯行，预祝女儿海外学有所成。他没有想到，此次告别竟成永诀。

叔华亲自送妹妹到上海，凌福彭的朋友派车来接站。她们未去姐姐淑萍家，而是到上海基督教青年会住下。凌淑萍到上海上学，成了一个跳舞高手，而且烟抽得很凶。凌福彭把她嫁给一个吃祖上老本的阔少，整天靠舞会打发时间。叔华和淑浩觉得她的生活方式可耻，不愿与其混在一起。

第二天，叔华、淑浩与淑萍在饭馆相会，淑萍便故作姿态劝淑浩买舞鞋、下舞池，淑浩对此鄙夷地说："跳舞是浪费时间，我还有正事要做。"

饭后与凌淑萍告别，她俩赶到南京路永安百货公司选购西装，挑来挑去也没有挑到合适款式。叔华婉惜地说，订做又来不及，那只能穿着中国服装在美国登陆了。

一九二五年九月二日早晨，叔华送淑浩从上海黄浦江码头上船，她要经过十七天的海上生活，才能到西雅图海岸下船。她们五个女孩儿原来互不相识，此刻则相互帮扶，在海上度过一段难忘的旅程。

叔华与妹妹淑浩这次告别，她没有想到等再次相会，竟是十年以后的事了。

第八章 一场没有故事的婚恋

一

凌叔华与陈西滢相恋是金针暗度，在不动声色中进行的，至今没有留下可资穿凿的故事，成为他们相恋的斯芬克斯之谜。

对于凌叔华来说，她芳草含翠的美丽并不是一枝带刺的玫瑰，无人敢于问津。原因之一是她的门坎太高，无男子可以匹配；原因之二是时机尚未成熟，只得待字闺中。窥伺者什么时候出现？事情要追溯到她大学毕业前夕，在家里接待印度诗人泰戈尔来家吃茶的那个时刻。

诗人徐志摩（1897—1931）

在这群人中，不妨也有年轻人，登场者便是不久前从英伦海归的著名诗人徐志摩和北大教授、留英博士陈西滢。正是在这个节点上，三位青年男女相识了。在这之后，徐志摩、陈西滢便成了凌家的常客。然而，出场最频的要算徐志摩了。他有时还带来一二新友，高谈阔论，不待到天黑不走，甚至还蹭吃蹭喝。凌父凌母对他们这些学子也颇有好感，很欣赏他们的学识和才华，每到此刻，李若兰便吩咐厨子开便饭招待。

此时的徐志摩正煎熬着与林徽因失恋的痛苦，泰翁也深知此事，他曾为徐志摩做过林徽因的工作，但事已定局，他爱莫能助，便对徐志摩说，凌叔华小姐比林徽因有过之而无不及，也是一个很恰当的人选，不妨把友谊之花栽种起来。徐父申如在北京亦见过恬静的凌叔华，对她留下了极好的印象，很希望儿子能娶到这位出身名门的大家闺秀为妻。

于是徐志摩首先发飚，一场狂烈的追求由此便开始了。

一九二四年八月，徐志摩陪同泰戈尔访日回来不久，便与张歆海到江西庐山避署，同时翻译泰戈尔来华访问的讲演稿。就在这以后的半年里，徐志摩给凌叔华写了不下七八十封信。

七月，徐志摩从日本路过杭州时便急不可奈地给凌叔华写信：

> 我又忍不住要写信给你了。这时候，我单身在西湖楼外楼，风还是斜，雨还是细。我这愁人的心曲，也就不言而喻了。堂馆倒颇知趣，菜也要得，台上有鱼有虾，有火腿。半通远年（注：绍兴酒的一种牌子）已经落肚，四肢微微生暖。想起适之，彭春，与你，就知你们三位可领略这风雨中的幽趣，可以不辞醉的对案痛欲，可以谈人生的静，——此外都不成了。

回京后他还请凌叔华去西单石虎胡同七号“好春轩”寓所倾谈。

回到北京，徐志摩常常感到孤独苦闷，于是他邀凌叔华做他的“通信员”，用她那恬静的谐趣和幽默来温润他的枯索：

> ××，你即然是这样诚恳，真挚而有侠性，我是一个闷着的人，你也许懂得我意思。我一辈子只想找一个

理想的“通信员”，我曾写过日记，任性的滥泛着的来与外逼的情感。但每次都不能持久。人是社会性的动物。除是超人，那就是不近人情的，谁都不能把挣扎着的灵性闷死在硬性的躯壳里。日记是一种无聊的极思（我所谓日记当然不是无颜色的起居注）。最满意最理想的出路是有一个真能体会，真能容忍，而且真能融化的朋友。那朋友可是真不容易得。单纯的同情还容易，要能容忍而且融化却是难，……

在一天夜里，叔华他们走后，雨下大了，徐志摩一个人独坐在那里，心像一块磨光了的石头，没有睡意，抽着烟给她写起信来：

准有好几天不和你神谈了，我那拉拉扯扯半疯半梦半夜里袅笔头的话，清醒时自己想起来都有点害臊，我真怕厌烦了你，同时又私冀你不至十分的厌烦。×，告诉我，你究竟厌烦了没有？平常人听了疯话是要“半掩耳朵半关门”的，但我相信倒是疯话里有“性情之真”。日常的话都是穿上袍褂戴上大帽的话，以为是否？但碰巧世上最不能容许的是真——真话是命定淹死在喉管里的，真情是命定闷死在骨髓里的——所以“率真”变成了最不合时宜的一样东西。谁都不愿不入时，谁都不愿意留着小辫子让人笑话。结果真与疯变成了异名同义的字！谁要有胆不怕人骂疯才能掏出他的真来，谁要能听着疯话不变色不翻脸才有大量来容受真。得，您这段罗嗦已经够疯。不错，所以顺着前提下来，这罗哆里便有真，有多少咬不准就是！

这天下午，徐志摩说头痛，存心赖学，给凌叔华写信：

××，你说你生成不配做大屋子的小姐，听着人事就想掩耳朵，风声，鸟闹（也许疯话）倒反而合适：这也是一种说不出的苦恼。……说起这一时上庐山才真美哪，满山的红叶，白云，外加雪景，冰冷的明星夜（那真激人），各种鸟声，也许还有福分听着野朋友的吼声……×，我想着了真神往，至少我小部分的灵魂还留在五老峰下，栖贤桥边（我的当然纯粹是自然的，不是浪漫的眷恋）。那边靠近三叠涧，有一家寒碧楼是一个贵同乡，我忘了谁的藏书处，相当不俗的客时，主人也许下榻。假如我们能到那边去过几时生活——只要多带诗笺画纸清茶香烟（对不住，这是一样的必需品），丢开整个红尘不管不问，岂不是神仙不免要妒羡！……我还不大对得住庐山，我还得重去还愿，但这是要背上翅膀的才敢说大话，×，你背上有翅膀没有？有就成，要是没，还得耐一下东短西长！说也怪，我的话匣子，对你是开定了，管您有兴致听没有，我从没有说话像对你这样流利，我不信口才会长进这么快，这准是×教给我的，多谢你。

徐志摩这天没出门，正在屋里写东西，凌叔华的信来了。他看了信的前半封，点头暗自善哉，善哉，下半封让他开口尽笑，自语着捉掐捉掐：

××，你真是个妙人。真傻，妙得傻，傻得妙——真淘气，你偏爱这个怪字……谁知你在那里掐出坏主意哪！什么枣子呀，苹果呀，金瓜呀，关刀呀，铁锤呀，圆球呀，板斧呀，全到门了，全上台了，真有你的，啊！你真会寻乐，我说得定你不仅坐在桌上吃喝时候忍不住笑，就是你单个坐在马车里，睡在被窝里，早上梳洗的时候，听先生讲书的时候——想着那一大堆水果鲜果兵器武器（而且你准想着）你就撑不住笑，我现在拿起你末了那张信页放在耳朵边听时都好像还听你那格支格支的“八字胡子”等等的笑哪！北京人说：“损”，大姑儿你这才损哪！……

真淘气的孩子，你看，累得我罗嗦了老半天没有说成一句话。本来我动手写信时老实说，是想对你发泄一点老天的闷气，太阳也没也来，风像是哭，树叶子也完了，几根光光的枝叉儿在半空里擎着，像是老太太没有牙齿关不住风似的，这看了叫人闷气。我大声的念了两遍雪莱的《西风歌》，正合时，那歌真是太好了，我几时有机会伴着你念好吗？

这封信提到，“风像是哭，树叶子也完了，几根光光的枝叉儿在半空里擎着”，透露出一个时间信息，这是北京十一月初的季节，徐志摩还在激情满怀地给凌叔华写信。但凌叔华早在当年十月，就给胡适写了洋洋洒洒的长信。信中说：

今晚本是我立意引老父看看新月社是与普通俱乐部不同的，请示我可否正式加入，不想弄巧成拙了。吃请时本很乐，谈话亦很有趣，不意在回家时，我的兴头被人家几句话杀灭，而且只有伤心悔懊了。故堂兄（冯耿光）首先讲小曼往事不端，又讲志摩竟与小曼相爱传满京城，曼之艳以往爱人亦为了摩。我驳了几句谣言苛薄，属实全非，他说我处在闺中不闻世事，谣言不能全假。他本恨外界中人，他的朋友都如此说来。我不得已代为小曼声辩。但不被信，我不得不停止了。

……小曼是近几个月来被她的丈夫引到清净些的友朋中，不幸许多人，因其往事不端不愿与她接近，志摩特加青眼并加以鼓舞，两人为感遇而成知己，也是当然之事。……譬如志摩与我写信，半疯半傻的说笑话自娱，从未有不可示人之语。我很懂得他的内力不能发展的苦闷，因时每每发出来。我既愿领略文学情况，当然不忍且不屑学俗女子筑壁自围。所以我回信，谣言便生了。其实我们被人冤的真可气，我至今都想志摩是一个文友，他自今也只当我是一个容受并了解他的苦闷的一个朋友。他的信不下七八十封，未有半语是社会所想徐某想说的话，我所以觉得他实太冤了。……我不知您的态度如何，我盼望你能明白他的地位与心情，加以赞助，使他早脱社会目矢。为朋友为新月社计，适之，你一定明了且赞成我的话。

我要声明我与志摩永久是文学上的朋友，写此信纯粹本于爱护同道至诚而已。……许多可能可以误解而发强烈感情，因而忘了初衷。……您与志摩友谊比我深许多，我只有半年。此次我说的话，也许你还会谢我呢？……

从这封信可以得知：一，此信写于一九二四年十月，她与志摩相识后的“半年”（起点是泰戈尔访华的四月下旬）。“半年”虽是个概数，以此推算，上下不会相差太多。二，堂兄不知徐、陆相迹之事，怕也反馈了她与徐，难脱干系；三，徐志摩三个月内给她写了“不下七八十封信”，她不会看不到露出冰山一角而无动于衷。对于徐志摩的才华和风度，无疑也是钦佩的，惯常的解释是徐与她门不当户不对，且是有过婚史的人。最主要的，恐怕是月牙儿还没有长到圆满的那一天。不像她说的“永久是文学上的朋友”，“纯粹本于爱护同道至诚”。徐志摩滥觞于情火的难奈，陆小曼这颗“宝珠”又滚出了道德的底线，这件事突然给她横亘了一道山梁，她不得不绕道说禅，求助他们的胡大哥说话了。

二

徐志摩意外的出局，给另一个觊觎者让开了一条道路，这便是与徐志摩常来凌府走动的北大教授陈西滢。

陈西滢，原名陈源，字通伯，西滢是他的笔名，一八九六年三月二十四日生于江苏无锡胡埭镇姚家湾村。幼时入上海文明书局附设的小学就读，后转南洋公学附属小学，一九一一年毕业升入中院。第二年春天，他受表舅吴稚晖鼓励，到英国求学，修完中学课程后，又到爱丁堡大学、伦敦大学攻政治经济与文学。在伦敦大学期间，受恩师拉斯基指导，获得博士学位。一九二二年二十六岁时，应北京大学蔡元培先生之邀回国，任北京大学英文系教授。后与好友王世杰、周鲠生、杨瑞六、皮石宗、杨振声创办《现代评论》杂志。

陈西滢也有着得天独厚的优势，他的家是无锡的望族，有一块金光灿烂留洋博士头衔，是北大堂堂的英文教授，更大的优势是他还是个未婚的处子。他虽没有徐志摩外在的风流倜傥，但他从英伦带回的绅士气派，一身学养并不在徐志摩之下，在北大还有"中国的法郎士"之誉。如果说"徐陆相恋"事件曝出之前，徐志摩在凌叔华的心中还占有一席之地，那么现在，凌叔华早已明白琴已成声，盆亦无需再鼓了。也便是此时，陈西滢兀然在她心中放大了许多倍，她的心自然倾斜到陈西滢这一边来。

凌叔华很懂得中国社会为人处事的潜规则，抑或是家庭影响或性格使然，她的性情总是隐藏在温柔平和的背后，透着大家闺秀的风度，这一点恰恰与陈西滢深蕴不露的性格成为暗合，他们从不追求表层之态，乍穿新鞋高抬脚，沉缅于轰轰烈烈的过程，而是沉着冷静，一步一个脚印走进人生的实在。

陈西滢也很看重才貌双全的凌叔华，在一番密切的往来之后，二人的情感便熟络起来。然而，凌叔华还是给他规定下"约法三章"，以谈文艺和编辑约稿名义相联系。于是他们的爱情在不温不火中，展开了一场马拉松式的长跑。

当然，这种局面只是暂时的，他们的情感很快进入快车道，仅一个月，便不再隔空对话了。她在给胡适的信中说："昨由宁寄到美味的鱼，送了三尾到东吉祥胡同，陈西滢住处了，倾通伯来说，您有饭局不能吃鱼了。"又说刚"由津回来，我打算借你的诗签抄一本，可以割爱吗？如何，便中请通伯带下。"

年末的时候，《现代评论》创刊，凌叔华也参与其内。当然主要成员是王世杰、唐有壬、陈西滢、徐志摩、胡适、高一涵、杨振声、张奚若、李四光、丁西林等欧美留学的教授。陈西滢担任了《现代评论》文艺部主任。

那时候，《现代评论》正需要稿件，陈西滢也很欣佩凌叔华的才华，她虽发表过几篇小说，但文字还不够精练，创作才能无异还没有最充分地发挥出来。他告诉叔华，要“好好的写”，怎样打扮文章才显得“俏俊”，争取写出“杰作”来。在陈西滢的鼓励和帮助下，不久她写出了小说《酒后》。陈西滢随即把这篇小说刊登在登《现代评论》第一卷第五期上。

这篇小说的发表，立刻得到读者的广泛好评。凌叔华也喜不自胜，无疑也透着对陈西滢的感激，迅速地系紧了他们的爱情纽带。

凌叔华也知恩图报，很快在扇面上画了一幅画，给陈西滢送去。凌叔华也学了一些精致的淘气，进门说给他把家里案几上那盆菊花送来了。陈西滢睁大眼睛看了半天，却不见带来什么鲜花。正在此时，凌叔华从背后打开一把折扇：“陈大教授，菊花在这里呢！”

直到这时，陈西滢如梦方醒，忙站起来接过纸扇说：“好大胆，你也敢戏弄我这个大教授了！”

凌叔华的笑声打破室内的宁静。

那天夜里，陈西滢到无锡乡人廉南湖先生府上拜访，其见到凌叔华画纸扇，连称这菊花画得好，随手拿起笔来，在空白处题了《叔华为通伯画菊》一诗：

一语缠绵岂暗投，银河迢递隔牵牛。
卷帘人瘦西风起，如此韶华未是秋。

廉南湖望着叔华在菊旁题款的那句话：“送我案上最爱的一

盆花给你”。对陈西滢说：“这不仅是佳作，且深意在焉，你可不敢造次哟!”

这是他们在婚恋史上仅存的一则稍带浪漫情怀的故事。

三

《酒后》一文发表后不久，凌叔华的创作热情更高了。

接下来一年多的时间里，随着与陈西滢的爱情升温，她一口气写下了《吃茶》、《绣枕》、《花之寺》等十多篇小说，这些作品大都发表在《现代评论》上，凌叔华的小说创作从此进入了一个高峰期。

一九二五年五月，陈西滢从张奚若手里接过“闲话”专栏，从第一卷第二十二期起，改由他撰稿。爱情成了陈西滢的助燃剂，他与凌叔华并蒂莲开，一口气也写了《中山先生大殡给我的感想》、《一天星斗》、《东西文化及其冲突》等十数篇专栏文章，开创了“绅士派”文风的先河，成为名震京城的青年才俊，“闲话”广为世人称道。

然而，围绕“剽窃”和“抄袭”事件所发生的争吵，凌叔华也不幸被他人所羞辱，陈西滢又完全根据不切实际的臆测和“流言”转而羞辱鲁迅，这毫无道理的挑衅，自然受到鲁迅的反击。为此，凌叔华与陈西滢也产生过一些不快，但很快就消解了。

一九二六年四月，凌叔华和陈西滢终于到了谈婚论嫁的时候，然而，对于官宦之家的凌叔华来说，还是不能超越媒妁之言、父母之命这道门坎的，怎么办呢？他俩找了对凌叔华父母最有影响力的表哥冯耿光，央他去父母那里说媒。

凌叔华这年四月三十一日写信给胡适，报告了她与陈西滢婚事进展情况：

在这麻木污恶（指三·一八惨案）的环境中，有一事还是告慰。想通伯已经向你说了吧？这是我们两年来第一桩心事现在已经结论，当然算得最值得告诉朋友的事。适之，我们该好好的谢你才是。那天舍表兄来说（已不止一次），我在隔房听了，在他话里有许多老人爱听的话，一半儿当然是表兄尽心，那一半儿的话，我认出来是你同志摩给他的好印像。末了，老父允说商量，这事就有边了。这原是在生活上着了另一样色彩，或者有了安慰，有了同情与勉力，在艺术道上扶了根拐杖，虽然要跌跤也躲不了，不过心境少些恐惧而已。自然这只是就我个人说的话呀。

凌叔华对于这些事总是不徐不疾，慢别人半拍。实际上，当年二月凌、陈二人就办了订婚仪式（见徐志摩《爱眉小扎》）。过了两个月才告诉胡适。而徐志摩是在一个多月前（1926年3月21日）去信告诉了胡适。信开头便说：

天天想写，天天不写，你懂得。通伯、淑（叔）华已经老太爷批准，不久可成眷属，会捉老虫（鼠，南方话）猫不叫，殆斯之谓欤！

至此，徐志摩还对陈西滢耿耿怀着醋意。殆斯，危险意，指代词也。

七月十四日，凌叔华和陈西滢经过两年多的相识相恋，终于走进了婚姻的殿堂。一九二六年七月十八日，北京《晨报·星期画报》简要报道了婚礼经过，并登了凌、陈结婚照一幅。报道说：

北京《晨报·星期画报》刊登的陈西滢、凌叔华结婚照

> 陈西滢君、凌叔华女士于本月十四日在协和礼堂举行婚礼，胡适之博士证婚。陈君为“闲话”老手，凌女士为创作名家，可谓珠联璧合。当日胡博士演说谓：中国夫妇只知相敬而不言相爱，外国夫妇相爱而不知相敬，陈君与凌女士如能相敬又能相爱，则婚姻目的始得完成。闻者皆谓结婚哲学。闻是日行婚礼后，在欧美同学会宴客，席未终，而新夫妇双双潜去，不知所之，似为避友人闹洞房也。

协和小礼堂在北京东单三条，坐南朝北，始建于民国十年(1921)，是一座传统的大屋顶中国建筑。而欧美同学会在南河沿南口路西，是一座典型的北京四合院，宽敞而明亮。大画家吴昌硕送了新婚夫妇一方闲章，阴刻三个篆体字：双佳楼。其意昭昭，楼字高耸，占去方章一半，但却没有其楼，直到上世纪三十年代珞珈山武汉大学建成，这座山半腰的“十八栋”寓所，才名实相符称之为“双佳楼”。

徐志摩、陆小曼的婚姻欲速则不达，而且枝节横生，婚礼一直拖到八月十四，比凌、陈整整晚了一个月。梁启超是主婚人，他那个没有照镜自鉴的演说，并不比胡适演说得美妙，且饱含哲理，弄得京城瓦釜雷鸣，叮当作响，一片哗然。

婚后凌叔华跟陈西滢回无锡老家看望公婆，这是中国人不可或缺的礼数，然而这趟无锡之行却使凌叔华心情怏怏，弄出许多不快。

新媳妇来家洗衣做饭、侍奉公婆本是常理，但凌叔华哪做过这个，便借故身体不适勉力下床，亲朋好友上门看望新娘子，倒茶送烟她更不屑于此，陈西滢见此便主动代劳。最使凌叔华忍受不了的是，陈西滢每月薪金要将大部寄家，只留四分之一自用，她人前不好发作，心里却生着闷气。

多事的徐志摩在《爱眉小扎》里因叔华而叹息说：男女一旦结为夫妻，爱人就会慢慢变成怨偶，夫妻间没有真爱可言，倒是朋友的爱较能长久。九月十二日，徐志摩给胡适写信说：“叔华、通伯已回京，叔华病了已好，但瘦极，通伯仍是一副‘灰郁郁’的样子，很多朋友觉得好奇，这对夫妻竟究快活不，他们在表情上（外人见得的至少）太近古人了！”

是五十步笑百步，是幸灾乐祸？

凌叔华、陈西滢已立业成家，然幸福和苦恼并存，矛盾与和谐共生，人生之路很长，也许矛盾磨合得愈来愈少之时，生活激情也就剩下不多了。

第九章　『抄袭』与『闲话』的纷争

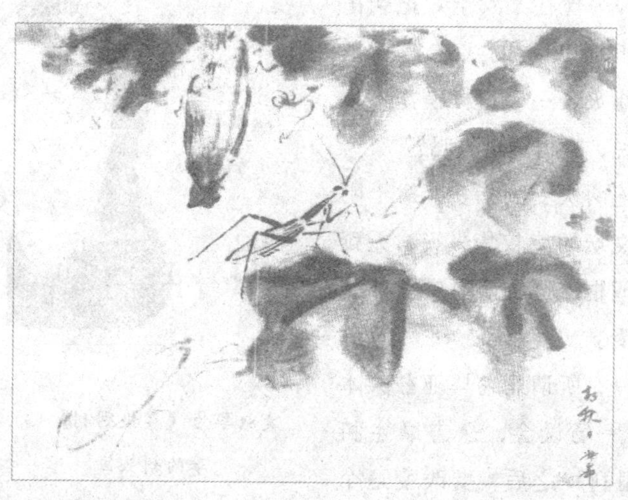

一

一九二五年十月一日，在徐志摩接编的《晨报副刊》上，用了英国画家毕亚兹莱所作的一幅敞胸半裸的女性黑白画像，同期刊登了凌叔华的小说《中秋晚》。在后记中，徐志摩称“副刊篇首广告的图案也都是凌女士的。”

十月八日，《京报副刊》发表了重余（陈学昭笔名）一篇题为《似曾相识的<晨报副刊>篇首图案》，对凌叔华所绘的这幅画像提出指责，说这是一幅公然剽窃他人的作品。论者言之凿凿，一时弄得满城风雨。

不久，《现代评论》第二卷第四十八期又发表了凌叔华的又一篇小说《花之寺》。十一月十四日，又一署名陈牧的在《京报副刊》上发表的《零零碎碎》一文称，“最近文学界抄袭手段日愈发达……现在某女士竟把柴霍甫（即契诃夫）的《在消夏别墅》抄窜来了……这样换汤不换药的小说，瞒得过世人吗？”

凌叔华为《晨报副刊》临摹的刊头画

接连两次受到指责，对于刚刚走上文坛的凌叔华来说，无疑是两记闷棍，这种羞辱实在让她难以忍受。

第一，所谓剽窃毕亚兹莱本来就是一场误会，徐志摩主持《晨报副刊》之后，要改变这个副刊的单调刻板，要重新设计刊头，找来找去，找了几个人所设计的画稿都不满意，于是便去找擅长绘画的凌叔华。在凌叔华家里，他们找出一本画册共同翻阅，结果选中了一幅半裸女郎招手的插图，因为时间太紧，徐志摩要把这张画页撕下来带走，凌叔华舍不得毁了画册，徐志摩便让她马上描下来，晚上就交去付印。在刊出这幅作品的《晨报副刊》上，除了徐志摩的一篇《我为什么来办我想怎么办》的文章，谈了他办《晨报副刊》的态度和方略，还有凌叔华的一篇小说《中秋晚》和梁启超的三首词。没想到，因为徐志摩的一个技术性疏忽，让凌叔华蒙受了不白之冤。出刊的当天晚上，在一个朋友聚会上，大家谈起新出的副刊，徐祖正、邓以蛰说，这幅画是毕亚兹莱的，责怪徐志摩没有写明白，凌叔华更是着急，说又该人家骂了。徐志摩说不忙，他正想作一篇长文，说明为什么想用那幅刊头画，正在找一本卡图勒斯的集子，他记得毕亚兹莱的画是为图解卡图勒斯一首诗而作的，那首诗的内容他不知道，所以得看了书再写，问过几个朋友，都说找不到这本书。

重余在《京报副刊》上发表的那篇文章，不仅深深伤害了凌叔华，也让徐志摩非常难堪。文章先说偌大的一个北京城，学者专家随处皆是，真所谓要一百只焦黄狗不易得，艺术家文学家碰脚走的！这些艺术家与文学家既然是“超狗者”的了，终于没有一点声息，而被我等得不耐烦了。文章末尾指出这幅画是剽窃英国画家琵亚词侣（按：毕亚兹莱又一译名）的：

> 琵亚词侣是英国人，他现在已变为臭腐，已变为泥土。总之是不会亲自出马说话的了！但这样的大胆是要当的吗？万一有彼邦的人士生着如我的性格一样者，一入目

对于这个“似曾相识”起了追究，若竟作大问题似的思索起来，岂不使我觉得难受！

可是仔细想想我又何必着急替人家难受？反正人家有这样的本领做这样的事，呀哟！真——算了罢！!!

徐志摩当天便写信给《京报副刊》编辑孙伏园，说明事情的经过：“幸亏我不是存心做贼，一点也不心虚，赶快来声明吧。第一我先得把重余先生这份骂完全承担在我一个人身上再说，绝对没有旁人的份。”“并且有便时转致重余先生以后多多教正，同时我得对替我摹制图案人深深的道歉，因为我自己不小心连累了她也招人错怪了。”

他要孙伏园将此信刊出，为凌叔华辩诬。

孙伏园于是在十月九日刊出了此信。

第二，所谓抄袭契诃夫小说，凌叔华也是冤枉的。新文学运动初期。借鉴和模仿国外作品是一个较为普遍的现象，也是新文学发展的必经阶段，不能认为有某些“相似”，就简单地视之为“抄袭”。《花之寺》是否是“抄袭”作品，文学界已有定评。即使在当时，徐志摩、吴宓、阿英等名家均有中肯的评价。

陈西滢也是一个很有性格的人，他中等身材，面色苍黄，有久坐不起的习惯。一坐上椅子，他百事可为，可以阅读，可以讲课，甚至还可以打上一架。他的相貌没有什么出奇之处，不过脸能叫人过目不忘，还有点凶相，同事中宁愿看他紧紧绷的脸也不愿看见他笑。那笑是那种阴险的微笑，把目标引进虎穴，在玩弄够了的时候，发出一阵冷笑或者大笑，然后再把它一口吞下。他的一双大眼独具魔力，清澈、漂亮、端正地镶在见棱见角的脸上。头发从顶部中间分开，锐利的目光可以看透一切人和事，洞察、敏捷、机智，惟独缺乏善意。陈西滢最开心的时候是他与书默默相伴的时候，兴趣之广，藏书量之大，但少有善本，大多是二手货。他博览群书并不表明他兴趣广泛，更不证明他心胸宽阔。这是北大同事温源宁写他的游戏文字。

鲁迅（1881—1936）

便是在这个时候，陈西滢失去了往日的绅士风度，他为恋人的无端受辱感到愤懑，他认为攻击文章系鲁迅所作（近年有研究者认为确与他有关），便采取了一个报复手段，说鲁迅的《中国小说史略》是一部抄袭作品，文章整节抄录了日本学者盐谷温《支那文字概论讲话》一书，而且措词十分刻薄：

> 他常常挖苦别人家抄袭。有一个学生抄了沫若的几句诗，他老先生骂得刻骨镂心的痛快，可是他自己的《中国小说史略》却就是根据日本人盐谷温的《支那文学概论讲话》里的“小说”一部分。其实拿人家的著述做你自己的蓝本，本可以原谅，只要你书中有那样的声明。可是鲁迅先生就没有那样的声明。在我们看来，你自己做了不正当的事也就罢了，何苦再去挖苦一个可怜的学生，可是他还尽量的把人家刻薄。

“窃钩者诛，窃国者侯”，本是自古已有的道理。

陈西滢并不曾研究中国文史，而顾颉刚是这方面的专家。抄袭一事原说张凤举所为，近年有资料表明是顾颉刚所说。

鲁迅对此进行了反击，一九二六年二月八日在《不是信》一文中，他详细介绍了自己写作过程的甘苦，有力地证明了诬称《中国小说史略》为“剽窃”与“抄袭”有多么荒唐，愤怒地斥责说：“绅士的跳踉丑态，实在特别好看，因为历来隐藏蕴蓄着，所以一来就比下等人更浓厚。……可怜教授的心中所看见的并不是我的影，叫跳竟都白费了。遇见的‘粪车’，也是境由心造的，正是自己脑子里的货色，如吐的唾沫，还是静静的咽下去吧。”

二

这个看起来偶然发生的事件，其影响却是深远的，直到十一年后的一九三六年，胡适在给苏雪林的信中，还谈到此事：

> 凡论一人，总须持平。爱而知其恶，恶而知其美，方是持平。鲁迅自有他的长处。如他的早年文学作品，如他的小说史研究，皆是上等工作。通伯先生（陈西滢）当日误信一个小人张凤举之言（近年有资料说是顾颉刚所说），说鲁迅之小说史是抄袭盐谷温的，就使鲁迅终身不忘此仇恨！现在盐谷温的文学史已由孙俍工译出了。其书是未见我和鲁迅之小说研究以前的作品，其考据部分浅陋可笑。说鲁迅抄盐谷温，真是万

> 分的冤枉。盐谷一案，我们应该为鲁迅洗刷明白。最好是由通伯先生写一篇短文，此是“Gentleman（绅士）的臭架子”，值得摆的。如此立论，然后能使敌党俯首心服。

这一事件，实际上也成为了后来发生的“闲话”事件的先声。

一九二六年一月九日出版的《现代评论》第三卷第五十七期上，发表了陈西滢一篇写法郎士的“闲话”，这篇文章得到了徐志摩的青睐。这也是他自一九二五年五月九日起为之撰稿，持续了很常时间的一个专栏，在十三日的《晨报副刊》上，徐志摩发表了《“闲话”引出来的闲话》一文，大加赞扬陈西滢的文章：

> 他学的是法郎士对人生的态度，在讥讽中有容忍，在容忍中有讥讽；学的是法郎士的“不下海”主义，任凭当前有多少引诱，多少压迫，多少威吓，他还是他的冷静，搅不混的清澈，推不动的稳固，他惟一的标准是理性，惟一的动机是怜悯……他的前途是不易有危险的，只要他精力够，他一定可以走得很远——至少可以走到我们从现在住脚处望不到的地方，我信。

周作人立即写了《闲话的闲话之闲话》，对徐志摩的文章予以驳斥，矛头实则指向陈西滢：

> 现在中国男子最缺乏的实在是那种中古式的对于

> 女性的忠贞……忠贞于一个人的男子自然也有，然而对于女性我恐怕大都是一种犬儒的态度罢，结果是笔头口头糟蹋了天下的女性，而自己的爱妻或情人其实也就糟蹋在里头。我知道北京有两位新文化新文学的名人名教授，由为愤女师大前途之棘，先章士钊后杨荫榆而扬言于众曰："现在的女学生都可以叫局。"这两位名人是谁，这里也不必说，反正是学者绅士罢了。其实这种人也还多，并不止这两位，我虽不是绅士，却也觉得多讲他们龌龊的言行也有污纸笔，不想说出来了。总之，许多所谓绅士压根儿就没有一点人气，还亏他们怡然自居于正人之列。容我讲句粗野的话，即便这些东西是我的娘舅，我也不说他是一个人。像陈先生那样真是忠贞于女性的人，不知道对于这些东西将取什么态度：讥讽呢，容忍呢？哈，哈，哈……

周作人一改过去温文尔雅的常态，在文章里写了这样一些恶话、狠话，没有描绘出陈西滢面目，却画出了自己一幅恶人丑态。他的火气这么大，并不是为了什么女师大事件（那时女师大事件已过去半年），而是他提携过的学生凌叔华"背叛"了他，成了陈西滢的恋人，且在背后说了他"闲话"，所以他要给她一个惩罚。文章中所谓"现在的女学生都可以叫局"，说是陈西滢说的，因为张凤举曾经告诉过周作人。此文发表后，陈西滢即致信周作人：

> 先生今天在晨报骂我的文章里，又说起"北京有两位新文化新文学的名人名教授……扬言于众曰，'现

在的女学生都可以叫局。’”这话先生说了不止一次了，可是好像每次都在骂我的文章里，而且语气里很带些阴险的暗示。因此，我虽然配不上称为新文化新文学的名人名教授，也未免要同其余的读者一样，有些疑心先生骂的有我在里面，虽然我又拿不着把柄。先生们的文章里常有“放冷箭”、“卑劣”……一类的口头禅，大约在这种地方总可以应用了吧？先生兄弟两位捏造的事实，传布的“流言”本来已经说不胜说，多一个少一个也不打紧。可是一个被骂的人总情愿知道人家骂他是什么。所以，如果先生还有半分“人气”。请先生清清楚楚回我两句话：（一）我是不是在先生所说的两个人里面？（二）如果有我在内，我在什么地方，对了谁扬言来？

周作人接到信后，马上给陈西滢写了回信：

来示敬悉。承问两项，奉答如下。

（一）先生在不在那两位名人里边，只请先生自省一下，记得说过那句话没有，就自然知道。在第一项我答得如此含胡，因为（二）那句话我是间接听来的。如要发表说话的名字，必需先得那位中间的见证允许。所以请再等我两三天，待问过那位之后，再当明白奉答。至于“捏造”先生的事实，则吾岂敢。

周作人很快与张凤举联系，请他出来作证，但张凤举因双方都是不错的朋友，无论如何不肯出面，周作人只得给陈西滢写了第一封信：

> 前日所说声言女学生可以叫局的两个人。现经考查，并无先生在内，特此奉复。

从这封信里，陈西滢已经知道了周作人的动机，也揣摩出了张凤举的态度，于是就给张凤举写了一封信：

> 女学生可以叫局的话，我确实是听见过的。并且听见过两次。一次A君说时，只有我个人在场，所以现在不用去提他。一次B说时，是在西山卧佛寺，在场的人有先生和西林和我。所以要是周先生没有自己捏造，那么他所指的想来是这一次了。如是这样，先生当然是所说的见证。不是吗？
>
> 先生大约还记得那天的谈话吧？B君说起了这话，我说我也听A君说过，不过这是叫人能相信的。B君说他的朋友亲自看见的，某饭店可以代叫。我说，要有，也是私娼假冒女学生的名字罢了。大家讨论一会之后，我说除非B君的朋友托某饭店叫一个来。让我们考她一考，证明她是女学生，我总不能相信。先生和西林似乎也是看不得这样的意见，先生记得吧？
>
> 总之，这一晚我们都是立于怀疑者的地位。就是B君，他也并没有怎样的肯定。……

显然，陈西滢的用意是要张凤举将他的意思转达给周作人，张凤举果然心有灵犀，向周作人转达了他们通信的内容，之后，怕陈西滢放心不下，又致信陈西滢：

> 我们昨天的谈话我已经告诉周岂明先生了。你要我回你一封信。想来想去，我别无他话可说，要说的全对你说了。不过我要向你道歉，因为这次事完全是我误传的结果，与别人绝不相干。你的原信送还，请检收。

一月三十日，《晨报副刊》登出了陈西滢致徐志摩的一封长信，同时还刊出陈西滢、周作人、张凤举之间来往的几封信，总题为《闲话的闲话之闲话引出来的几封信》，这期《晨报副刊》被称为“反周专号”。

二月三日，《晨报副刊》上发表了徐志摩《结束闲话，结束废话!》的文章：

> 带住！让我们对着混斗的双方猛喝一声。带住！让我们对着我们自己不十分上流的根性猛喝一声。假如我们觉得胳膊里有余力，身体里有余勇要求发泄时，让我们望升华的道上走，现在需要勇士的战场正多着哪，为国家，为人道，为真正的友谊——别再死捧着显微镜，无限放大你私人的意气。

这是“闲话”的大致过程。

三

在论战进行到白热化的时候，凌叔华曾给她的老师周作人去过一封信，请求不要把她拉进里边。她知道，只有自己出面认错，才能平息周作人的怒火。周作人复信说，“我写文章一向很注意，决不涉及这些，但是别人的文章我就不好负责了。因为我不是全权编辑，许多《语丝》同仁的文字我是不便加以增减的。”

自己的弟子出来求情，这个面子不能不给，从此这场纷争就渐渐平息了。

对于这场纷争，后世研究现代文学的学者，聚讼纷纭，其观点多认为是“女师大风潮”的余波所致，是“现代评论派”和“语丝派”之间的斗争。实际上，这场争论反映了那个年代有东西方留学背景的知识分子思想意识上的偏见。随着“五四”新文化运动的兴起，知识分子营垒大分化、大改组，文学流派峰起，随之文学阵营的划分也越来越明显，学术之争、政见不同，导致了个人恩怨。“闲话”事件是那个时代的个案，但也暴露了那个时代知识分子的劣根性，他们维护自己的错误往往比维护真理的尊严还要卖力气，其学术壁垒自然也就成了宗派壁垒。这种原本与政治斗争无涉的纷争，参与者们却把它当作了实实在在的政治斗争。

而周作人挑起这场事端的一个潜在心理，是他对陈西滢的一腔怨恨。凌叔华本来是周作人的学生，后来转至拜陈西滢为师，继而相恋，周作人不会没有一点感慨，或许这才是他挑起争端的真正原因。

第十章 伴君京都行

一

新婚不久的凌叔华和陈西滢，扬帆远航，东去日本京都，开始了海外撰述员的研修生活。

这是一九二七年十月。京都这座有着东方色彩的古城，对于凌叔华来说是游过的旧地，一草一木，一山一石都倍感亲切。而对于陈西滢来说，则还是第一次，这座有着东方风情的陌生城市，给他带来了许多新鲜和神秘的向往。

刚踏上这块土地，秋天便给这座古城披上了一层绿瘦红肥的色彩，红云一般把飞翘的屋顶掩映在它的怀抱里，在金色的秋阳下，给这一对旅人凭添了一种金属的质感。

陈西滢说："这里的秋天太美了。"

凌叔华说："美只是它的外表，而更重要的是它的内涵，待久了才能深深地体会它。"

他们先去了京都古城洛东区的京都帝国大学，然后在东山脚下租了一处简朴的小楼，先安顿下来再从长计议。

帝国大学是一所以理工学科为主的综合性大学，也是继东京大学成立之后第二所国立大学。一八九一年，二十三位国会议员向国会提出的议案中提到，日本仅有一所国立大学，缺乏竞争，对办学和学生培养都不利，建议在西京（京都）再建一所大学。一八九七年议案得到通过，诞生后的大学定名为——京都帝国大学。

这所大学建校之初就注重国际间的交流，每年有不少外国著名学者和教授来这里任教、讲学、研修和考察。陈西滢和凌叔华就是以北京大学海外撰述员的名义来帝大研修日本现代文学。经蔡元培校长批准，他们的一切费用由北京大学财务部支取。

他们报到后知道，这所大学有五百多名学生，设理学、法学、文学、经济学、工业、农业、医学七个学部，大学院（研究生院）就设在各学部内。

帝大与东大虽为日本两所齐名的公立大学，但他们办学目标迥然不同。东大以培养治国人才为主，帝大则以培养科学人才见长。

帝大有着悠久的日本传统和文化，他们远离首都东京，学校自然环境优美，是一个潜心治学的好场所。创办以来，他们注重学术上的高标准，有理重于文的传统，教学与科研占明显优势，因而形成了富有特色的“京都学派”。

一位校方人员向他们介绍说：“帝大是一所校风自由的大学，校方不过多地督促学生学习，因为学习是一种自觉自愿的行为，要靠学习者本身所具有的责任感和不懈的努力。校方所能做的主要是为学生创造一个好的学习研造环境，以使他们完成学业。”

后来凌叔华和陈西滢了解到，事实上在这里要想拿到学位，比其他学校更为困难。而且这所大学所藏中国文献很多，有的在我们国内很难找到，如甲骨文、汉籍拓本、地图、相片等。

著名作家郑伯奇就是这所大学的留学生。他一九一七年来京都留学，一九二一年与郭沫若等人组成了创造社，一九二六年回国任教。

雷震是一九二三年考入这所大学法学部的留学生，一九二六年毕业后进入研究生院，随森口繁治教授攻读“宪法”专业。

凌叔华和陈西滢安排好住宿后，便开始了在帝大为期一年的研修生活。叔华先提高日语水平，而后阅读日本当代作家的小说和诗歌；陈西滢则开始修改去年他翻译的安德烈·莫洛怀《少年歌德之创造》一书的稿子，因为它提供了歌德名著《少年维特之烦恼》的重要材料。现在有了时间，修改后拟再写一序言，形成一本书，年底交新月书店出版。

二

研修之余，凌叔华、陈西滢还与日本作家展开了文化交流。

日本著名作家谷崎润一郎便是他们拜访的一位。他们先写信给谷崎要求访谈，没有想到谷崎竟主动要来看望他们。谷崎按图索骥乘了两个小时火车来到他们住地。在交谈中，谷崎听说夫妇二人想了解日本文学界当前情况，便很快给他们开列了一张戏剧和小说家名单，还在凌叔华的手帕上写了一首和歌。谷崎还主动请夫妻二人共进晚餐，席间他们交流了欧洲作家、中国的京剧名家和日本的艺伎等情况，直到夜阑人静的时候才相互告别。

日本作家谷崎润一郎

在京都，陈西滢还给胡适写信，力劝他也来日本居住。并说这里租房容易、氛围平和、查找中文资料也十分方便，与上海居住环境有天壤之别。他还说，这里“山水之清丽，古刹之众多，我们又住在东山脚下，一出门便入胜景，所以倒并不寂寞。”

研修期间，他们常去附近的疏水河边看松写竹画梅，当然还有四月绽放如云的樱花。他们挽着臂，双双走在疏水河堤上，那浅碧清亮的流水，倒映着他们青春的面影，时隐时现，摇曳着梦的每一个音符。银阁寺（又名慈昭寺）亦离住处不远，是他们最爱去的地方，驻足锦镜池、银河滩，看斜卧池上那株粉红色山茶，猩红的天竹，听山百舌、八哥等多类的鸣叫和蝉唱。玩累了的时候，便到茶室餐饮，吃最廉价的鳗鱼钵饭，尤其是覆盖在上面的那几片精致的盐萝白，味道极其鲜美，许多年后他们还回味无穷。

岚山是他们最爱的一座山。山色青绿如黛，保津川一水如碧，渡月桥接通着两岸，这里的春雨来得最勤，二人乘一把油纸伞，最爱在雨中观樱。樱，成了他们的背影，他们成了雨的背影，雨成了山的背影。在所有的风景里，最能撩拨他们的是万种风情和最动人的诗意。

陈西滢对佛寺最不感兴趣，清水寺的水却是寺院的精魂。这座寺座落在京都的东山，是日本奈良时代法相宗的金地，如果不去，来一遭日本，会留下终生遗憾。凌叔华说："我们不拜佛，看看这座水的建筑，听听水的音乐，看看水的诗篇，那也是大功德。"陈西滢以往的执拗终于被凌叔华说服了。驻足音羽瀑布前，听大弦嘈嘈，小弦切切，在这水的梵歌中，那流水仿佛一片片羽毛，轻拂着灵魂的尘垢和生命中的姹紫焉红。叔华问："通伯，来一趟怨吗？"陈西滢说："那就让我们双手合十吧！"

在研修的间隙里，他们还去了附近的大阪、名古屋等地的胜迹，领略了这个国家的建筑艺术和文化。

不过在日本这一年他们最大的收获是，凌叔华创作并发表了短篇小说《疯了的诗人》、《小蛤蟆》，独幕剧《她们的他》，散文《登富士山》，翻译了契诃夫小说《一件事》，编辑了她的第一部小说集《花之寺》，拟交上海新月书店出版。

陈西滢则完成了安德烈·莫洛怀《少年歌德之创造》的最后译稿，编辑了过去发表在《现代评论》上的短论，并定名为《西滢闲话》，也拟交上海新月书店出版，此外，他还突发奇想地创作并发表了短篇小说《菊子》和《成功》。

三

一天夜里，凌叔华和陈西滢突然接到志摩的电报，说他路过东京，要他们去接早车，在东京一晤。

凌叔华、陈西滢连夜乘车赶往东京，路上凌叔华想，没准要在东京火车站等上一个整天。没想到的是，可他们一到车站，徐志摩便在迎面的车窗里探出头来招手了。

徐志摩穿了一身整洁的西服，灰法兰绒上衣，白哔叽裤，洁白的衣领上打了一条漂亮的领带。一年多未见，徐志摩和陈西滢这对老友热情拥抱。异国相逢，凌叔华在身后也激动得落下了泪水。

徐志摩说：“我先到美国和欧洲，而后转道印度看望泰戈尔先生。”

凌叔华说：“我昨天夜里做梦，就梦见你来了，通伯也说梦见了你。巧得很，我们一到你也就到了，你说奇怪不?”

徐志摩说：“那是神的力。我也在想，到日本能否有缘见面，心中尚且没数。我们乘的英国船从昨晚就进入日本内海，九州各岛灯火辉煌。清晨起来看着内海风景，水是绿的，岛是青的，天是蓝的，点点渔帆，相映成趣。船停在神户口外，日本人下来检查护照，我与文伯说，看那一船男的全是蠢货，女的全是丑类，此去一路哪受得了？幸亏我们今天下午到横滨换乘轮船。”

凌叔华说：“你糟蹋你们男人，还不忘捎带着我们女性，真是岂有此理！咱们先出站，找一间茶室去饮茶说话。”

他们来到一间茶坊，主人跪坐门口，把客人让讲去，鞠躬行礼，寒喧后便煮茶去了。

徐志摩说：“昨天等到早上四点才在神户靠岸。王文伯约鲍振青来接，上岸后就坐着出租车乱跑，买了一点东西就去山里看雌雄泷瀑布（即布引瀑布），我喜欢神户的山，一进去就扑鼻的清香，一股清爽的空气直浸到肺腑。我和文伯买了两根刻花手杖，到雌雄泷瀑布池边坐了一阵。这真是东方山水独到的妙处。下山后又到济远寓里小憩。”

凌叔华伤心了，坐在那里默不作声。

徐志摩知道凌叔华四姊妹是在那里溺水死的，忙说：“听文伯说，现在不仅通伯敢于和女人一起洗澡，就是叔华都不怕和男性共浴了。”

凌叔华脸上飞出一抹红润。

茶室里爆出一片笑声。

徐志摩说：“今天下午我和文伯还要赶到横滨下船，咱们以茶当酒，千里相会，谢谢叔华、通伯来东京一晤。”

凌叔华说：“这真是匆匆一面。”

茶后他们挥手告别。

凌叔华、陈西滢站在茶坊门口的红纱灯下，望着徐志摩和王文伯远去的背影。

四

八月间，正是日本酷热的夏季，凌叔华和陈西滢跟东京基督教中国青年会联系，登一次富士山消夏。

富士山，对于凌叔华来说并没有多少吸引力，它只不过是一座平凡无奇的山，最大的想法是躲躲京都的暑气。然而听说登山的人都得准备寒衣，在热如蒸笼的八月，真像吃了一碗冰淇淋，于是她与陈西滢加入了登山者的行列。

从东京出发的第一段路程，是饭田町到大月驿，途中要经过三十三个山洞，乘车约三个半小时。第二段路程，从大月驿换乘小电车到吉田口，约两小时。凌叔华笔下出现了富士山的轮廓：

> 沿途水田碧绿，远山蜿蜒不断，好风扇凉，爽气有如中秋光景。车轨两边的大沟中流水潺潺，人家借它作水磨用的很不少，车在途中暂停时，我们下车洗手，觉得冷水如冰。土人说这是富士山融雪流下来的。
>
> 车仍然前行，忽见含烟点翠连绵不断的万山中间。突然露出一座消平的山峰矫然立于云端。峰头积雪尚未全消，映着蔚蓝的天光，格外显得清幽拔俗，山的周围并不接连别的小岭，同时也许因为富士山的山形整齐的原故，周围蜿蜒不断的美山，显然见得委琐局促的样子，恰似鸡群中立着一只羽衣翩翩悠然出尘的仙鹤。

这就是凌叔华远眺富士山的画面描写，一幅简括的构图，线条是那么美，那么清晰。

到杏田口已是下午五时，一行人在小镇上晚饭，购买登山用的木棍、短席、草帽、手套、线袜和草鞋。这时凌叔华才发现他们旅行团一共二十三人，除凌叔华和李女士，其余全是男子。他们在庙里拜过山神，木棍上刻庙印以为纪念，便从庙的左侧踏上山路。

由杏田口到山上是登山的第一段路程，计日本五合目。凌叔华和陈西滢怕走不了，就雇马前行。凌叔华笔下呈现出黄昏的树林：

> 穿过松柏树林的道上已是黄昏的时候，大树底下许多小树开着雪白的小花朵，吐出清淡的幽香，林中一会有夜莺娇脆流啭的啼声，一会儿是山雉哽涩的叫唤声，时时还夹杂着不知名字的鸟声与微风吹送一片松涛余韵。大家不约而同的默默不作一些声息向前走着。登富士山指南的书上说，人在山上时左右前后的看，就会“山醉”。“山醉”会晕倒的。我们进了大树林子内，虽未曾左右前后的观看，却已为林醉了。这是耳目得了太美妙的享用不觉的醉了吧。

到一合目，路并不远，因为天气冷，大家停下来加上寒衣，此地已是海拔五千三百多英尺了。

二合目因为路不长，没有停下。到三合目进茶棚休息饮茶。在黑黝黝的山道上，什么风景也看不到，前面仍是灯笼那一点光引路，余下的只有心中的怅惘和赶路的疲倦。

到了五合目，天已过午夜，大家倦不择屋，也就安然住下。第二天早上四时上山。吃过梅子饭，天已渐渐亮了，大家收拾好东西，继续上路。山风愈来愈大，约走了一里路，便觉呼吸困难，大家在一石室旁坐下来休息。凌叔华记下了白云的景像：

> 这目前的确是一幅神品的白云图！这重重舒卷自如，飘扬神逸的白云笼着千层万层青黛色蜿蜒起伏多姿的山峦是何等绰妙，山下银白色的两个湖，接着绿芊芊横着青青晓烟的水田是如何的清丽啊！我倚在柱子旁看痴了。我怕我的赞美话冲犯山灵，我恐怕我的拙劣画笔猥亵了化工，只默默的对着连带来的写生本都不敢打开了！

越往山上走风越大，大家到一石屋休息，据说这里是六合目。因为越往上走越困难，于是便分成两组，上去下去的各占一半。凌叔华和陈西滢归下去的一组。休息后，领路的把下山的人带到御殿场，坐火车回东京。

这是凌叔华人生之旅的一个小小记忆，她用那隽永和精粹的文字，引领我们走进异国的一个超拔世界。在这一个朝山人的群落里，不仅是一次钟毓灵秀之旅，一次消解暑热的纳凉之旅，更是一次精神和文化之旅。在那个斑斓清晨和盲睛的夜里，让清凉的山风荡进人的怀里，那也是一次心灵的洗礼。他们踏上去的何止是一座自然的山，那是一座文化的山，一座精神的山，在叔华的记忆里，留下一道永远也抹不去的影子。

这一年的九月，凌叔华和陈西滢结束了帝国大学的研修，乘船经上海回到北京。

第十一章 第一部小说集

一

《花之寺》是凌叔华的第一本小说集，一九二八年由上海新月书店出版。

陈西滢在《编者小言》中说：

> 凌叔华出这一年半的作品，虽然题材不一，作者的态度风格却可以清清楚楚的得到认识。在《酒后》之前，作者也写过好几篇小说。我觉得它们的文字技术还没有怎样精练，作者也是这样的意思，所以没有收进来。在《春天》之后，作者也曾发表过好几篇文字，可是我又觉得她的风格渐渐有转变的倾向——那好像在《春天》里就可以觉察出来的吧——只好留着将来另行收集了。

《花之寺》这个书名，是徐志摩定下来的，凌叔华亦很喜欢。《现代评论》三周年纪念增刊有《花之寺》的广告，徐志摩为之评价说：

凌叔华小说集《花之寺》书影

> 《花之寺》是一部成品有格的小说，不是虚伪情感的泛滥。也不是草率尝试的作品，它有权利要求

我们悉心的体会。……

作品是有幽默的，最恬静最耐寻味的幽默，一种七弦琴的余味，一种素兰在黄昏人静时微透的清芬。

……

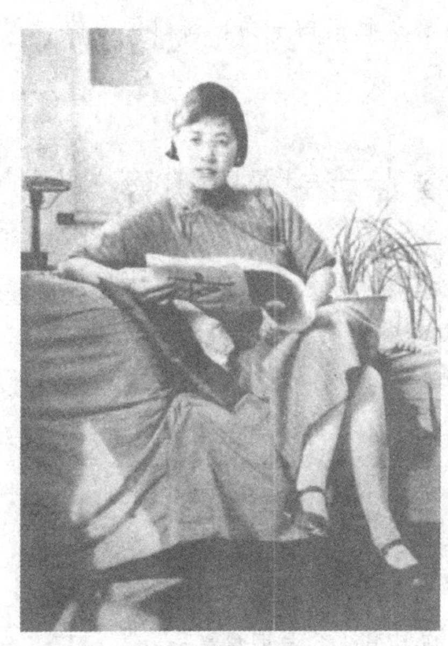
凌叔华小说集书前照

吴宓主编的《大公报》文学副刊，在《花之寺》出版当年四月，即发表佚名书评说：

《花之寺》之作者似无为“大文豪”等等之野心，故其书中无大悲剧以震骇人之耳目。亦不愿为严正之道德家及狂诞之讽刺作家，故其小说不论人生哲学，亦永不嘲笑女主角。独以闲雅之笔写平谈之生活中最富有趣味之数段，以自成其风格。凡不得于海内鲁莽夸诞之男作家者，于女士书中得之。不见于西洋之小说家而一二见书于日本现代作家者，亦于女士文中见之。

鲁迅先生在《中国新文学大系》小说一集的序中说：

“凌叔华的小说，……恰和冯沅君的大胆、敢言不同，大抵是很谨慎的，适可而止地描写了旧家庭中的婉顺的女性。即使间有出轨之作，那是偶受着文酒之风的吹佛，终于也回复了她的故道了。这是好的——使我们看见和冯沅君、黎锦明、川岛、汪静之所描写的绝不相同的人物，也就是世态的一角，高门巨族的精灵。

阿英一九二九年在《花之寺——关于凌叔华的考察》认为：

凌叔华这部小说，是在描写资产阶级的太太们的生活和各种有趣味的心理。她的取材是出入于太太、小姐、官僚，以及女学生，以及老爷少爷之间，也兼写到不长进的堕落的青年。她应用绘画上素描的方法，来表现以上两种人物，风格朴素，笔致秀逸。她的态度，当然是对这种种生活表示不满，她表现了她们的丑态和不堪的内里，以及她们的灵魂。……她的描写在这几方面是擅长的，而且有了相当的成就。

这是名家对凌叔华小说的评论与介绍。

二

这部短篇小说集共十二篇作品，简要介绍如下。

《酒后》虽不是凌叔华的处女作，但是她的成名作。一九二五年一月发表在《现代评论》第一卷第五期上。

这篇不足四千字的短剧，似一场独幕剧，以白描手法，极具象征意义地写出了一代人追求灵魂自由的哀歌。

小说一开篇便推出青年夫妇在客厅的场景：夜深客散了，一个三十多岁的男子因醉酒酣睡在大椅子上。女主人哀叹："他的家庭也真没味，他真可怜。"而这个家庭的男主人公却在幸福的环境中"醉了"。

> "采苕。我也醉了。"
>
> "你不是说你没喝多少酒吗?"女子微笑说。
>
> "我不是酒醉。我是被这些环境弄醉了。……我的眼，鼻，耳——灵魂都醉了……我的心更醉了——你摸摸它跳的多么快!"他说着便靠紧采苕那边坐。
>
> 采苕似笑非笑的看一看他，随后却望着那睡倒的人。说：
>
> "你还不认账喝醉了呢。你听听你自己把那些耳，鼻，口，目，灵魂，心等等字眼全数的搬出来了。只是你的脸不像子仪那样红，他今天可真醉了。"
>
> 男子似乎没听见他的妻子说什么，仍旧眯着醉眼，拉着她的手说：
>
> "亲爱的，叫我怎样能不整个人醉起来呢?如此人儿，如此良宵，如此幽美的屋子，都让我享到!……"

男主人公永璋喋喋不休地赞美着妻子采苕，采苕都有些厌了，干脆做出听而不闻的样子。永璋说，大后天便是新年了，一定给妻子买一样东西。然而，妻子却望着那边睡倒的子仪，欣赏着他的仪容。接下来，凌叔华依然用人物对话的手法，把故事推向出人意料的境地。

> “我什么也不要，我只要你答应我一样东西……只要一秒钟。”
>
> “请快点说，”永璋高兴的说：“我的东西都是你的一样。别说一秒钟，千万年都可以的。”
>
> “我要——我有些不好意思说。”
>
> “不要紧。”
>
> “他……”
>
> “他不醒的，你放心说罢。”
>
> “我，我只想吻一吻他的脸，你许不许？”

妻子终于说出了她的要求，并说他处在一个很不如意的家庭，我是可怜他。他这样一个高尚优美的人，没有人会怜爱他，真是憾事。在妻子的再三要求下，永璋终于答应了她的要求。

小说最后一幕写道，她站起来走了两步，然后又拉丈夫陪她一起去。永璋劝她自己去，陪了你去，便是对你不信任。采苕一直在心跳，越走近子仪，她的心越跳得厉害，然后三步并两步又走回到丈夫身边，低头坐下。永璋问她为什么，妻子说：“没什么。我不要 Kiss 他了。”

故事到此结束。

凌叔华在《酒后》这篇小说中，把吻与不吻推向了故事的峰巅，她让我们看到，一代人追求灵魂自由的不易与尴尬。

小说还以哲学的思考。反衬出永璋的幸福和子仪的不幸福。子仪一直睡在那个温柔乡的客厅里，到故事结束他也没有醒来，仿佛在故事中他只是一件道具。然而他的不幸，却负载着家庭和社会的巨大重荷。

这篇小说一经发表，就受到读者普遍好评，还被翻译介绍到日本。剧作家丁西林还改成了独幕剧。究其原因，是针砭了当时的社会现实，并写出了它的深意，因而引起同辈作家和文化界的关注，成为凌叔华的成名作。

《绣枕》这篇小说并没有多少曲折的故事，全篇仅由两个平行的场面组成，然而，它那富有象征意义的情节，却给我们编织了一个带有绝妙讽刺意味的故事。

这篇小说全文不到三千字，最初发表在《现代评论》第一卷第十五期上。

小说开篇便是大小姐正在低头绣一个靠垫，此时天气闷热，张妈站在背后给她打扇子，她不住地用手巾擦汗。张妈劝大小姐休息一会儿，她说老爷说了，必得明天十二点前给他送去。

> 张妈说："哼，这一对靠枕儿送到总长那里，大家看了，别提有多少人来说亲呢。门也得挤破了。……听说白总长的二少爷二十多岁还没有找到合适的亲事。唔，我懂得老爷的意思了，上回算命的告诉太太今年你有红鸾星照命主……"
>
> "张妈，少胡扯吧。"大小姐停针打住说，她的脸上微微红晕起来。
>
> 此时张妈的女儿进来说，昨儿四嫂子说大小姐绣了一对靠垫，已经绣了半年啦，光那只鸟就用了三四十种线，问妈看行不行。
>
> 张妈连忙赔笑问：
>
> "大小姐，你瞧小妞儿多么不自量，想看看你的活

计哪！”

大小姐抬头望望小妞，见她的衣服很脏，拿住一条黑色手巾，不住的擦脸上的汗，大张着嘴，露出两排黄板牙，瞪直了眼望里看，她不觉皱眉答——

“叫她先出去，等会儿再说吧。”

光阴一晃便是两年，大小姐还在深闺中做针线活，小妞儿已经长到和妈一样高，衣服也懂得穿干净些了，还能替妈做工。又是一个夏天，她给大小姐一边捶腿一边说闲话，说前天干妈送她一对枕头顶，一边是一只翠鸟，一边是一只凤凰。

“怎么还有绣半只鸟的吗？”大小姐似乎取笑她说。

“说起我这对枕头顶，话长哪。咳，为了它，我还和干姐姐呕了回子气。那本来是王二嫂子给我干妈的，她说是从两个大靠垫子上剪下来的，因为已经弄脏了。新的时候好看极哪。一个绣的是荷花翠鸟，那一个绣的是一只凤凰站在石山上。头一天，人家送给她们老爷，就放在客厅的椅子上，当晚便被吃醉了的客人吐脏了一大片；另一个给打牌的人，挤掉在地上，便有人拿来当作脚垫子用，好好的缎地子，满是泥脚印。少爷看见就叫王二嫂捡了去。干妈后来就和王二嫂要了来给我，那晚上，我拿回家来足足看了好一会子，真爱死人咧，只那凤凰尾巴就用了四十多样线。那翠鸟的眼睛望着池子的小鱼儿真要绣活了，那眼睛真个发亮，不知用什么线绣的。”

大小姐听到这里不觉心里一阵震颤，小妞后来把它拿来，让她也照着绣一对儿。“大小姐没有听见小妞问的是什么，只能摇了摇头算答复了。”

这篇小说在两个平行的场面中，形成了一个鲜明的比照。两年前，大小姐对她绣的靠垫连小妞看一眼的机会都不给，白家却把她精心绣了半年的“信物”当了脚垫子，尔后白少爷又送了下人，展转到小妞手里，又被剪成枕顶，这对大小姐以及她的老爷是一个绝妙的讽刺，更谈不上高攀那位白总长了。在凌叔华客观冷静的描写中，其艺术效果不说自现。

这篇作品另一个艺术特色便是她的象征意义。伏天是热的，老爷和大小姐给白总长绣靠垫的心也是热的，然而当大小姐从佣工手里看到她亲手绣制的“翠鸟”和“凤凰”剪成了枕顶时，她只是无言地摇摇头，那颗心也冷到了冰点，这一热一冷，透出了小说主人公心里的寒气。这是不容忽视的严酷现实，官宦与庶民永远不在一个平行线上，它是一块难以打破的社会坚冰。

《有福气的人》发表于一九二六年一月一日《现代评论》一期增刊上。

这篇不到五千字的小说，以白描的手法，从不同角度写了章老太这个祖母级的人物，她的福气“要算第一名了”。她有四个儿子，三个女儿，而且是见到重孙辈的人了。她从年轻到老没忧虑过柴米。老太爷的岳父是懂得挣功名的人，三十多岁便替老太爷捐了个候补道员，章老太出门拜年，便穿了件团鹤补褂、绣花朝裙，带上朝珠，款款地做“命妇”了。老太爷在京候差时又讨了两个小老婆，她不仅不生气，还说大户人家没有两三个侍妾是不成体统的，那争风吃醋是小家子气的人才做出来的。最令人羡慕的还是她自己妆奁私储的富足，儿媳、孙媳都孝顺她。老太太对儿子们都一样爱惜，待儿媳们也没偏向，即使两个老姨太也一视同仁。近二十年章家的进款出款，动产不动产，都是老太太一手经理。就是儿子们——社会上的办事人，遇到难解决的事，也要得到老太太的一言才敢去做。过生日时大家都叫她“寿星”，她自己非但不难过，还微微笑应着。小说写到，这一日二少奶奶和三少奶奶屋里的孩子才出过疹子，她便唤了刘妈一同去看。

> 她慢慢的踱到一排水缸前，想看看里头的金鱼，便停步等刘妈。在东花厅内好像大爷同大少奶奶说话。
>
> “那个乾隆五彩瓷佛怎不见了?”大爷的声音。
>
> “我没见有一个什么瓷佛……是装匣子的吗?”大少奶奶答声。
>
> “对哪，你没看见吗？王五爷送的，这一屋子东西数那个值钱了。”
>
> “装匣子的，不错，我今早上才看见在这条桌子上的。……王升，你看见有个匣子装着瓷佛爷吗?”
>
> “看见来着。今天晌午二少奶奶来拿走了。听说是老太太叫她来收拾的。”王升说。
>
> “这一屋子东西我最喜欢那瓷佛，倒叫她拿走了!”大爷的懊丧声。
>
> “王升，你听谁说老太太叫她来收拾的?”
>
> “我看见她从老太太那里来的，”王升答。
>
> “哼，她倒会，东不要，西不要，专挑了这一件!”
>
> “大爷，小些声音说吧。……闲话多哪……”

“为什么要怕这些闲话。老太太给大宝一些东西不是应当的吧？你看二少奶奶多机灵，想着法儿哄老太太，好东西都轮到她管了。四少奶更厉害，整天围着老太太，来了不过一年多，弄得老太太简直离不开她，将来老太太的东西还不给她哄光了。……人家都恨不得把老太太顶在头上走，你还要怕闲话！”

“……别尽埋怨我吧，你总也不懂在她跟前陪陪，你看四爷三爷！……我忘了告诉你一件事，今天早上听来的，你知道这几个月都是四爷拿租折取钱吧？老太太又说四少奶能写能算，所以把统统的股份单、租折都交了她，哼。东西过了她的手……”

老太太脸上额色依旧沉默慈和，只是走路比来时不同，刘妈扶着，觉得有些费劲，她带笑说：

“这个院子常见不到太阳，地下满是青苔？老太太留神慢点走吧。”

这是凌叔华精心构制的一个身份高贵却实为玩偶式的悲剧人物。

章老太在“有福气的人”的名义之下，却笼罩着这个大家庭的阴影。真正被儿孙们所看重的，则是那些五彩瓷佛、租折和股份单，也许她最后才嗅到了一点气息，一个偌大家庭，就被这些儿孙、儿媳一点点瓦解了。凌叔华以她独具的慧眼，从家庭这一视角，恰如其分地描画了那个时代的变革。

饶有兴味的是，是小说结尾刘妈几句举重若轻的话，却道出章老太虚假福气背后所掩饰的悲凉人生。

《等》是以“三·一八”惨案为背景的小说，发表在《现代评论》第三卷第七十期上。

凌叔华在惨案发生不久，写给胡适的信上说："呵，还叫你好好的青年流血饮弹，被你气破肚子也没什么着实的法子报复。在乱世养成我们的怯懦吗？昨天我去北大看追悼会去，那些血衣也陈列出来，我看了只觉从唇际冷冷的麻木到心部，再到踝部。我想写些宣传文字尽尽本分，心又乱的慌。"

这是她自小说创作以来，绝无仅有的一篇。从母女对未来的女婿等待中，让你感受到段祺瑞政府的可憎，青年人爱国请愿的可爱。作者用欲悲先喜的手法写道：

> "妈妈。你猜他今天会不会来？"
>
> "谁？"三奶奶今早上似乎思路异常迟钝的问道。
>
> "他？"阿秋说着微笑的走回脸盆前面，低了头挽上袖子去洗臂膊。……
>
> "我想他来，前天他不说今天大概要来吗？这瓶粉又是他送你的吧？味气真好。"三奶奶拿起烟袋捻，面上平和多了。
>
> "他送的，我自己哪里舍得买好粉？"阿秋说着露出少女娇矜的笑容。"外头打门是送信的吧？一定有他的。"她走去一会儿，手中拿着信跑进来，一边笑说，"妈妈，今天下课就来。明天还要我们同他出去好好的乐一天呢。"
>
> "哦，明天别是他的生日吧？"三奶奶问。
>
> "不是，也是，他说明天是他的第二个生日。"
>
> "怎么叫做第二个生日？"
>
> "妈妈，"阿秋撒娇的顺势爬在她妈身上细声道，

“我不信你不懂？”

“我头发都快白了，那晓得这些新鲜话？”

“难道妈妈也不记的去年我们俩什么时候认识的？”

“这样说我倒明白了。秋儿，我们还不如今天先请他吃顿好饭吧。递那件棉袄给我，等我弄两样他爱吃的菜等他来。”三奶奶说着也精神上来，也不咳嗽了。

母女二人不仅期盼这位未过门的女婿到来，而且还盼望着女儿尽快结婚。阿秋的爹死时她只有三岁，二十一年过去了，含辛茹苦地把她养大，女婿大学堂毕了业就做事，现就有人聘定了他，每月薪水一百多块，一家人困苦就要过去。可是——

到了两点半钟，三奶奶已把菜肴打点好，只等他下学时，趁热便吃了。又走到堂屋看阿秋摆桌位。

“多摆一张椅子，请请四叔叔，看他来不来。若没有四叔叔，那选得上这样好女婿？”

三奶奶后来拢拢头，洗洗脸，已经是三点半了。……

到了五点她们俩都急起来。阿秋满心委曲，泪溃了眼眶，只抱着头嚷痛“还是我到大学堂去打听吧，”三奶奶等的疑心起来。“他们说一定来，别是他碰到什么事来不了吧？方才张大妈告诉，今天学生们又到执政府请愿，想必他也混在大群人众里面。”

母女商议了好一会，三奶奶决意到学校查问去。方走到大街上便听见街上人说卫队开枪打死了许多学生。她心里猛吃一惊，赶快跑到学堂打听，门房说学校里死了三个人，有一个就是他。

这是一曲反对邪恶势力的正义之歌。

小说没有从正面描写“三·一八”惨案的场景，却从另一个视角，揭露了段祺瑞执政当局乱杀无辜的罪行。

在阿秋和母亲等待这位未过门的女婿回家中，因为“三·一八”惨案的发生，一个未来的美梦彻底破灭了，苦苦的等，到头来却是母女无言的悲哀。

这篇小说虽然情节简单，也没有血淋淋的场面，然而凌叔华通过两个人物的对话描写，却能唤起人们对母女二人的同情和怜悯，对段祺瑞执政的愤恨，让人们发现社会的无情和人生的严酷。这也是那个年代反映“三·一八”惨案为数不多的一篇小说。

三

收入这部短篇小说集中的十二篇作品，在主题上是相当统一的，巧妙地探究了社会转型期女人的忧虑和恐惧。陈西滢在《编者小言》中认为，“她的风格渐渐有转变的倾向”，在以后的岁月里，凌叔华的创作是不是像预言的那样，再有新的突破呢？

读者将拭目以待。

第十二章 甫到武昌

一

黄澄澄的太阳还未褪尽秋天的暑热，陈西滢和凌淑华从日本回京立足未稳，便急匆匆由上海转水路南下武汉，到新创建的武汉大学报到。

武汉大学的前身是清末光绪二十八年（1902）由湖广总督张之洞创办的自强学堂，民国二年（1913）改建为国立武昌高等师范学堂，十年后又改名武昌师范大学。民国十五年（1926）又与国立武昌商科大学、省立医科大学、省立法科大学、省立文科大学、私立武昌中华大学合并为国立武昌中山大学。另有国立北京中俄大学和上海大学部分师生并入。校址分设三处，称中山大学一院、二院和三院。校部设在武昌城内紫阳湖畔东厂口的一院，学生近2000人。民国十七年（1928），改建为国立武汉大学。

陈西滢、凌淑华因为没有租好房子，先到老同学皮宗石家暂住，以后搬到武昌昙华林街一所教会人士的院落里租住。院落虽不大，但院中有一株高大的杨树，绿荫匝地，让人感到十分清幽。

昙华林位于武汉老城的东北角，地处螃蟹岬（山）以南，花园山、凤凰山以北，街道呈现出“一路两街环绕周边，老街里巷居中贯通”的格局。自近代汉口开埠以来，美、英、瑞、意教会组织在这里建教堂、办学校，有武汉的“租界”之称。各类学校二十多所，最有名气的当属文化书院。围绕着昙华林西至得胜桥，东至云架桥，北至中山路，南至粮道街，东西长一千二百米，南北宽八百米，总面积一平方公里。代表性建筑有北伐的得胜桥、马道门、太平试馆、崇真堂、育婴堂、鼓架坡半园、三义村、涵三宫、云架桥、“孟宗哭竹”的孝子巷、六通寺、城隍庙、供奉刘关张的灵瑞道院、国民政府政治部第三厅旧址、石瑛故居、钱基博（钱钟书之父）故居朴园、刘公馆、伍修权的家等，这些地点不仅见证着历史的沧桑，还承载着文化、经济、民俗和宗教的故事。

昙华林地名始载光绪九年（1883）《湖北省城内外街道总图》。“昙华林”一说是指此地多小型庭院，且善植昙花；一说是印度梵文的译音。郭沫若先生在其著作中提到这一街名可能与佛教有关，可惜未再作进一步考证。

十月，陈西滢安排好住处，即到原中山大学主楼上课。凌淑华因无留洋背景，只得在家做全职太太。

武大的首任校长（开始由刘树杞代理）王世杰，字雪艇，

胡适来武汉讲学与武大教授（珞珈三杰）合影

一八九一年生于湖北崇阳。他四岁入私塾，十二岁到武昌南路高等小学就读，毕业后入湖北优级师范理化专科学校，二十岁考入天津北洋大学采矿冶金科。一九一一年十月辍学南归，参加了武昌起义，参与组建国民党湖北支部。二次革命失败后到英国留学，就读于伦敦大学政治经济学院，获硕士学位，后又入法国巴黎大学，获法学博士学位。在留法期间，北京爆发了“五·四”运动，他被中国留学生选为代表，向中国代表团力陈拒绝签字。一九二〇年冬，应北京大学蔡元培之聘，回国任北大教授兼法律系主任，是《现代评论》的创办人和主要撰稿人。一九二六年北伐军到汉口后，他离开北大，转赴南京任国民政府法制局局长，湖北省政府委员，又任武汉大学校长。

一九二九年五月，王世杰上任后，教学之外考虑最多的是选址建校的问题。八月，他请来了地质学家李四光、农林学家叶雅各等人来考察，最后择定武昌城东靠近东湖的逻迦山（俗称罗家山）作为校园新址。然而，这是一片丘岭丛葬之地。几千年来，城内城外的百姓死了就埋葬于此。凌叔华刚来的时候，这里荒冢累累，一望无际。因在这里建校，那些荒冢必须迁走，校方费了无数口舌和大笔资金，又加上政府的压力，那些死者家属才算答应了。然而，那些死者后裔并不去认领，每天掘出无数骨骸，皑皑然堆放在那里，最后还是学校为他们建了三座灵塔，才将其安置。

选址、迁葬问题解决了，大家还觉得地名也不吉利，王世杰请大家起名字，最后采纳了诗人、文学院院长闻一多的建议，用同音不同字的办法取名珞珈山，亦含坚硬玉饰之意，既保留了原来人们的称谓，又诗意盎然，同时还象征武大是“两湖”最高最美的学府。

武汉大学由美国著名建筑师凯尔斯设计，他到后经过多次实地考察，参照中国传统“轴线对称，主从有序，中央殿堂，四隅崇楼”的建筑理念，以逻迦山为中心，利用山与谷布置学区，使得建筑与自然有机形成一体，堪称美轮美奂。中央是图书馆，两翼是文学院和法学院，站图书馆平台上，武大全貌尽收眼底。

学校占地三千多亩，建筑面积近八万平米，主要建筑有文、法、理、工四个学院和体育馆、图书馆、饭厅、学生宿舍、俱乐部、教室住宅、实验室、大门牌坊以及水塔等建筑组成。

招标以后，由武汉著名的汉协盛和永茂等营造厂以及上海六合公司分别承建各项工程。从一九二九年三月动土，直到一九三五年才完成大部分建筑，最先完成的是文学院、理学院、“老斋舍”（学生宿舍）和“十八栋”（教授小洋楼），工学院（1934）、法学院（1935）最后建成。王世杰见到漂亮的“十八栋”说，没有舒适的住所，难得名牌教授。武大首批教授王世杰（首任校长）、王星拱（二任校长）、周鲠生（三任校长）、杨瑞六、陈源、皮宗石、袁昌英、任凯南、李剑农、邵逸周、石瑛等，全是由英国学成归来，他们云集于珞珈山下，为武汉大学奠定了学风和学术基础。建校期间，王世杰带领学生从东厂口步行到逻迦山造林，半年之内，植树五十万株。

建新校是一个巨大工程，无疑给广大师生点燃新的梦想，困难和期待成为这群追梦人的又一考验，需要时间一步步将矛盾消解。

二

校园建设的路线图令陈西滢心里升起希望之火，他将全部精力投入其教学工作。可是在这里住久了的凌叔华觉得并不怎么好。比起古都北京和风光秀丽的日本相去甚远，加之这个冬天落雨不断，居室阴冷，成了她一块心结。过年后不久，这里又爆发了蒋桂战争，蒋介石任命朱培元、刘峙、韩复榘为一、二、三路总指挥，派兵进攻武汉，后来桂系败退，李宗仁、白崇禧分别南逃广西。一段时间，这里人心惶惶，混乱一片。

在寂寞、不满和无聊的时候，凌叔华便用创作来打发日子。她给在上海的胡适写信，同时还寄去她新创作的小说《小哥儿俩》，请他转《新月》杂志，信中还说：

> 此间比北京自然说不上，一冬总是落雨，春来正庆幸可以享享阳光与自然界的美，又被什么战事闹得鸡犬不宁。最可惜的是武汉大学预计今秋可落成的依山临湖的新校址，又成云烟了。一天枪弹的钱，销去三两所大学的希望，这是想不到会这样快的！
>
> 志摩为梁任公跑了两次北京，听北京朋友说，他说话的态度很有些像三四年前的人了。小曼据说依然虚弱的很，她亦可怜，精神也振作不起来吧。
>
> 我们夏天还回北方，此间大约热得不堪，现在仲春已行路时出汗了。你们夏天不离上海吗？

四月二十一日接到胡适的回信后，五月十一日她又写信给胡适：

> 四月廿一的信收到，甚感朋友的勉励。自来武昌，一冬愔愔的白过了，到了春天，院子热闹，屋内稍清静，所以赶紧趁时写些东西。最近写了两篇，并寄上其一《杨妈》。不知你还记得四年前大家在府上吃饭，高一涵先生说故事，你代为悬赏征文的事不？当日我倒是认真想写，但又写不出来，后是大家都没有下笔，我也懒下去了。现在居然大家已经忘掉了时，我写了。如仍有赏，只好赏我一个人吧！（自然，及格与否，无比较也不能定）。这里面的女仆，是拿我用过的一个作模子，太太是我想像的好太太（听说高太太素有贤名），高先生我知道不多，不妥地方大约也不会有多少吧。这篇阅后，还望便中赐以指正。如果《新月》要用，就请你叫他们先抄一份下来，因我这一篇在六月中就得拿去印书的。如果你觉得可以注明这事实，就请注数语（最好只及事实的），我倒不是想因注而传流不朽，不过想着留一点纪念，叫读此篇的朋友知道，只有我一个人还未忘这件事吧了。

这一年，凌叔华先后创作并发表了短篇小说《小刘》、《小哥儿俩》、《送车》、《杨妈》、《搬家》、《女人》等作品。暑假从北京回来后，凌叔华又给胡适写信：

> 我们这里真是孤陋得很，朋友们也不会想到给这一个畸角的人们写封信的。我仍然度我看家生活，武昌是个具有中国城市各种劣点的地方，所以除了蹲在家里，哪里也别想去。房子又小院子又狭，阳光也不能看到一片！这种无聊生活怎好呢？写东西，总说那几个人，叫人都厌了，不说还不如不写好。
>
> ……
>
> 可怜活活的一个人，整天关在三四丈的几间小房里，除了吃睡之外，看书看得眼也黑了！

陈西滢致胡适的信中，也谈及了叔华的情绪：“叔华在这里，却实在是活埋。她时时闷得要哭，我也没有法子劝慰，也许有一天她连哭都不想哭了，那我们在别人看来是完了，在自己也许倒好了。”

昙华林居住时期的凌叔华，她不停到崇真堂附近的邮局发信、寄稿件，在这条一千二百米的东西长街上不知走了多少趟。如果脚印是时间滤光器的话，这条街上一定会留下她很有质感的脚步声响。

三

民国十九年（1930）九月十六日，沈从文因胡适中国公学离任，只身带了武汉大学的聘书，来武大文学院向陈西滢报到。

沈从文所教课程，还是新文学创作与写作，每周授课三小时，月新一百二十元。到校伊始，他给胡适写信说：

> 初到此地印象特坏，想不到内地如此吓人，街上是臭的，人是有病的样子，各处有脏物如死鼠大便之类，各处是兵（又黑又瘦又脏），学校如一团防局，看来一切皆非常可怜。住处还是一同事让出，坏到比“中公”外边吃饭还不如，每天到学校去，应当冒险经过一段有各样臭气的路，吃水在碗中少顷便成了黑色。到了这里，才知道中国是这样子可怕。

从这封信当可印证凌叔华的烦闷不无道理。

沈从文不上课的时候，便到凌叔华家看画为消遣，或到古旧书店买字帖，或到图书馆看书。还说“看的是关于金文一类的书籍，因为在这方面我认得许多古文，想在将来做一本草字如何从篆籀变化而来的书。”

在武大虽然过得并不愉快，但对于教学沈从文还是尽力把阅读和写作方面的经验，悉数留给他的学生们。何其芳、吴晗、罗尔纲等，都是受惠于他的弟子。

沈从文在武大上完第一学期的课，寒假便赶回上海看还在中国公学旁听的妹妹。在这期间，他还看望了丁玲、胡也频和他们的儿子。不久，因胡也频出席“第一次全国工农兵代表大会”预备会时被国民党军警抓捕，他接到狱卒送来胡也频的条子，便四处托人为他保释。经过丁玲与他的多方努力，最终归于徒劳，二月七日胡也频与柔石、殷夫、冯铿等，被国民党秘密杀害于上海龙华。此时寒假已过完，沈从文辞去武大教职，向徐志摩、邵洵美借了一笔路费，决定送丁玲母子回湖南老家常德。从湖南回沪经过汉口，沈从文和丁玲过江去看望武大的陈西滢、凌叔华夫妇。凌叔华在与著名作家李辉谈话时回忆了这段往事，内容大致如下：

> 他们来去匆匆，只在她家住了一天。她和丈夫曾陪他们在东湖浏览一番，第二天他们就上船了。她的印象中，丁玲的样子很憔悴，情绪也不高。在谈话中，大家都避免谈论她不畅快的事情。沈从文则顺便打听了继续任教的可能性，结果自然失望。

回到上海，沈从文正在四处谋职，突然收到徐志摩来自北京的邀请信。信上说“北京不是使人饿死的地方，若在上海已经感到厌倦，尽管来北京好了。”“你那么一个人吃得几两米？难道谁还担心你一来北京米就会涨价？”

沈从文听从了徐志摩的建议，于五月中旬离开了他生活三年的上海，又回到了睽违多年的北京。

就在沈从文来武大执教的同年秋天，袁昌英应聘到武大外文系任教。她带着女儿杨静远，从上海溯江而上来到武昌，和凌叔华住到同一个院落里。袁昌英母女的到来，解除了凌叔华许多寂寞和烦闷。

袁昌英号兰紫，在外文系教授戏剧；一八九四年十月出生，湖南醴陵人；早年留学英国爱丁堡大学，获硕士学位；一九二一年回国任教于北京女子高等师范学院；一九二六年赴法国研究法国文学；一九二八年回国后在上海中国公学讲授英国戏剧。袁昌英早在北京时就与凌叔华、陈西滢一同参加了新月社、《现代评论》的活动，相识相交甚好，还让出生不久的女儿杨静远认他们夫妇为干亲。

稍后，来武大教书的还有苏雪林。苏雪林幼名瑞奴，学名苏梅，一八九七年生，大凌叔华三岁，安徽太平人，一九一七年毕业于省立第一女子师范，一九一八年入北京高等女子师范学校，一九二一年毕业后赴法留学，先习美术，后改文学，回国后曾任教于东吴大学和安徽省立大学，那时她已有《绿天》和《棘心》两部作品饮誉文坛。

她们的相聚，给当时的武汉大学带来不小声誉，尽管凌叔华不在武大任职。她们三人形影不离，意趣相投，有时烹茗谈艺，有时连袂出游，有时捉笔润色，久之她们便得了一个集体号——珞珈三杰，意为三位是女中豪杰。

她们也是“珞珈山上的三个文学朋友”，亦都是自“五四”以来中国文坛颇有名气的女作家。凡在珞珈山住过的人，或与新文艺有缘的人，或从报刊杂志中，都会知道这三个人的名字：袁昌英、凌叔华、苏雪林。

袁昌英，是获得爱丁堡大学硕士学位第一位中国女性。她以现代主义重新创作话剧《孔雀东南飞》，散文《游新都后的感想》、《再游新都的感想》、《行年四十》等作品，开创了中国女作家的先河。

凌叔华以短篇小说《酒后》名世，著有《花之寺》、《小哥俩》、《女人》等小说集，亦是画坛高手。与冰心、林徽因被誉为二十世纪三十年代“北方文坛的三位才女”。

苏雪林是文豪苏辙第三十八代嫡孙，留学法国。著有长篇自传体小说《棘心》（中国第一部描写留学生生活的小说），散文集《绿天》（一些篇章被选入当时中学生课本），是李大钊、胡适的学生。

一九三〇年六月，闻一多先生辞去文学院院长一职，到青岛大学任教，陈西滢便接替他任文学院院长。

武汉大学新址建成后，学校教职员陆续从东厂口搬来。但真正搬完，已是第二年夏天了。

一九三二年五月二十六日，武大举行了隆重的新校舍落成典礼，蔡元培专程从南京赶来祝贺并讲话。他的讲话热情洋溢，称武大新校舍工程设计新颖，是国内大学最漂亮的建筑。

武大的教职员住宅区，是按级别划分的。教授们住在一区即“山前十八栋”。那是一排排依山建造的小洋房，一家独居或两家合住一个连体楼。陈西滢和凌叔华就住在一区的小楼里。

杨瑞六、袁昌英夫妇也搬到这里，住在最上排的三百二十七号。杨瑞六比袁昌英晚来一年，任经济学教授兼法学院院长。他早年在英国伦敦大学攻读经济学，与陈西滢是校友，回国后同在北大任教，现在又走到一起。

一个夏天的早晨，袁昌英穿了一身白衣服去文学院听课，陈西滢喊道：“男子，干啥子去?”

袁昌英小名兰子，同事们喊来喊去，便成了“男子”。袁昌英便借水行舟，以男子自居。

“到文学院去啊。”袁昌英答。

“这就奇怪了。”陈西滢说。

“奇怪什么?”袁昌英说。

“我们武大医学院尚未成立，白衣天使倒先飞来了。”

袁昌英这时才发觉陈西滢和她开玩笑，便也说：“你的文学院离这里也太远了，坐交通车都不方便。”

陈西滢说："把你的家搬到文学院顶上，那时你又要叫嚷不是远近，而是上下太麻烦了，我看你呀，顶好去学仙人的缩地术！"

袁昌英说："到你的文学院听法朗君训导，也是给你捧场啊。"

陈西滢便讽刺说："你到文学院听课，也是为了实现你的作家梦。你没听说过'舍命吃河豚'那句话吗？作家的味道胜过河豚当不止几十倍，岂不是拿十条命来争取？"

凌叔华在屋里听到这两位留英老同学打嘴仗，便跑出来说："大清早你这是干吗，兰子，别理他，女人穿衣服也成了他讽刺的话柄。我看他都成病态了，一句好听的话也不会说。"

院子里响起袁昌英的笑声。

这期间，凌叔华夫妇和袁昌英夫妇常在院子里品茗聊天，谈谈往事，叙叙友情，凌叔华初到武昌时孤独和苦闷，便慢慢消解了。

那是一个夏天的晚上，山上不时飘来阵阵槐花的香味，凌叔华打着扇子说："兰子，那一年奉军占领北京，你到法国去了，北京乱成一锅粥，到处抓人杀人，《京报》的邵飘萍也被抓去砍了头。《现代评论》也常被检查，朋友们的稿子都寄到我那里，为了保护好稿件，还得夹上一封假情书。"

"那你不成了大众情人了吗？"袁昌英说。

"是啊，为了刊物生存，只好这样。蔡校长、胡博士待在上海不回来，北大的许多教授也都纷纷南下。我和西滢结婚后，只好先去日本待一年，看看形势再说。"

袁昌英说："我很喜欢北京的文化氛围，父亲也在那里。一九二八年回来后，情况仍未好转，国民政府又要北伐，只好到上海找胡先生。”

凌叔华说：“西滢在日本就给王世杰校长写信，说武大要扩建，需要人，上海那地方我又不喜欢，所以就来了来武大。”

袁昌英说：“那可苦了你，打小在北京长大，到南方来一时怕不习惯。”

凌叔华说：“咱们这拨人聚到一起，慢慢也就适应了。”

陈西滢插话说：“用北方话说，那可是鲇鱼吃黄连，苦了大嘴了。”

袁昌英说：“你挖苦我们没什么，你可要善待这个小妹妹啊！”

隔着夜幕，凌叔华感到，陈西滢还是佩服袁昌英的，遇事比他达观。

生活有时会给人苦闷和烦恼，但也会给人以喜悦和收获。而苦难，总是给予那些敢于面对的人，然后在这之间，为他们打开另一道门扉，展开另一番风景。凌叔华没有把这段时间留下空白，她在等待中惊醒，在等待中超越，便是她面对苦难的一种深刻体会。

一九三〇年四月，继《花之寺》之后，她又出版了她的第二部小说集《女人》。这便是文学与生活给予她的双重回报。

这部小说集由上海商务印书馆出版，收入凌叔华近年发表过的短篇小说《小刘》、《李先生》、《杨妈》、《病》、《送车》、《疯了的诗人》、《他俩的一日》和《女人》等八篇。这部作品集仍以凌叔华熟悉的女性为主要描写对象，但在题材和主题上，比《花之寺》都有了新的拓展。

沈从文在谈到凌叔华小说特色时说，她“以明慧的笔，去在自己所见及的一个世界里，发现一切，温柔的也是诚恳地写到那各样人物姿态，叔华的作品，在女作家中另走出了一条新路”。“作品中没有眼泪，也没有血，也没有失业或饥饿，这些表面的人生，作者因生活不同，与之远离了”。“在写及的人事上，作者的笔却不为故事中卑微人事失去明快，它能保持一个作家的平静，淡淡的讽刺里，却常常有一个悲悯的微笑影子存在”。

甫来武汉大学的凌叔华，终于走出最初的寂寞和苦闷，她被生活中的人和事激励了创作热情，逐渐开阔了自己的视野，笔下的人物性格也变得多样起来。

四

民国十七年（1930）秋天，凌福彭的身体江河日下。

李若兰给在美国的小女儿凌淑浩一连去信，详细描述了她父亲日趋恶化的健康状况。并说她父亲已回到南方，在那里，他能够从床边的窗户看见他的荔枝林。看了母亲的来信，凌淑浩本想回去看望父亲，但又不能拖着身子去做这样一次远渡重洋的长途旅行。托马斯·道远·陈（即淑浩儿子）出生后不久，她又接到一封家信，告知她父亲去世了，家人把他埋在番禺。

也是那一年，凌淑浩在美国匹茨堡完成医学实习后，接受了陈克恢（协和大学淑浩的老师）的求婚，于一九二九年七月十五日，在巴尔摩小教堂举行了婚礼。

仪式过后，凌淑浩坐上陈克恢的“双门纳什车”，在去印第安纳波利斯的途中度过四天蜜月，陈克恢便接受了伊利·李利制药公司为期一年（研制麻黄）的合同，凌淑浩做他研究室的助手。之后不久，凌淑浩发现自己怀孕了，她穿着一件大褂掩盖了七个月。

以此推算，凌淑浩生下儿子当是一九三〇年的事了，而在《家国梦影》一书中魏淑凌写成“一九三三年秋”是不准确的。应该是婚后到一九三一年之前，她父亲从病重到病逝，她从怀孕到生子这段时间的事。

根据番禺深井村村志为凌志康提供的凌福彭的墓碑和材料所记，准确时间是一九三一年深秋。

凌福彭最早离开北京转道上海，又从上海回到广东城西荔枝湾，是在民国十六年（1927）春天，那时国民革命军北伐，占领了南京，时局很乱，上海（租界城市）成为比较安定的地方。受南方影响，北方的军阀政府也加紧思想控制，形势一天天恶化，加之学校常年欠薪，已不利于文化人的生存，因而许多学人纷纷南下上海谋职。胡适那时在美国访问，知此情况，干脆不回北京，直接去了上海。叶公超、梁实秋、刘英士、丁西林、饶孟侃等人，应暨南大学郑洪年校长之聘，也先后去了上海。

深井村村志提供的材料亦说，民国十六年（1927）凌福彭也去了上海，住在女儿凌淑萍家。因女儿与郑家结亲，凌福彭也与郑家父辈过从甚密，到上海后便与郑公馆比邻而居。

在上海住了一段时间后，外面传言，有人要绑架凌福彭，于是他便迅速离开上海，到广州荔枝湾“定香馆”二女儿凌雪山家居住。凌雪山的丈夫潘寿西是广州十三行富商潘文岩的后人，潘家原是福建同安人，乾隆间由闽到粤，入籍番禺。

导致凌福彭病逝的主要原因，是民国二十年（1931）秋天回乡祭祖。他不得不拖着病骨支离的身子，承担这次“主祭”之责，到深井后，是人们把他从车上抱下来的。这次祭祖，因路上受了风寒，回到广州他的病情便恶化了。

凌福彭病故后，在广州停柩“七期”，请僧人做道场，宾朋吊唁。深井村的材料说，他的棺椁是上等楠木做成，价值千两白银。到深井安葬，雇的是两只洞艇游乐船，一只运棺木，另一只运亲属，从珠江码头上船，沿江东下，再运到深井江沥海（村南边的河）码头下船，由杠夫抬往福旋冈墓地安葬。

凌福彭的墓碑是百天以后第二年壬申（1932）三月刻立的，碑文是：

清授　光禄大夫润台府君
　　　一品夫人先妣冯夫人　墓

民国壬申三月祀子启恂、启凇　孙念本、念赐、念曾、念珠立石

后来有乡人说凌福彭的墓地犯冲，“福旋者覆船也”。民国癸未（1943）孟冬，由叔华的兄长启恂、启凇迁墓地于大飞冈（坐寅向甲庚之原，向庚兼甲庚）。大飞冈在村北的飞鹅岭，珠江从脚下穿流而过，形如天鹅饮水，这里有深井八景之一“飞鹅饮涧”之称。

凌福彭的葬礼李若兰是否有偕女儿们参加，材料没有提及，查遍凌叔华的文字，没有一处写她父亲病逝的事，只是上世纪

五十年代在小说《古韵》中写了早年对父亲的记忆。而母亲李若兰用信件传递了凌福彭从生病到病逝的信息，成了家族中仅存的记忆，尽管时间上有些错位，细节应该是准确的。

呜乎！一代大儒凌福彭，就这样殒落了。

昙华林时代的凌叔华，接下来是否会走出生活的沉闷和寂寞呢？

第十三章　八宝箱风波

徐志摩搭乘中国航空公司飞机“济南号”，从南京飞抵北平，要去听林徽因为外国驻华使节作的中国古建美学讲座，在途经济南城南党家庄时，因天雨雾大，触山身亡。

一九三一年十一月二十日，北平《晨报》刊登了这一消息。

京平北上机肇祸，昨在济南坠落

机身全焚，乘客司机均烧死

[济南十九日专电] 十九日午后二时中国航空公司飞机由京飞平，飞行至济南城南三十里党家庄，因天雨雾大，误触开山山顶，当即坠落山下。本报记者亲往调查，见机身焚毁，仅余空架，乘客一人司机二人，全被烧死，血肉焦黑，莫可辨认，邮政被焚后，钞票灰仿佛可见，惨状不忍睹……这司机二人是王贯一和梁壁堂，乘客一人是徐志摩。

凌叔华听到这一消息，在脑海里划了一个大大的问号，心里想，这样一个有生气的人怎么会死了呢？也许是觉得日子太平凡了，存心弄点玄虚，来吓一吓他的朋友吧。

胡适（1891—1962）

这年二月下旬，徐志摩应胡适之邀来北大执教，住胡适家米粮库胡同四号的楼上，三月初便开始了紧张

林徽因（1904—1955）

的备课授课。六月，凌叔华从武汉回到北京家中。徐志摩午后到东城史家胡同看望她。第二天又约上沈从文、罗隆基一起到香山看望疗养的林徽因。第三天凌叔华又请志摩在家吃鲥鱼蜜酒。第四天应陈衡哲之约，凌叔华、徐志摩、杨振声等吃午饭看小曼临摹画卷。第五天凌叔华、徐志摩、杨振声、邓以蛰、沈性仁等晚上到北海聚会。

凌叔华清楚记得，十一月九日那天，志摩去看她时还说："明日要御风南去。"转而看到她的本子上抄着志摩一篇记游文章，旁边戏题着"志摩先生千古"几个字，志摩说："哪能就千古了呢?"第二天志摩没有飞成。他给她通电话时还顽皮地说："风太大，吹回来了!"

然而，志摩身亡的消息，终于从朋友那里得到证实。

十一月下旬，胡适和朋友们要为志摩编辑遗著，征集存在朋友中的信函，此事也通知了凌叔华。凌叔华在给胡适的信中讲了她和西滢对志摩的怀念。

> 今晚听炮响两声，坐在冷清灯影下重读志摩旧信，忽然发现了一页，寄呈一阅。这一页中令我想起彭春，他曾经与志摩互诉心曲而成知己的人，此时竟让他在海外瞎猜知己的生死，似乎太残忍了。不想，你知道他的

> 行踪了，如能通知他最好不过。……此刻重读志摩的信真是说不出的情绪，泪是可以把纸洗了。可是同时感到一种没有白来一世的自慰，因为在过去几年，竟真找到一个人间友谊比喻不上的一个人。他竟会因我诚恳迟钝的心灵，□□□□□□□的事物，因此产生不少精品。他的信我捡了两晚，除去一些涉人涉事或人以为故意自炫的外，其余的还一样不缺质与量的丰富与精彩。……通伯来信哀志摩的话有几句道着我们大家的悲痛。他说："尤其朋友里缺不了他，他是我们的连索。他是黏着性的发酵性的……以后谁能像那样多才？……"通伯可怜得很，因为家在摇曳风雨中的北方，国事欲哭无泪，偏偏在此时把个相爱的朋友折了，无怪他每上床时双眼闭不上，□□□□□□□□□□怕大不如前了。

十二月六日，北平在北大二院大礼堂设奠，胡适、杨振声、周作人、林徽因、凌叔华等到会致哀，北大师生纷纷排队参加。蔡元培、梅兰芳、杨杏佛、黄炎培等社会贤达送来花圈和挽联，白花花挂满了礼堂。那天，凌叔华写的怀念文章《志摩真的不回来了吗?》在《晨报·学园》发表。

> ……我呆呆等了三天电话，等到去济南探望的朋友回来，听他们讲志摩身体比其余两人完整多了。竟在空机架内度了两个黑夜（听到这里，我不禁还说这却是他平日所爱的昏夜梦境，又是听得到枭鸟怒号的荒郊——他诗的幻象）。可是这憔悴了的朋友，他不得不往下说志摩是已经装在棺材里了，上面有块玻璃，

只看见他的脸。呀，谁会相信有这样荒唐的事，把这样一个活迸迸的人儿，装在一只不见阳光，不沾风露的木匣子里？别是那个淘气精要同志摩开玩笑，故意做出这可怕的东西来恼他吧？志摩，我相信你会跳起来把这一个人收拾收拾的！

我就不信，志摩，像你这样一个人肯在这时候撇下我们走了的。平空飞落下来解脱得这般轻灵，直像一朵红山棉（南方叫英雄花）辞了枝柯，这在死的各色方法中也许你会选择这一个，可是，不该是这时候！莫非你（我在骗不过自己时，也曾这样胡想）在云端里真的遇到了上帝，那个我们不肯承认他是万能主宰的慈善光棍，他要拉你回去，你却因为不忍甩下我们这群等待屠宰的羔羊。凡心一动，像久米仙人那样跌落下来了？我猜对了吧，志摩？

我真不相信你永远不回来了，志摩！我们这群人没有了你这样一个人，我们怎么样过这日子？你不是对我说过，“我想我们力量虽则有限，在我们告别生命之前，我们总得尽力为这丑化中的世界添一些子美，为这贱化的标准堕落的世界添一些子价值”吗？现在这世界只有一日比一日丑化贱化，为什么你竟忍心偷偷的先走了呢？你难道不曾知道我们是没有对现世界下总攻击的力气吧？莫不是你畏难先逃了。可是我不相信你忍心看着我们跪向撒旦跟前讨饶，因为我们活着既没有勇气或性气做出一些事使得撒旦咬牙切齿，更没有胆子摸上他那条黑黝黝的道路。我们真不中用呀！志摩！我并不是编些话来哄你欢喜，说你是能干人，不过我们实在相信你是真的一个自己所说的“同情寻求者……也是一个价值寻求人”，你的性情，脾气，努力，已经证明你的寻求，有了一些着落（你看见你的几十个朋友在这几天内为你怎样心碎吧?）。在这种局促世界里但凡不是肠肥腹满白日也作梦的人，谁不是时时望着撒旦的伟大暗暗点头佩服。唉，志摩，我只听你一个人断然说过这样勇敢话：“我不能不信人生的底质是善不是恶，是美不是丑。是爱不是恨；这也许是我理想的自骗，但明知是自骗，这骗也得骗，除是到了真不容自骗的时候，要不然我喘着气为什么?”（这是抄你给我信上的话）。我们就不能像你这样肯自己骗自己，我们知道是骗着做的就要灰心丧气。你却不这样。你平常因为你的寻求使命，常常做出我们大家不肯做的事，到我们说你笑话你（虽然这说笑常是大人对自己孩子的态度），可是在今天我们想到你时，想到你的性气事迹，我们都含着泪点头了。志摩，你也知道吗？……

完了，完了，“让你的泪珠圆圆的滴下，为这长眠着的美丽的灵魂”真可怜吧，我此刻还得用你的话来还你，再也想不出一句美的句子了，也许是永远想不出了！志摩，你真的不回来了吗?

然而，志摩去世的阴霾在人们心头还没有飘逝的时候，凌叔华和林徽因为志摩日记的事却发生了一场纠纷。

早在一九二五年三月，志摩去欧洲的时候，便将他的一只小提箱交给凌叔华保管，半开玩笑地说，若是不能回来的话，你得给我写一传，这个箱子里有你所需要的资料。

这便是后来被人们称作的八宝箱或文字姻缘箱。

志摩从欧洲归来后，未将小提箱取走。徐志摩和陆小曼结婚南下上海，亦未将箱子取回。直到这次遇难，这只提箱仍存在凌叔华家里。

十一月下旬，凌叔华将“八宝箱”交给胡适编志摩文集。

十一月二十八日早晨，林徽因从胡适那里取走了这只箱子。她给胡适回信：

> 由您处拿一堆日记簿（有满的本一，有几行的数本、皆中文，有小曼的两本，一大一小，后交叔华由您负责取回的），有两本英文日记即所谓 Cambridge（康桥）日记者，一本乃从 July. 31. 1921（1921 年 7 月 31 日）起。次本从 Dec. 2nd（同年 12 月 2 日）起始，至回国止者。又有一小本英文为志摩一九二五年在意大利写的。此外几包晨副原稿，两包晨副零张杂纸，空本子、小相片、两把扇面、零零星星纸片，住址本。
>
> 注：那天在您处仅留一小时理诗刊稿子，无暇细看箱内零本，所以，一起将箱带回细看，此箱内物一是您放入的我丝毫未动，我更知道此箱装的不是志摩平日原来的那些东西，而是在您将所有信件分人、分数捡出后，单将以上那些本子，纸包子聚成这箱的。

十二月十日，凌叔华听说“八宝箱”落到林徽因那里，便给胡适去信：

前天听说此箱已落到徽音处，很是着急，因为内有小曼初恋时日记本，牵涉的是非不少（骂徽音最多），这正如从前不宜给小曼看一样不妥。我想到就要来看，果然不差！现在木已成舟，也不必说了。只是我觉得我没有早想到说出，有点对志摩不住。现在从文信上又提到“志摩说过叔华是最适宜料理‘案件’的人”，我心里很难过，可是没有办法了，因为说也是白说，东西已经看了。煞风景的事是志摩所恨的。我只恨我没有早想到。我说这事也没有什么意思，我并不想在我手中保管（因此时风景已煞，不必我保管，且我亦是飘泊的人），请你不必对徽音说，多事反觉不好。不过内中日记内牵涉歆海及你们的闲话（那当然是小曼写给志摩看的），不知你知道不？这也是我多管闲事。其实没有什么要紧吧。

后来，林徽因听说叶公超在凌叔华处看到了志摩日记，遂向她提出借看，不料叔华说“遍找志摩日记不得”，没有给林徽因。在胡适帮助下，凌叔华把日记给了林徽因，没想到收到的只是半册，而这半册日记，正好断在志摩见到林徽因的前一两日。

林徽因对此非常生气，只好再次求助胡适，十二月十二八日胡适写信给凌叔华：

昨始知你送在徽音处的志摩日记只有半册，我想你一定是把那一册半留下作传记或小说的材料了。但我细想，这个办法不很好。第一，材料分散，不便研究。第二，一人所藏成为私有秘密，则余人所藏也有各成为私有秘密的危险。第三，朋友之中会因此发生意见，实为最大的不幸，决非死友所乐意。第四，你藏有此两册日记，一般朋友都知道。我是知道的，公超和孟和夫妇也知道，徽音是你亲自告诉她的。所以我上星期编的遗著略目，就注明你处存两册日记。

凌叔华抗不过胡适的胁迫，把志摩日记送到胡适家里。十二月十四林徽因收到胡适转给她的志摩日记，看了看写道，这本日记是“一百二十八页”，“从一九二〇年十一月十七日开始”，“用‘计划得很糟’一句结束”。当日凌叔华写信给胡适：

外本璧还，包纸及绳仍旧样，望查收。此事以后希望能如一朵乌云飞过清溪，彼此不留影子才好。否则怎么样对得住那个爱和谐的长眠人！

你说我记忆不好，我也承认，不过不是这一次。这一次明明是一个像平常毫不用准备的人，说出话，行出事，也如平常一样（即仍然说一二句前后不相呼应的话，也□见□于人□），却不知旁人是有心立意的观察指责。这有备与未备分别得狠呢。算了，只当我今年流年不利吧了。我永远未想到北京的风是这样刺脸，沙是这样迷眼，省得总依恋北京。

胡适得到这些文件，在当天的日记中写道：“今天日记到了我的手中，我匆匆读了，才知道此中果有文章。”

“八宝箱”纠纷至此画上了一个句号。而这箱文件的最终下落，却成了世人皆知的八宝箱风波。

那一年，“八宝箱”纠纷虽给凌叔华添加了许多不快和烦恼，但是，随着女儿小滢的落生，却给她带来无穷的欢乐。

据陈从周说，他后来打听过这些文件的下落，林徽因得到的一部分，一直保存着，去世前全部销毁了。胡适保存的一部分，或许还在世。

徐志摩死后，在上海举行公祭后，棺木运回硖石暂厝，第二年春天各界签祭后，安葬在硖石东山万石窝。徐申如想让凌叔华题写碑文，但她一直未写。一九三三年一月三十一日还给胡适去信商量志摩碑文的事：

> 现在有一件事同你商量，志摩墓碑题字，申如伯曾来信叫我写，好久未敢下笔。去夏他托吴其昌催我，我至今还未写，因为我听了几个朋友批评所选“往高处走”之句不能算志摩的好句。去年方玮德他还提出那句“我悄悄的来，正如我悄悄的去”（《别康桥》），比这两句合适，我想了也觉得是，近来更觉得“往高处走”句有点符合“往高处爬”、“往高枝儿飞”种种语气，本来就有不少人以为我们的诗人是富贵闲人之类，如果刻上“往高处走”句，必定有人讥笑这是诗人生前本如随园的“翩然一只云中鹤，飞去飞来宰相衙”了。我想了差不多一年，总想写信同你商量商量，请你另找两句，至今日方有暇落笔。写倒是不成问题的，当然如果你们可以另找一个人写，我也很愿意奉让，因为我始终都未觉得我的字配刻在石上。

也许是抗战的原因，凌叔华又西迁乐山，奔父丧、母丧，后又出国，墓碑一直没有题写。直到一九四四年三月，徐申如先生去世，墓地亦选在东山志摩墓的左首，才由乡人、书法家张宗祥题写了“诗人徐志摩之墓”镌刻于碑上，立于墓前。

一九八二、一九八三年，凌叔华在英国收到陈从周寄给她的《徐志摩年谱》和赵家璧寄给她的“纪念徐志摩小曼”的文章，都提到志摩坠机后，胡适出面要求凌叔华把志摩日记交他的事。近年公开的胡适日记中写道：“我查此半册日记的后幅似有截去的四叶。我真有点生气了，勉强忍了下去，写信要这些脱叶，不知有效否……这位小姐今天还不认错。”凌叔华读到日记非常生气，她给陈从周回信诉说自己的心中不平：

> 日来我平心静气的回忆当年的情况，觉得胡适为何要如此卖力气死向我要志摩日记的原因，多半是为那时他热衷政治，志摩失事时，凡清华北大教授，时下名女人，都向胡家跑，他平日也没机会接近这些人，因志摩之死，忽然胡家热闹起来，他想结交这些人物，所以得制造一些事故，以便这些人物常来。那时我蒙在鼓中，但有两三朋友来告我，叫我赶快交出志摩日记算了。我听了她们的话，即写信胡适派人来取，且叮嘱要交与小曼。但胡不听我话，竟未交去全部。小曼只收回她的二部日记。
>
> 那时林徽音大约是最着急的一个，她也来同我谈过，已交适之了（那时适之正办《独立评论》，他要清华北大的名教授捧他，所以借机拉拢他们），那时公超和陈之莲都是被拉的人，他们话中示意过，沈性仁和

陶孟和、杨今甫也示意过，可怜我一个不懂政治热的人，蒙在鼓里，任人借题发挥，冤枉了多少年！半个世纪后方始明白这个冤枉。……我对胡适的指名要我交出，不免发生反感。但是后来我被朋友警告交给胡适了，他也交与小曼及徽音他们二人的日记了，他在自己日记上仍写存在我处。

半个世纪前在北平发生的八宝箱风波，又一次在凌叔华心里掀起一层不平静的波澜。

第十四章 踏歌山水间

一

徐志摩的八宝箱真是一只潘多拉的盒子，一旦打开，那信件，那日记，一时间便成为世间的魔鬼，让凌叔华吃尽了苦头，如梦一样缠绕着她，甚至成为一桩排遣不去的心结。

她想重构自己的生活，不在这件事上徘徊，于是用翻译来消弥心中的不快，她找来奥斯汀的小说《傲慢与偏见》，便信手翻译起来。

她很欣赏珞珈山十八栋房舍，就像结婚时吴昌硕祝贺的那样，她想把它打扮成真正的“双佳楼”。除室内精心装修布置外，室外还栽种了几株木笔（紫玉兰），这是她喜爱的花树，童年只在北京潭柘寺见过。翻译累了的时候，她走出室外，可重见栉次鳞比的屋顶和澄波荡漾的湖水，看亲手栽下的木笔发芽生长，不知不觉间春天在她的笔下溜走了。

时间转动，但她翻译依然不易。

当书稿翻译到一半儿的时候，外面传来消息说叶公超也在翻译这部著作。她放下手头翻译，给叶公超写信，希图说服他不必撞车，免得重复劳动。她选择暂时把书稿放一放，谁知这一放，此书的翻译再没有继续下去。

秋天到来的时候。袁昌英要为父亲袁雪安老先生过六十大寿，拟到南岳衡山佛寺进香，征求凌叔华能否同行。她没有多想，便答应了。她厌卷了这万丈红尘给她造成的烦恼，寄情山水，接物利生，也不啻是改变生活方式的又一途径。小滢由保姆带着，她无须操心。她在《衡湘四日游记》开篇写道：

兰子说他们后日便到长沙省亲兼游南岳。我也没顾得问可否带我同去，立刻便说：“我跟你们去。”在中国游一处山水，向来是件大事，尤其是女子，旅行有种种困难，这不能怪我抓到一个机会不肯放手吗。

两日后的下午，他们从武汉通湘门登火车，第二天早上在长沙下车，随袁父派来接站的人出了站，然后到了袁宅。袁老先生已办好上山的手续，下午二时便可动身。

八角亭是长沙最繁华的一条街。她与袁昌英到九如斋买好了上山的食品，便按时起程了。叔华写道：

下午二时半，乘人力车去汽车站，此行因有十余人，所以包了一辆公共汽车，我们上了公共汽车，风驰电掣的开到城外汽车道上。

他们一路上车下车，上船下船，再乘车，驻足的第一站便是祝圣寺。

祝圣寺的建筑，是以招待香客为目的，除了两座宝殿及两偏殿外，后有两进大厅及客堂，都是给香客下榻的。我们被引到最后一层客堂去，中间是一敞厅，陈设一如俗家规模，两旁是卧房，内有板床布帐被褥，看去尚可用。洋油灯、面盆、厕所都还应有尽有。

他们在这里吃过晚饭，听过念经，就进卧室休息。天刚亮大家就起来了，凌叔华到前殿闲看。早饭后袁昌英、杨瑞六等为杨老先生祝寿。大约九时，山轿来了。大家上轿向山上进发，途中经过圣帝庙、日光神桥，不多时就到百步云梯了。叔华怕落后，也上了轿。转过几座山前面就是半山亭了，大家下轿参观，修路的工程师邀袁老先生等人入室饮茶。

> 我们出半山亭，再上五六里路，转到一石坡，上有古柏十余株，中有新建半西式石屋一座，下轿上前去看，方知是邺候书院。相传李泌贫贱时，常在坡上读书。有一高僧知其非凡人，煨芋给他吃。地下倒有石匾煨芋处及邺候书堂两个，乃清初人写，字迹挺秀异常。新刻在石屋之匾实望尘莫及，但事实上一则高踞凌人，一则委之泥沙，邺候有知，当也太息吧。

下面是下坡路，凌叔华未再乘轿，独自走下坡来，她拿出写生本，随手画了书堂山景。随着天气晴朗，新修的大路也开阔起来。往前不远，高坡上的石屋便是南天门了。轿夫在石庙前停下来喝水，大家边看石庙边等候他们。天近中午时候，到达山顶，大家下了轿，向祝融宫走去。

> 那里供奉的是祝融神，大约取意是南方属火，故南岳帝当是火神了。祝融宫是大石块筑成的，屋顶铺瓦是铁的，以防风高吹去。宫之建筑，朴实无华，颇有古风，宫内香火甚盛，神前陈设亦颇不凡。庙址不过五六丈宽大，大石块颇多，远望有伏龙卧虎之致，气象宏壮。

凌叔华在山上徘徊时，居然吟了一首诗，末两句是“七十二峰齐俯首，依稀仙乐动天风。”十年不做诗了，偶成此句，倒是值得纪念。回程在上封寺用饭，饭虽不丰，却香得很。饭后送了香资，乘轿原路返回。到了圣帝庙，付了轿资，便在此住下，等第二天早上汽车接他们出山。

下山仍走旧路，路过湘潭时小作游览，其街市可与普通省会相比，酱园、米店等规模宏大，酒楼茶肆应有尽有，街道长石铺路，走了半个小时街市，竟无一个乞丐相遇。

> 我们找到一处饭馆吃中饭。地方尚属宽敞干净。我们进门便吩咐少放辣子，开出菜来，碗碟内红绿的却都是辣椒。我下了几箸，已经眼鼻淌水，抬头看看他们湘南人，以为他们必不如我们狼狈了。谁知桌上没有一个不面红汗流，一边却很得意的吃着。

饭后已近三时，他们匆匆渡水上车，到长沙城内，已是上灯时分了。

南岳之行，让凌叔华饱尝了衡山灵光独耀的性灵，一扫积在心上的阴霾，创作的灵感又被激活了。

需要补充的是，这位袁雪安老先生，也是一等风云人物，早年入日本早稻田大学，与蔡锷将军是同窗好友。回国后他曾先后担任北京民国大学代理校长，湖南省代省长，云南、山东财政厅长，湖北省委秘书长，告老还乡后寓居长沙。就在这次南岳之行的第二年，便因癌症病逝了，享年五十九岁。他的小夫人是贵州人，后嫁戏剧家、文化部副部长丁西林先生。

二

凌叔华从南岳衡山回来不几天，忽然接到诗人朱湘由汉口一个旅社寄来的信，说有事访她。

朱湘是安徽太湖人，一九〇四年生于湖南沅陵，号子沅，十七岁时考入清华留美预备学校，加入清华文学社。在那段时间，便开始了诗歌创作，有些诗常交徐志摩在《晨报副刊》发表。朱湘虽是文学研究会会员，但他的诗风很像新月派诗体格律，加之他与新月社人员交往密切，朱湘也可以说是新月派诗人。《草莽集》便是他那个时期的作品结集。

也就是在那个时期，他认识了文坛新秀凌叔华。

一九二七年凌叔华婚后去了日本京都，朱湘则赴美在罗伦斯大学进修拉丁文、法文及英国文学，后转芝加哥大学进修希腊文、比较文学和德国短篇小说。一九三〇年朱湘从美国回来后到安徽大学任教，后来当了英文系主任。一九三二年五月，朱湘在聘人与欠薪一事上与校方发生矛盾，便辞职不干了。他表示不再当教员，宁肯当一个行乞的诗人，过飘泊的生活。

过了几天，朱湘果真来到了珞珈山。

几年未见，凌叔华几乎认不出这位当年风韵潇洒的诗人朱湘了。他穿一身破旧的短装，面容憔悴不堪，连长衫都没有穿。

凌叔华说："子沅，我们从二七年别后，已有五年不见面了，听雪林说你在皖大教书，生活得很不错。"

朱湘打断凌叔华的话："瑞唐，别再提皖大了。我这个人的性格你是知道的，那些蝇营狗苟的事我不懂，也做不来。"

凌叔华说："你说的对，这个社会对我们文人真是不公道，武大有些事不比皖大强多少，西滢有时也为此呕气。这个社会，逼着你也得学点为人之道，不然你就无法生存。”

朱湘无可奈何地叹了口气。

凌叔华说：“你途中被窃的事，那天雪林也和我说过，我也很同情你，我这里有几十元钱你拿着，也帮不上太大的忙，你做个回家路费吧。”

朱湘接过钱，道了声“谢谢”。

凌叔华领他到合作社吃了顿晚餐。分别的时候对他说：“子沅，今天就不留你在学校住了，你知道近来战事频繁，国民政府发了剿匪区保甲训令，谁也不敢留客。”

朱湘说：“晓得，晓得。”

朱湘走后，凌叔华就再也没有得到过他的音讯。对于这位有才华的青年诗人，见到他穷愁潦倒的样子，她爱莫能助，心中十分惋然。

过了几天，朱湘的夫人刘霓君来访。她告诉凌叔华，听说朱湘在路上被窃羁留武汉，就从长沙赶来了，可是他先一天走了。

刘霓君于一九二三年在上海与朱湘结婚，先后生了一男一女。以前夫妻感情极好，现在常常吵嘴，朱湘闹着要离婚。她现在带着孩子住在长沙的娘家。这段时间刘霓君到处找他，偏偏事不凑巧，朱湘去了，她来了；她去了，朱湘来了，走马灯似的转，彼此总是碰不上头。她结婚时的一条金项链，当了三百元，就在追逐中花掉了。

刘霓君还告诉叔华，朱湘有时也很伤感，他对我说：“我们不该生下小沅来，让他在人间受苦！”他又说：“恐怕我要走在你们前面了！”有时他半夜醒来，对刘霓君说：“你要替我抚养我们的小沅和小东啊！”

凌叔华对刘霓君很有好感，她不仅通情达理，而且长得非常美丽。听了刘霓君的诉说，凌叔华隐隐感到朱湘近来的思想变化有些不对头，她也只能劝刘霓君多照顾朱湘和两个年幼的孩子。

翌年的十二月，上海朋友传来了朱湘从由上海去南京的船上跳江自杀的噩耗。

朱湘的去世，凌叔华非常伤感。这个驰聘文坛的青年诗人，因穷困只活了二十九岁，像一颗流星，转瞬间便也陨落了。

凌叔华又失去了一个挚爱的文友。

三

一九三二年十二月二日，胡适应邀到武汉大学讲演，因还有其他几所学校要去，日程安排很紧，武大的讲演只好安排在下午。

胡适与凌、陈夫妇的关系非一般人可比，中饭便安排在凌叔华家里。饭前，凌叔华拿出她的绘画作品给胡适看，尤其是不久前去衡山的那些画稿，令胡适大为感叹此次到南方却没有机会到衡山一游。

凌叔华常向胡适诉说自己的痛苦。眼前居住条件虽然改善了，她的“家属”地位却没有改变，憋在心里的怨气常有发泄，“可怜活活的一个人，整天关在三四丈大的几间小房里，除了吃睡之外，看书看得眼都发黑了。”

胡适在上海时托陈西滢安排沈从文的事，尽管超出陈西滢的职权范围，竟然意外的办成了，要知道他对妻子的事都不愿向学校领导张口。凌叔华知道西滢为人的态度，加之小滢出生等事，他也爱莫能助。不久前她还在信中给胡适诉说：

> 一个女人是怎样心乱得可怜。尤其是不甘心光做主妇的人……他们要你怎样你怎样，一不留神便有别扭出了。一个有丈夫的女人真是公仆。因为自己名义上没有按月按日的正当收入，故一切人都把你当作被人豢养的。

凌叔华是知识女性，她的想法不无道理，而陈西滢结婚前恐怕没有想到这一层。

四

一九三四年八月，陈西滢和凌叔华回北平度暑假，在一则广告的鼓动下，终于圆了凌叔华童年登泰山的梦想。陈西滢也很理解妻子的愿望，亲自跑到旅行社，购买了去泰山和曲阜的往返旅游票，决定次日即刻出发。

凌叔华翻了一下日历，第二天是八月二十二日。

他们乘午后三点十分的车离开北平，二十三日下午五点半到达泰安，安排好宾馆食宿住下。第二天早饭后在大路上每人叫了一乘二人抬山轿，一步一颤地奔泰山而去。

进入岱宗坊便走上登山之路，他们经玉皇阁、关帝庙、“孔子登临处”、红门、万仙楼，便到了有名的斗母宫。

斗母宫是依山而建的一座庵庙，明清时香火很盛，尼姑能琴善诗，貌艳如花，留下许多风流传说。他们问起从前能弹古

凌叔华泰山之游

琴的老尼姑，被告之四年前已经化去。现在这里只有六七个人，但辈份却排到了四代，最小的还是个孩子。

上行二三里，便是石经峪。一块十来亩大的摩崖，卧碑上刻着金刚经，字大如斗，是六朝人的遗作，原有千余刻字，现只剩三百多字。工人拿着墨棰拓字，特拣出可成联成对的字出售。凌叔华未有买字，只照了几张像接着上山。

再过壶天阁、药王庙、中天安即到了步云桥。

凌叔华喜水，凡有瀑布处，不辞崎岖都要上前一看，然这里瀑布只是平常，她只让陈西滢给她照了几张像留作纪念。鉴于这里山景甚佳，照相不能达其高远，叔华便坐下来写生。

走到五丈夫松，时已过午，叫茶点菜，伴以自带面包佐餐。吃过饭再上路，过天街、碧霞宫、东岳庙，走小路上玉皇顶。他们看无字碑，探海石、孔子庙。泰山是五岳之尊，许多文人雅士不远万里前来寻访，一睹山的神奇。他们也不放过这个机会，周游一圈，陈西滢跑到崖上，登高望远，叔华戏他摄影留念。因未安排第二天看日出，且已下午四时，他们便结束泰山探访，照原路下山。

回到宾馆付完轿资，已是晚上七时半了。

第二天一早，由泰安乘头班火车去兖州，再从兖州乘人力车。三十五里平林秋野，他们坐的人力车如庙会上的旱船，一路狂奔，到曲阜城门已是十点三刻。

进城又是走街串巷，到孔庙，已是十一点半了。

他们从孔庙正门进入，先看了孔子讲经处，再看大成殿。内有孔子塑像、乾隆写的“万世师表”、孔子周游列国刻石、孔子家谱碑、孔宅故井、习礼堂等。出庙已是午时一点多了。车夫带他们到酒馆用餐，饭后两人又乘人力车到孔陵参观。叔华写道：

> 出北门约行四五里，便望见一条路上都是枝干枒杈的古柏，中间夹着两座白石牌坊，映着蓝蓝的天，美极了。这条柏林，约有一里多长，我们从旁穿过去，可看到全景。若在路上走，可以享受到浓荫奇香。车夫似乎不知道我们意思，他们在外面走了一会方才到柏路上去。

他们到第二座石坊下车步行，从中间穿过去便是孔陵正门。两旁有华表、石豹、石马、石俑，直对中间享殿。殿后有碑亭数座，都是皇帝祭孔时的纪念，内有宋真宗、清康熙和乾隆的御碑。

他们在御碑亭前喝茶，守陵人向叔华说：

> 孔陵周围十余里，现在坟地一天比一天增加。凡孔姓成过丁的都要葬在这里墓地。一年少说也有二三百起葬事，每天至少有一次送殡的，多时还有两三起……

守陵人的话或许要打折扣，但上述数字也真是可观了。

在回兖州的路上，叔华感叹：“中国人生活的太苦，孔子帮不了什么忙”，他做了几千年帝王的清客，睡在偌大墓地，未免使这好好先生太难为情了。

结束了泰山、曲阜之行，回到北平，她便秉笔疾书，写下了那篇《泰山曲阜纪游》的长文，刊登在《国闻周报》上。淤积在心里的孤寂和困扰，此时她仿佛释然了许多。

行走在山水间的凌叔华，大自然装饰了她的梦境，那一抹云、一座山、一泓水、一株树，无不在她心里恒久地回荡着。给了她气蕴，给了她秉赋，同时也给了她无尽的爱，艺术的情趣不就是这样陶冶出来的吗？

第十五章 主编《现代文艺》

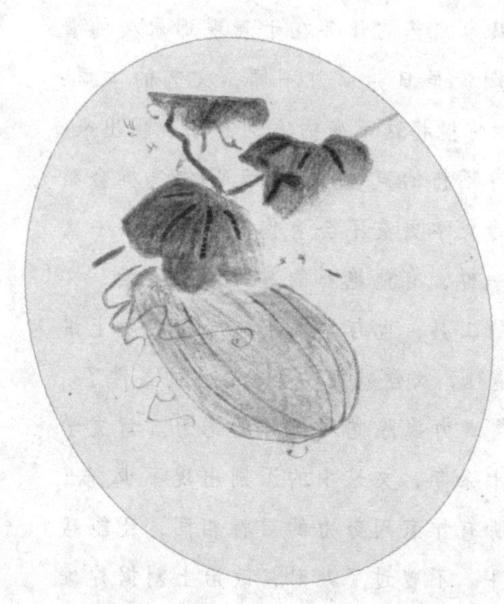

一

一九三五年二月，珞珈山十八栋门前的木笔（玉兰）又吐出新绿，山下桃花含苞待放，所有的景物都为春的颜色打开着，惠风和畅，绿意盎然，这是武汉三镇一年中最美好的季节。

在几位文化界朋友的倡导下，凌叔华接手创办了武汉日报《现代文艺》副刊。开始，她和几位朋友交换过几次意见，但没有议出什么固定宗旨。刊物出版在即，她只好写了几点开场白。

> 第一，我们不想借本刊宣传什么主义。普遍化是哲学理论重要的性质，人类原是哲学的动物，所以什么东西都喜欢叫它普遍化。照旧说便是“一以贯之”的道理。文艺与人类的关系极为密切，当然不能让它例外。……我们以为文艺的任务在于表现那永久的普遍的人性，时代潮流虽日异而月不同，文艺的本质，却不能随之变化。你能将这不变的人性充分表现出来，你的大作自会博得不朽的声誉，否则无论你怎样会跟着时代跑，将来的文学史决不会有你的位置。……文艺也似其他学术一样，有他绝对的尊严的独立性，文不能做任何主义的工具，也与学术不能专在实用上讲一般。不明白这道理，文学就失了唯一存在的条件了。
>
> 第二，我们想竭力戒除党同伐异的恶习。新文学的历史仅短短的十余年，文坛中的派别出现不少。五四运动初起时，所有作家因努力的目标相同，还能站在一条战线上奋斗。不曾过了几时，政治上割据称雄

同室操戈的习惯，就传染到文学上来了。……新文学前途的发展，无形中不免受其妨碍，那就不可等闲视之了。门户之见，贤者不免好名之心，又为人所同具，也许我们会重蹈覆辙而不知，所以将这一点拈出来以为自己警惕之资，并为同志之鉴戒。

第三，我们愿借本刊尽一点提倡健全文学的义务。在混乱，昏浊，矛盾，顽固，轻浮，嚣张的现代中国社会中间，愈是带着病态的东西，愈容易存在，愈容易繁荣滋长。好像一沟臭水，含垢纳污，一切不洁净的虫豸依以为家。新文学初发轫时，大家提倡“人的文学”，态度颇为严肃，主张也极正当。……自从革命文学呼声起来后，这类文学渐现没落，但其潜势力尚不可侮。而且病态文学一名词包括的范围很广，我们可以叫那些满足官能，刺激色情的，肉麻淫猥的小说为病态文学，我们也可以叫那些动辄以天才自居、歌德自命的以夸大独自尊狂示范青年的诗文为病态文学。既然反对病态文学，就应当提倡健全文学了。什么是健全文学的标准，这很难说。大概与上文所述相反的，和有热烈的情感同时又有冷静的头脑，观察事理能直彻到底，不为表面现象所欺蒙，论断平允不偏激，不存成见，富于同情心，向上的志气和进取的精神的文学都可勉强够得上健全的条件。

第四，我们主张本刊对于艺术须力求其完整。我们都知道文艺像植物一样，从发芽至成荫，需要相当的岁月，术士用幻术造出的顷刻花不可信，暖窑薰开的唐花，也经不住严霜烈日的打击。种子下土以后小心灌溉培育，等候开花结果日子来到，这是园艺家惟一的途径。……

第五，本刊希望对华中文艺空气的造成可以有点帮助。北平是新文学的策源地，国民革命军北伐以前，北平俨然成为全国的文化中心，现在这个中心似乎转移到南京上海去了。但以历史的关系，北平仍有它的地位，所以华北华南文艺空气都很浓厚。只有华中仍旧沉寂得可以，尤其武汉三镇竟像一片沙漠似的，看不见一块绿洲，一弘清泉，可以供人生道途上倦客片时的休息。试问这是何等的干燥乏味！

凌叔华在《发刊词》的最后高声呼吁：

武昌为长江上游重镇，是辛亥首义之区，汉口是东方芝加哥，汉阳是中国匹兹堡，以形势和工商业区域论，又为全国的中心。若让其文化永落人后，岂非像蜡制人体模型一样，虽然具有美丽的躯壳而缺少灵魂吗？起来，同志们！我们把这首义之区的光荣城市再加上几分灿烂吧！我们把这片沙漠造成锦天绣地的乐园吧。起来，同志们，春天到了，晴丽的旭日照着，和煦的东风吹着，丝丝的细雨沐着，我们快拿起锄头来开垦。快把文艺种子撒下去，莫空度这时光，莫辜负这美壤，莫吝惜我们的汗水与精力，丰富的收获正在前面等着我们呢。努力！同志们，努力！

《现代文艺》创刊后，在最初的几个月经常闹稿荒，她就让熟悉的好友袁昌英、苏雪林、陈西滢、朱东润、沈从文、胡适、杨振声等写稿支持；实在赶不上的时候，她就亲自去写；她还将徐志摩的遗札、朱湘的遗作找出来发表，以解燃眉之急。

不久，凌叔华又收到向培良先生的《公开信》，她抓住时机，立刻在报上刊登了这封信，以鼓励读者积极参与这块新开垦的文艺“园地”。

> 你给我们的公开信，已经解读。不胜欣幸。我们办本刊的动机，只不过想在华中寂寞的文坛呐几声喊，现在居然有了空谷回音，我们很高兴，我们的愿望没有落空。
>
> 至于发刊词主张偏于消极方面，也有其原因。我们觉得文学的主张应从作品本身表现出来，而且文学的范围也如人生的一般广大，若拿一种主义或几个条件代表它，不唯有顾此失彼之嫌，而且也怕蹈买椟还珠之弊。这是我们不能不慎重考虑的。
>
> 我们很感谢先生的期望和鼓励。造我华中文艺空气，不是区区几人可以相负得来，还得先生与华中人士共同努力。本刊是公开的园地，希望先生及华中同好常常有文章见赐。

萧乾是经沈从文介绍，两年前在北京凌叔华的家中认识的燕京大学新闻系的学生，他大学毕业后，又经杨振声、沈从文介绍，到《大公报》接编该报的《文艺》副刊。为使平津作家能同华中读者见面，同时扩大刊物稿源，提升《现代文艺》在华中地区的影响力，凌叔华与萧乾建立了稿件“联号”。

一九三六年九月，为纪念《大公报·文艺》副刊创办十周年，该报发起全国性文艺作品征文，凌叔华和叶圣陶、杨振声、巴金、朱自清、李健吾、林徽因、朱光潜、沈从文、靳以等被邀请担任评委，并由萧乾通过信函协调意见。

这一年，凌叔华还参加由杨振声主办的第一届全国美术展，送去了自己的参展作品。杨振声不仅是一位德高望重的教育家、文学家，也是屈指可数的国画鉴定家。萧乾专程赶赴南京会展，为这次美展写了报道。

《现代文艺》创办将近两周年时，作者队伍已成方阵。人员之众，令人刮目相看。女作家有：

苏雪林、陈衡哲、凌叔华、徐芳、袁昌英、冷绡、杨刚、沉樱、罗洪、维特、陈蓝、冰心、蒋恩钿、谢缦、高青子、微沫等。

男性作家有：

陈西滢、吴其昌、石民、陈铨、徐转蓬、赵景深、方重、廷秋、朱东润、孙大雨、马文珍、沈从文、陈春随、朱光潜、徐志摩、朱湘、吴世昌、卞之淋、李畸、常风、陈瘦竹、李辰冬、李芒菲、孙洵候、李威深、田涛、芦焚、李辉英、林庚、杜秦、黄照、刘祖春、王西彦、胡适、杨振声、李影心、戴望舒、白坤、萧乾、李道静、刘恩荣、俞平伯、屈曲夫、严文井、李蕤、高植、陈荻、刘影酷、郑效洵、李寒谷、费蕾、靳以、费力夫、巴金、李健吾等。

仅从作者队伍的构成看，《武汉日报·现代文艺》副刊已跻身京津沪大报副刊之列。

二

一九三五年秋天，凌叔华接到在天津女师读书的张秀亚的来信，信中说她想趁她北平省亲之际前来拜访。这是联络作者的好机会，凌叔华不顾身体不适，即复信请她来平：

> 你想来平，我自然十分欢迎，但日内我因家妹去美非常忙碌，而我然须看医生去，所以不能即日请你来，你搭星期五（十月二号）下午的车来好吗？大约四时由津开，七时到平，到平即直来我家，我等你吃晚饭。大约也不用等你回信了。你在我家住一宵，星六在平玩一日，晚车回天津去。我大约星期或下星一去（南去）。东西非常乱，一点没有收拾呢。这一次会晤我很高兴，虽然我自愧没有什么才艺可以使人生（恨相见晚）的可能，但我相信我不会使人十分失望，我有的是真挚情感与直率谈吐，那是朋友们承认的。
>
> 这两天非常疲乏，字也写不成样。你星期五一定能来。我们大家谈谈，也许有些新灵感，这当然是我一方面希望你给我的。

信中提到“家妹去美非常忙碌”，即凌淑浩一九二四年赴美留学、结婚、生子后第一次回国探亲，凌叔华从武汉赶来与她相聚。

夜幕降临的时候，张秀亚在灯市口附近，终于找到了凌府朱红门户。

凌叔华穿一件绿色的衬衫，站在院内阶前，用微带广东口音的国语与张秀亚打招呼。

晚饭后，她领张秀亚到她那满是典籍和画稿的书房里聊天。

那书房很宽敞，靠窗摆着一道画案，堆了许多卷轴，一张宣纸上刚画了几笔秋山老树。室中央是一张精致的茶几，几朵向日葵插在一个黑釉瓦罐里。那瓦罐样式古拙，摆在这儿有一种奇妙的艺术感觉。

张秀亚问：“人家都说您的作品在描写上受了英国女作家曼殊斐儿的影响，而讽刺笔法上又像受了契诃夫与莫泊桑的感染，是这样吗？”

凌叔华说：“也许是受了他们的影响，但这三家的作品我还不曾看过，将来倒要好好看看。现在有一些人，好像唯美派王尔德幽灵附体了，整日价美呀艺术呀，美与艺术到底是什么，他们也许还不曾弄清楚。还有一些人，见到麦苗竟以为是韭菜，他却偏偏还要写农村，这不是很可笑吗？”

张秀亚问：“您现在写什么作品？”

她喝了口茶，摇着一把纨扇说：“我正在尝试用童话写一篇小说，即将发表在《创作十年》里。内容是三个人叙述一件事，竟变成迥然不同的三件事，足见人言可危。写童话实在是中国作家当务之急，为救救没有书读的孩子，也应该如此，尤其是一些女作家们。”

她们谈着谈着，张秀亚似不胜数百里车程的疲劳，小头一歪竟睡着了。

第二天凌晨，凌叔华带张秀亚到西斜街去看望沈从文夫妇。那一天沈从文正在家欣赏一些青花瓷器，看到满脸稚气、身材矮小的张秀亚，相视一笑说：“陈蓝（张秀亚当时用的笔名）原来是个小孩呀!”

在凌叔华的鼓励下，张秀亚不时有文章在武汉日报《现代文艺》副刊上发表。许多年后，张秀亚著作等身，文学成就斐然，成了台湾现代著名的女作家。

三

一九三五年末，凌叔华第三本小说集《小哥儿俩》由上海良友图书公司出版。这本小说集中有:《小哥儿俩》、《搬家》、《小蛤蟆》、《凤凰》、《弟弟》、《小英》、《千代子》、《开瑟琳》、《生日》、《倪云林》、《写信》、《无聊》、《异国》，共计十三篇作品。凌叔华在自序中说:

> 这本小书先是专打算收集我写小孩子的作品的。集了九篇，大约自民国十五年起至本年止，差不多近十年的工作了。排印以后，编辑者说这书篇幅少些，希望我添上几篇，这是后面几篇附加的原因。那是另一类的东西，骤然加入，好像一个小孩子穿了双大人拖鞋，非常不衬，但为书局打算，这也说不得了。
>
> 书里的小人儿都是常在我心窝上的安琪儿，有两三个可以说是我追忆儿时的写意画。我有个毛病，无论什么时候，说到幼年时代的事，觉得都很有意味，甚至记起自己穿木屐走路时掉了几回底子的平凡事，告诉朋友一遍又一遍都不嫌烦琐。怀恋着童年的美梦，对于一切儿童的喜乐与悲哀，都感到兴味与同情。这几篇作品的写作，在自己是一种愉快。如这本小书能引几个读者重

温一下旧梦，作者也就得到很大的酬报了。

这部小说集出版以后，茅盾以‘惕”的笔名，在《文学》杂志发表《再谈儿童文学》的评论：“凌女士这几篇并没有正面说教的姿态，然而竭力描写着儿童的天真等等，这在小读者方面自会发生好的道德作用。她这一‘写意画’的形式，在我们这文坛上尚不多见。我以为这形势未始不可以加以改进和发展，使得我们的儿童文学更加活泼丰富。”

细读这部小说集，写儿童的有十篇作品（其中童话一篇，日本为背景的三篇)，写现实妇女生活的两篇。写元代画家倪云林的小说一篇。

《小哥儿俩》描写的是七叔叔给小哥儿俩的八哥被黑猫吃了，小哥儿俩誓言要杀死它，然而当看到黑猫生下一窝小猫时，又怜悯的与黑猫示好了。《搬家》写枝儿回老家探亲，与四婆结下友谊的故事。《凤凰》则是枝儿在家门外用面捏“凤凰”，被人拐骗又被家人接回来的事。《弟弟》中未来的二姐夫答应给他找《水浒》画像“失约”，写弟弟心理变化的过程。《小英》因在三姑姑婚礼上见了“吓人的”婆婆，回家与祖母相哭，认为是受了婆婆欺侮，提出“三姑姑不做新娘子”的想法。《开瑟琳》和张妈女儿银儿到母亲房里玩，不慎将母亲手表玻璃打坏，银儿出主意埋到花园里，母亲回来后认为是张妈所偷被开除，后来母亲在花园里找到手表，开瑟琳看到后“全身不觉木了”。

以日本为背景的有三篇小说。《千代子》写千代子在家里和学校常常听到说中国人如何丑恶，而在洗澡时见到的恰恰相反，她便很自然地加入到“笑声”的行列里。《生日》所描写的是晶晶与父母在公园里共渡她两周岁美好生日的故事。《异国》是写中国女孩蕙感冒住院，与日本护理小姐的友谊。

《小蛤蟆》则是一篇别具一格的童话，写的是小蛤蟆渐渐长大了，它告别妈妈出游与蜜蜂、麻雀相遇对话，又回到妈妈身边的一段经历。故事以拟人化的笔法，生动、别致地刻画了小蛤蟆这个故事的“主人”，读来感人肺腑，令人耳目一新。

四

一九三六年十二月二十九日，由于各方面原因，《现代文艺》停刊。凌叔华怀着惜别之情，写了篇停刊词，发表在当日副刊版上：

> 这是本刊的末一期。出了这期，本刊便与读者诸君告别了。
>
> 本刊在去年二月十五日出第一期，到现在共出了九十五期，这不满两周年，不到一百期的刊物生命，固然不能不说是短促。可是在中国的文艺刊物里面，能够活这么长久，也已经可以不算是夭逝了罢？
>
> 是的，我们是说，活这么长久，这刊物存在的时候是活着的。它没有犯贫血病，也没有中风麻痹。它没有在病床上呻呻，延一天是一天，挨一个月是一个月。最初两三个月，我们也常常闹稿荒，常常有营养不足的恐惧。可是到了今年，我们无论在何时，都有十期以上的可以登载的稿件在手中。我们所感觉困难的，倒不是好文章的太少，而是好文章的太多。所以来到的停刊，是遇难而不是病故。

凌叔华在回顾了发刊词的意见，能否达到预定路线，以及作者队伍问题后，不无感慨地说：

> 编者最大的愉快，是这个刊物使他们认识了许多以文字为终身事业的青年；他们靠着薄薄的稿费，过着刻苦的专心著作的生活，他们虽然等着稿费过日子，可是写的文章可一点都不迁就世俗的嗜好，一点都不马虎。想着他们，对于这小小刊物停办，未免感到一点遗憾。
>
> ……
>
> 我们也要谢谢本报的主持人。要是没有他们的好意与同情，非但这个刊物不能得到它的两年的生命，而且不会有诞生的可能。
>
> 天寒夜长，风凄雨苦，我们打着这个小小刊物的丧钟。别矣！

两度花开，两度花落，凌叔华完成了她生命中一次灵魂的跨越，而《现代文艺》副刊在这个万象纷纭的园地里，无不蕴藉着作家们的真情咏叹，超越了时间，超越了空间，灵光独耀地闪耀在南国的星空里。

第十六章 婚外情事

一

一个二十七岁的英籍学人悄然走进凌叔华的情感世界。

事情还得从两年前说起。英国画家、评论家罗杰·弗莱(中文名傅来义)的妹妹玛格丽·弗莱随一个讲师团来中国，在武汉大学结识了陈西滢和凌叔华，回英后与凌叔华时有书信往来，还请她的哥哥罗杰·弗莱（1866—1934）画了一幅马的静物写生送给凌叔华。在这次讲师团活动中，玛格丽还认识了武大学生廖鸿英，并介绍她到牛津大学进修农艺学。因为玛格丽的介绍，廖鸿英在英国结识了布鲁姆斯伯里圈子里一些学人，当她得知在武汉大学的一名英籍教师即将离任时，便通过玛格丽推荐了朱利安·贝尔来武大接任。正是这个“浪荡子”朱利安的到来，打破了凌叔华、陈西滢一家宁静的生活。

英国诗人朱利安·贝尔

朱利安·贝尔是英格兰布鲁姆斯伯里圈子里的第二代人。

他一九〇八年出生，父亲克莱夫·贝尔放荡不羁，情人不断，后来与他的母亲瓦内萨·贝尔离婚。他的母亲瓦内萨是邓肯·格朗特的密友，也是罗杰·弗莱的情人。

朱利安小时候在阿希汉姆·查尔斯顿渡过，喜看士兵训练和打仗游戏；少年时在莱顿和欧文学校读书，渐长便开始到法国远游，读《著名的陆地战役》，喜欢打猎，尤以捕鹰和抓食肉鸟儿为最；在王家学院求学时，论文中留下无数军事谋略草图，拟获研究生奖学金未果，一九三〇年毕业后一直没有找到理想工作。其姨母弗吉尼亚·伍尔夫在日记中描述这个外甥："脾气暴躁"，"性情不羁"，"粗野但诚实"和"无法无天"。其生活极不检点，似继承了父母的衣钵，先后与十几名女子有染，直到武汉大学任职时，母亲还不放心他的性病。朱利安在一事无成的局面下，他更希望做一个"行动者"，来验证他的"军事理论"。

早在一九二六年，英国政府仿效美国政府的做法，通过清王朝庚子赔款决议，退款基金部分用于中英教育交流。中英文化协会与国立武汉大学签署的合同是委派朱利安·贝尔执教英语和英国文学两年，由于各种原因（可能是性病），他未能如期到任，发数封电报说明理由。委派时间应为一九三五年十月一日，包含一年考察期。教学时间每周九到十二小时，工资七百英镑一年，其中三百到四百英镑由所在学校支付，剩余庚子赔款基金支付，由英国政府汇出。校方同时还为其提供"适度的膳宿条件"，当合同期满或第一年之后有任何一方希望中止合同，校方将提供一百一十英镑的返程费。他的合同中方由武大校长王星拱和工学院院长、中英协会代表石英签署。

二

一九三五年秋天，朱利安·贝尔远渡重洋终于来到上海，而后从上海到南京换乘轮船抵达武汉。

到武汉大学报道后，受到文学院院长、兼外语系主任陈西滢和夫人凌叔华的热情接待。当天下午就被请到陈西滢家中做客，安排的宿舍也离陈家不远。凌叔华极尽地主之意，帮助朱利安采购用品，布置房间，还为他担任翻译和社交老师。

十月五日，朱利安·贝尔高兴地给母亲瓦内萨写信报告平安：

> 我是星期天早晨到的，终于到了，一切顺利。明天得赶紧准备了，很快就要开始讲课……我觉得这里的人都很可爱——我和系主任夫妇，还有他们的女儿待了一下午——小女孩大概六岁，很逗人喜欢，跟我也挺投缘。这里一切都不拘俗套——是个内陆的剑桥。

信中提到的系主任即陈西滢，妻子和孩子是凌叔华和女儿陈小滢。

朱利安也带着喜悦的心情，兴致勃勃地投入到他的教学工作。他在大学里是出了名的“诗人”，在教职员工名单上填写的是“剑桥文学学士；从事写作研究”。他讲授三门课程：英语写作、莎士比亚（每个班级十个学生左右），还有每周一次英国现代主义讲座，一共十六小时的课时。他不仅认真备课，还写教学日记，记下学生写作能力等。朱利安的热情和直爽性格很快拉近了师生间的距离，受到学生们的欢迎。

一周后，朱利安向母亲瓦内萨再次写信：

朱利安·贝尔的妹妹安吉拉与母亲瓦内萨·贝尔

> 系主任陈源教授还有他的妻子和我住得极近，他们简直就是天使……非常有修养：他是个批评家，翻译过屠格涅夫（此人也是戈尔迪的朋友）；而他的太太是一位（中国）画家，也写短篇小说，同时还是汉口一家大报纸的文学版编辑。我听说她被称作中国的凯瑟琳·曼斯菲尔德（又译曼殊斐儿），但我觉得在这个名号之外，她实际上更加复杂有趣，尽管她又娴静又文雅。

他还在日记中对武汉大学和陈氏夫妇赞誉有加，并把武大比作“剑桥大学”。

又过了十一天，朱利安在给他的母亲瓦内萨的信中写道：

> 随着我同陈先生一家的接触增多，在我眼里他们显得越发友好、敏锐而且聪明，他们是那种所有人都该全心喜欢的人。但到目前为止，我们之间还不能发展成为英国式的亲密关系，因为我们的背景不同，还因为一个

事实，就是我们认识的时间很短：所以我们不能讨论性和政治，而且我发现我们交谈时老是我在说，他们说英语自然不能如我这样流畅。我希望在这个月结束之前就可以开始学汉语。

朱利安感到，这里因地域和文化的差异，是不能随意谈论“性和政治”的。

上课伊始，他的教学工作是十分忙碌的。他把英国布鲁姆斯里的伦理道德、英国现代主义和文学批评，都列为他的授课内容。他想通过教学活动，让中国学生了解现代英国文学，并由此促进中国的文学尝试。

初到武大的时候，人们给朱利安取了个中国名字“培尔”，与他的名字朱利安·贝尔发音相近，有一股清教徒的味道，是“建立在古老传统之上的平静心灵”。后来这个名字成为埃迪·普雷菲尔等对他的戏谑之词。

三

朱利安·贝尔到武大仅一个月，便向他剑桥时期的朋友、财政部某官员的私人秘书埃迪·普雷菲尔说出了“他的爱情奇遇”。

他在一九三五年十一月一日给朋友的信中说，他对院长夫人产生了“柏拉图式”的爱，“她是一位官员的女儿，是中国最著名的画家、短篇小说家之一。敏感而细腻、聪慧而有教养，有时还有点使坏，最爱那些家长里短的故事，很有趣——总而言之，她是我所知道的最可爱最优秀的女人之一。”

剑桥的大部分朋友早知朱利安的多情倾向，并认为他是一个情种，爱情是他生活中“最重要的动机”。埃迪看信后要求朱利安告诉他“整个故事的经过”，毫无保留地告诉他，并“顺便问一下她的芳龄”。他答应朱利安“一定会保密，不会泄漏半点口风给别人”，“拿出你的小照相机，给她拍张照片”，还告诫朱利安“千万别跟你的院长陷入什么麻烦”。

十一月二十二日，他给母亲瓦内萨去信，宣布了他的“爱情生活”：

> 亲爱的内萨，总有那么一天，您要见了她。她是我所见过的最迷人的尤物，也是我所知道的唯一可能成为您儿媳的女人（她不是，因为她已经嫁给一个可爱的人，就是年纪大了十岁），因为她才真正属于我们的世界，而且是最聪明最善良最敏感最有才华中的一个。我不知道将会发生什么。我想等我康复后，我会让她更投入，我现在的身体并没有太大的问题——对我的影响和别人对我的影响都不大，但我很了解自己，有句话说得好，游行跟着旗帜走。

母亲告诫他，那是“极其危险的”。他随时可以回到英国，而“可怜的苏（sue）”将为你的越轨行为背负沉重的社会压力。陈源院长“颜面扫地”也远比在英国更为严重。

十二月六日，他给他的母亲写信说：

> 昨天我给你写信时，然后叔华来了。看到信，她对其中一段有关她的话大为光火，所以现在威胁说要中断我们之间的关系——感谢上帝，不是中断我们的友情。

今天晚上我们刚还大吵一番，搞得筋疲力尽，但是我想我最终能够说服她——我现在已经深深地陷进去了，如果不能让她回心转意我会绝望的。她绝对是我所爱过的最严肃最重要最成熟的女人——而且也是最复杂和最认真的，最善良最迷人的人之一。所以可以预言，暴风雨期已经到来。

一九三五年十二月十六日，是日伪组织冀察政务委员会成立之日，日本侵华魔爪伸向了华北，北平学生突破反动军警的包围，爆发了数万人的示威游。第二天陈西滢因事外出了，凌叔华去找朱利安商量她母亲在北平的安全问题。便是在这一天，朱利安与凌叔华的关系有了新的进展。十二月十八日，朱利安写信给他母亲说：

她走过来，坐在我旁边的沙发上——对我倾诉——我们经常这样——我抓住她的手——我感到她在回应我，几秒钟后，她就被我搂在怀里……她说，她过去从没有爱过……她说她什么也不敢相信了，现在却在努力寻找爱情、寻找某些可以相信的东西。

她告诉朱利安，她曾经爱过徐志摩，她与陈西滢的结婚是为了尽义务，是为了结婚而结婚。

关于爱没爱过徐志摩的问题，凌叔华一直讳莫如深，不肯承认。美国作家特丽夏·劳伦斯在采访她的女儿陈小滢时得到确认。

陈小滢说她母亲曾经“追求过徐志摩”，又说徐志摩“出国时（1923—1924）把许多书信和日记留给她。这些东西直到他去世时（1931 年）她还一直留着。我想当徐志摩的遗霜（第二任妻子）试图讨回那些信件时曾发生过不少不愉快。徐志摩还爱过林徽因，她也给他写过信。我不理解为什么从我母亲那里找不到徐志摩书信或诗歌的片言只字。我的猜测是她嫉妒徐志摩的朋友们，并且可能变成他秘密的敌人。我父亲是他的好朋友。我猜我父亲是经徐志摩才介绍给我母亲的。”

十二月二十七日，朱利安又给好友埃迪回信这样描述凌叔华：

> 她很害羞，言谈举止都显得害羞……这是迄今以来我最奇特的一次恋爱。她紧张而且热情，就像你的宿敌海伦（苏塔），她也总爱自我折磨、悲观，常需别人肯定。她们的嫉妒心都强，不愿意失面子。但另一方面，她聪明、可爱、敏感、热情，还是个狡黠的小说家。她是社交的完美导师，帮我挡去了无数的花招。

埃迪·普雷菲尔深知朱利安专爱与女人调情的一贯作风，处处带着布鲁姆斯伯里的习气，他建议朱利安注意流言，不要胡作非为。

朱利安并未听从母亲和好友的告诫，停止自己的“浪荡子”行为，反而变本加利地实施他的“情感攻略计划”，目标很明确，就是拉凌叔华和他“上床”，虽然他的性病使他不免尴尬。到一九三五年十二月底，他频繁地给他的母亲写信，竟有十数封之多。

四

一九三六年一月，他打算与凌叔华一起去北平待上三周，“到那里去同床”。

一月十日，他写信给母亲列出向凌叔华的“情感攻略计划”：

> 一、此事绝对保密，偶尔去汉口找宾馆过夜；
>
> 二、征得她丈夫同意后离婚；
>
> 三、她可以住到比较近的地方，我可以去看她；
>
> 四、我想办法调动到另一所学校去，然后她也可以去。如果事情发展到这一步的话，我可能和她结婚（我希望按中国法律办，因为这里离婚的程序简单一点，只要双方同意的情况下，公开宣布离婚即可）。

凌叔华在北京

凌叔华告诉朱利安，她与陈西滢的婚姻是出于“友好，责任和想要结婚”，这之前她与徐志摩曾有过恋情，尽管如此，她仍然是徐志摩的挚友。从上述攻略计划看，绝不是朱利安的一面之词，透着凌叔华的意志和信息。

凌叔华终于等来了去北

平的时机。一九三六年一月三日，在燕京大学执教的“姨母”克恩慈女士病逝了。

凌叔华与朱利安商定，骗过陈西滢的眼睛，她先一步到北平参加克恩慈的丧礼，朱利安晚一步赶去幽会。可是，凌叔华到北平后，“什么地方都不想去，什么人都没去看。在房子里穿了笨重的棉衣围着炉子都嚷冷（我本来不怕冷的），在很好的太阳里晒着也觉不到温暖。旁人却都说这几天忽然变得暖多了，你来得却是好时候呢。母亲怕我病了，劝我出去走走。我说：‘不出去也好，多走一处，将来多留一处凄楚的回忆。多见一个朋友，便多一次的感慨。’我心里其实想说将来中国死无葬身之所的话，怕惹老人家难过，只得默然了。”

这是凌叔华到北平的第三天，写在《悼克恩慈女士》文章中的一段话。从这段话看，凌叔华对母亲也未说实情。实际上她在心神不宁地等待着情人朱利安的到来。

朱利安大约一个星期后出发。动身以后，他给英国好友埃迪写信说：“我正在去往北京途中，在充满沙尘的北方平原上，我将与情人度过20天的假期。”

一月十七日，朱利安在给她的母亲的信中说：

> 有心理准备，“纸是包不住火”、也许需要寄钱给我支付回家的路费，或听到我和她结婚并在这里找到另外一份工作，或她自杀了，如她经常威胁的那样……这一切都似乎有点不真实。

第二天（十八日），他又给她的母亲去信：

> 我享受着生活，就像多年没有享受过一样：北京是世界上最伟大的首都之一，——有时就像巴黎一样奇特，你能想象还有什么比同一位情妇一起去巴黎更完美的事情吗？她对这座城市了如指掌，她委身于你，十分可爱，在饮食口味上也无可挑剔——是这个世界上浪漫男子的梦想……还有，我要结识中国和英国的知识分子，要去剧院，要去滑冰，还要做爱。

朱利安在另一封给母亲的信中说：

> 我们很快乐，傻乎乎的……我们在一家饭店里吃饭，不过，可叹的是，在这样一家中国饭店里，你没法炫耀自己的情妇，因为你完全被隔绝在小房间里。

此时，凌叔华被情欲之火冲昏了头脑，在朱利安面前大显自已的门第和人脉关系。她领朱利安到凌府家中做客，带他到沈从文家中赴茶会，还带他到齐白石家中为之求画。凌叔华也一改过去的装束，戴上精致的耳环，时尚的绒帽，风姿绰约，跟朱利安去拜访在北京的英国著名学者哈罗德·阿克顿。凌叔华在离开北京之前，还领着朱利安到西山郊游，尽管是寒冷冬天，但灰蒙蒙的山峦还是令朱利安激动不已。二月一日，他在给他的母亲的信中说：

> 在西山的日子里，我们看了许多寺庙。其中有些十分可爱，白色大理石的庭院，布局对称美观：许多装饰华丽的浮雕和一些美的雕塑。有一尊巨大的镀金睡佛，

我想象着哪位政界要人送他一双巨大的鞋子。然后，你在照片中可以看到，我们爬了一座小山，我真的爱上了西山。它是那样的山——从平原上看十分突出，其实它们跌宕起伏，就像旧日的青铜水牛一样，而且体积巨大，色彩浓厚。我真的能在北京生活的十分愉快，但我想我还是更爱查尔斯顿。

参观卧佛寺镀金大佛，令朱利安眼羡，他贪婪地想象，有哪位政界要人送他那双“巨大的鞋子”就好了。

北京之行还使朱利安做起了凌叔华家里的财产梦。

他设计凌叔华如果和陈西滢离婚，他鼓励她继承北京家中遗产，来维持经济上的独立。二月三日，朱利安给埃迪写信说，“相当幸运……能够拥有大笔财产，还能够通过写作和绘画养活自己”。并设想让凌叔华把那个“邪恶的姐姐”从家里赶出去，以便保住她的遗产。

年关的钟声就要敲响，凌叔华不得不回武汉同家人团聚。朱、凌北平浪漫之旅，就这样在“千金良夜”中落下帷幕。

五

凌叔华、朱利安从北京回来之后，他们时相过从，继续混在一起。

朱利安想帮助凌叔华把她的作品译成英文，办法是先由凌叔华翻译，再由他加工、修改。这些稿件被中国出版的英文杂志《天下月刊》接受，拿到英国的《伦敦水星》杂志却被拒绝。

六月初，妹妹淑浩和她的丈夫陈克恢从美国回来探亲，叔华接到母亲来信，便带小滢赶回北平与他们团聚。

凌淑浩的外孙女魏淑凌在《家国梦影：凌叔华与凌淑浩》一书中写了这次回北平的活动："七月和八月都在那里。在北京期间，与那些作家、画家和其他朋友见面占去了叔华很多时间，但这几个星期，凌家两个最小的姐妹又一次与她们的母亲住在了一起，在同一个屋檐下睡觉。姐姐淑芝也时常顺道来家里看看，拉着他们的儿子'汤姆'，买了玩具，到火神庙看木偶戏。淑浩还到曾经就读的协和医学院、冯耿光表哥家，和朋友们会面、吃饭、聊天。他们原想不久从美国回来，看到日本侵略的魔爪已伸到了华北，在亲友的劝说下，暂时打消了回国的念头。"

暑假到来的时候，朱利安和他的学生叶君健（后来成为作家、翻译家）、德里克·布莱恩，还有汉森·罗伊一起，前往西藏探险、打猎。他们先是乘船东下，游江西庐山。在途中，他给凌叔华写信说，这些人没有谁与"陪我共游北京的你相媲美"，他无限向往"大山、凉风和运动"。他还买了步枪，去牯岭射杀野猪，这使他兴奋不已。从庐山下来，朱利安等折而北返，向西经四川去西藏。尽管路程遥远艰苦，朱利安仍然激情满怀。途中他写下若干首诗篇，其中《交合之后》，写得是他与凌叔华的甜密回忆：

横越，跨过，纠结的蚊帐
脆弱的维纳斯，迷惑的战神
陷坑已张开铁网
锈痕斑斑，如潮涌的星
自然尚容许穿透
只挡在一层皮膜前

墨画的节肢动物可以生殖
在切嚓响的搏击中
螃蟹肢腿在海的拥抱中扣紧
咸味的黏液，向深海沉没
逃逸，海风飞过寒冷
绯红的落日，黑色的断树
陡峭的英格兰鸟语悬壁，直到老
在沙滩上纠结着，我们睡

诗的选题格调不高，但意象清新。尤其是诗的结尾声两句，独特新颖，很有诗的冲击力，如一束初夏的闪电，会将心灵灼伤。

在朱利安结束从西藏旅游回来的时候，廖鸿英和英斯·杰克逊从英国萨默维尔学院学习归来，英斯也是英国人，朱利安和她一见钟情，如一蓬野火倾刻间燃烧起来。

朱利安与英斯的传闻让凌叔华陷入狂乱，她一改过去的高雅与娴静，怒斥朱利安不负责任，并以死相威胁。她随身带着一瓶老鼠药和一把刀子，如若不然就吊死在朱利安屋里。

朱利安公然用种族歧视来回应凌叔华的挑战，盛怒之下说凌叔华是“中国式头脑”，“中国人是下等民族”，“一个贤明的帖木儿应该在全国范围内阉割他的男性公民，让女人同北欧的日尔曼或印欧的亚利安民族结合——所生的后代一定很不错”。

由于凌叔华的吵闹，迫使朱利安改变了态度。

此时武大管信件的人也从中得知了朱、凌不轨的信息，一时间传遍校园。后来廖鸿英将二人的暧昧关系传到陈西滢耳中。十月的一天，朱利安和凌叔华被陈西滢堵在屋里。陈西滢暴怒地“打碎门上的玻璃，想硬闯进卧室里去”。然而，他在冷静下来之后，以极大的宽容让凌叔华自己做出选择。由于双方都想顾及面子，凌叔华选择了断绝与朱利安的关系。而朱利安为平息剑拔弩张的关系，“以事不关己的立场辞职”，被迫离开中国。

至此，朱利安只剩下无奈和悔意。十二月二十四日，他在给友人埃迪的信中说：“愈加麻烦了，我对那事已经相当厌倦了……已不再合我口味了”。

朱利安在离开武大之前，这样写信给凌叔华：

> 有许多事情都将会非常好。最好的便是我们打败了法西斯，你们打败了日本，然后明年秋天你就可以来查尔斯顿……我们不需要再担心地位、传统、流言等等，只需要从此幸福生活。

是安慰，是怕凌叔华自杀，是画饼充饥？

此后，朱利安向学校假称先到南京，再转道上海，从上海离开中国。他还让轮船公司的朋友帮他作一份声明。实际上，朱利安是从武汉南下广州，再由此转道香港，乘船返回英国。而凌叔华假称回番禺老家处理父亲遗产，先一步赶到广州，与朱利安见面，共度最后时光，而后再送朱从香港上船。同朱利安一同回国的英斯也在那条船上，尽管朱利安力图不让两人碰面，结果二人还是碰上，不过都让他应对过去了。

朱利安在离开武大之前，陈西滢曾与他有过一次交谈，定下所谓“君子协定”。当陈西滢从廖鸿英那里得知凌叔华去香港和朱利安相会，即给他写信，指责他不守信用，“不是一个君子”。而凌叔华面对丈夫的质问，推说：“如果他想见我，我负不了责任。”

1937 年朱利安（左一）在西班牙前线

朱利安离开中国后，他仍不断与凌叔华书信往来。

六

一九三七年，朱利安回到英国后，不顾他的母亲瓦内萨·贝尔和姨妈弗吉尼亚·伍尔夫的劝说和反对，执意到西班牙战场参加了反法西斯“国际纵队”，并当了一名救护车司机。七月十八日在马德里之战中，他驾驶着救护车未能躲过敌人飞机的追击，被榴散弹炸死，埋在了马德里北部的弗伦卡拉尔。瓦内萨回忆说：“他伤势非常严重，不可能生还。医生告诉我朱利安表现得多么优秀，他带回了数以百计的伤员”。

朱利安战死的消息传到武汉大学，正值秋季开学之际，学生们为他开了追悼会，地点在文学院的第一教室。正在武大读书的学生吴鲁芹后来回忆，陈西滢以文学院院长身份出席追悼会并作了发言，说朱利安·贝尔是很有希望的作家，但是不知怎么忽然跑到西班牙去了，而且牺牲了性命。就在这时会场一角发出嘘声。当陈西滢走下讲台，一位学生就冲了上去，大叫贝尔先生是为主义而死，不懂的这个就是不了解贝尔先生，就不配来纪念贝尔先生。他一面指责墙上挂的大幅挽联："一方面是严肃的工作，一方面是荒淫与无耻"，送这副挽联的是抗敌问题研究会。他说这种不了解贝尔先生的行为，正说明他们一方面是严肃工作，一方面是荒淫与无耻。接下来就有人去朗诵挽诗，并有人带头呼口号。挽诗和口号都与贝尔不相干，肃穆的追悼会变成了群众大会。陈西滢坐在会场的第一排，不动声色，一直到散会，才默默地走出会场。

朱利安·贝尔去世的第二年（1938），由他的弟弟昆丁·贝尔编辑了纪念文集《散文、诗歌与书信》，由伦敦贺加斯出版社出版发行。

朱利安·贝尔生前写的《中国日记与笔记》，现存英国剑桥大学王家学院。

约翰·康福德、朱利安·贝尔合传《到前线去》，由两位英国学者撰写并出版。约翰是朱利安牺牲在西班牙战场的剑桥同仁。

凌叔华和朱利安·贝尔在武汉大学十六个月的婚外情，不管是帕特丽夏·劳伦斯所著《丽莉·布瑞斯珂的中国眼睛》，还是魏淑凌著《家国梦影·凌叔华与凌淑浩》，其资料主要来源于英国上述著作和资料。

直到凌叔华一九九〇年在北京病逝，她与朱利安·贝尔这段婚外情，世人也知之甚少。即使当年武大的老人知道一些内情，碍于传统，大都为尊者讳。

第十七章　内迁前夜

一

南京失陷之后，国民政府、救亡团体等大部迁移到有“九省通衢”之称的武汉。在“统一抗战”的旗帜下，国共两党再次携手，全民抗击日本侵略者的局面轰轰烈烈展开。武汉大学一时成了抗敌指挥总部，武大的操场也变成了军队的训练场。

一九三八年三月二十七日，中华全国文艺界抗敌协会成立。大会以国民党中央宣传部长邵力子为总主席，周恩来、蔡元培等十三人被推举为名誉主席团。会上推举老舍、郭沫若、冯玉祥、田汉等四十五人为文协理事。文协未设主席和副主席，由老舍担任总务部主任，负责协会一切工作。

陈西滢、凌叔华、苏雪林等亦参加了抗敌协会的工作，陈西滢被推举为抗敌协会理事。苏雪林为支援抗战，捐出了平时积蓄的三根金条。

一九三七年秋天，凌叔华在武汉接待了从上海流亡来的萧乾夫妇。

凌叔华对于萧乾夫妇的到来非常热情，马上腾出楼上房间，让他们住在自己的书房里。那时日机不断来空袭，凌叔华一家便和萧乾夫妇到湖区跑警报。

杨振声、沈从文这时从北平也逃到了武汉。

杨振声早在清华大学任教和燕京大学兼课时，就认识萧乾，他是萧乾走上文学道路的引路人。此时从凌叔华处得知萧乾失业，随即收为教科书编写班子的临时人员，萧乾夫妇也从凌叔华寓所，搬到杨振声在珞珈山脚下租借的住房。

由于同住珞珈山，凌叔华和萧乾、杨振声、沈从文这些老朋友常有往来。凌叔华不断给予这些朋友生活方面的照顾，然而，由于时局日紧，不容他们去谈论文学。国民党军队的节节败退，空袭日益频繁，这些成了他们谈论的主要话题。

这群文化人租住的珞珈山下的房子，门前有一个竹牌坊，上面有五个“福”字，他们就戏称为“五福堂”。杨振声是堂主，大家都叫他杨大哥。然后是沈（从文）二哥，萧乾是三哥，杨振声的大儿子是四哥，沈从文的内弟张寰和是五哥。一群人打破了辈份，平等自由，其乐融融。萧乾平时去武汉大学图书馆选教材，写讲解，遇到拉警报，就跑到附近小树林躲空袭。

暂时的喘息并没有持续多久，前线又传来南口、保定、石家庄被日军攻陷的消息，一批批伤兵接连运抵武汉。萧乾、杨振声、沈从文等打起行装，告别凌叔华、陈西滢夫妇，从武汉去长沙、又由长沙转到湘西沅陵沈从文大哥沈云六的家。

在这期间，陈西滢听说父亲被日军飞机轰炸亡故，便冒险回了一趟无锡老家，陈西滢的弟妹均在外读书，他只得把母亲和大姐接到珞珈山居住。母亲和大姐信奉佛教，便在家里摆起了灵堂，每天吃斋念佛，为死者祈福。凌叔华本就对陈家印象不好，此刻朝夕相处，亦无共同语言，她倍受折磨，只让女儿小滢中间跑来跑去，由陈西滢去照顾她们。

一九三八年四月，英国小说家克里斯朵夫·衣修午德和诗人W·H·奥登来造访武汉大学，凌叔华也参加了武大为他们举行的茶会。他们是为撰写一本中日战争的书来中国，尽管大家为战事“忧心忡忡、情绪暗淡”，然而凌叔华还是努力表现出了应有的镇定。她将自己绘制的扇面赠送给他们，上面不仅有淡雅的东湖风景，还题写了有关抗战的诗句：“正当举国同奋起，惊叹走笔忘吾哀”。她还为弗吉尼亚·伍尔夫准备了一份礼物，装在一只精巧的小盒子里，“衬垫上是一颗象牙雕成的头颅”，请他们回去代为转交，因为他们都是布鲁姆斯伯里文化圈子里的友人。

二

在国民党首府南京被困之时，从北方彻退下来的伤病员，也大量的聚集来武汉。面对当前抗日形势，宣传抗日救亡，唤起全民抗战意识，鼓励前线士兵英勇杀敌，成为全民不可或缺的工作和义务。武汉大学师生也成立了战地服务团，分批分期去慰劳武汉三镇从前线撤退下来的伤兵。凌叔华也参加了战地服务团妇女工作组，她与苏雪林选了一个平日慰劳人员去得少的汉阳。一打听，汉阳的伤兵医院不在汉阳的市中心，而是在汉阳南边靠长江边上的鹦鹉洲，总名称为第十五伤兵医院。

早上八时，她与苏雪林等十人从武昌渡江到汉阳，在那里雇了两条小船，装上两挑子慰问品便开船了。

走了一刻钟，她们才发现船并不是在江里走，而是在漫了水的陆地上走。凌叔华骋目环顾，到处一片汪洋，在浮出水面的房屋顶上，一丛丛树梢露在空中，远远望去，像一丛丛水草。就在这时，天上下起了霏霏细雨，即使打开雨伞，也不能完全遮住身体。已是十月天气，她们被这秋雨打得又湿又冷，不禁打起了寒战。

沿途人家房屋皆半截泡在水里，屋里只好搭起木板，一家男女老少，站在上面，守护着他们的绳床、瓦灶和破盆烂罐。这是他们唯一的家产。有的墙体因浸泡已大片脱落，豁开的墙用破席挡着，有的屋内搭起的木板已经倾斜，摇摇欲坠，这是日军轰炸造成的“人间地狱。”

一个多小时后她们下了船，走过一个臭水泥泞的夹道，这便是第十五伤兵医院。

迎接她们的是医院的吴主任，在他的引领下，从上午十点到下午三点，凌叔华、苏雪林等人共走访了四座伤兵疗养所。这哪里是什么医院，实际上是从前的会馆。但那些厅堂还算宽敞，空气也还流通。这些受伤的士兵躺在一排排病床上，铺着灰色军毯，盖着薄薄的棉被，身上穿着印有红十字的短棉袍。

凌叔华说："这样的床，让我们睡一天，准保会背痛。"

苏雪林说："看上去还好，比上海的伤病医院要好一些。"

她们分开与伤兵们谈话慰问。

这批伤员是抗战开始较早投入战斗的士兵。有宋哲元二十九军佟麟阁、赵登禹、张自忠师在北平、宛平战斗负伤的士兵；有汤恩伯的第十三军、高桂滋的第十七军在北平南口战役负伤的士兵；有孙连仲、曾万钟、关征麟部参加河北保定会战负伤的士兵；还有参加上海"八·一三"淞沪会战负伤的士兵。这些士兵有的来了一个月，有的则刚来一个星期。士兵大部分是炮伤和弹伤，有的断了臂，有的伤了腿，有的伤了胸，大都经过手术，现在正在休息。在凌叔华看过的二三百名的伤兵中，他们没有一人因病痛而呻吟，也没有一人因负伤而怨天尤人。

凌叔华问："你们负了伤，一定很痛苦吧！"

一个断臂的士兵回答说："这是我们应尽的责任，受点伤不算什么。"

有的士兵说，我们心里很急，盼着伤快点好了，快到前线同兄弟们一起打小日本，蹲在这里算怎的。也有的士兵说，我们吃亏是武器不行，没有飞机大炮，光靠轻武器远远不行。还有的士兵说，我负伤后是老百姓把我救下来的，子弹是在北平协和医院取出的，弹片是在河北保定医院取出的。凌叔华早年在这两个城市上学或生活过，谈起这些医院她并不陌生，跟这些士兵谈话，不觉拉近了同他们的距离。

有一个士兵告诉凌叔华，他身边躺着的这个兄弟，一个手榴弹投过去，炸死了十三个日本兵。这个士兵又告诉她："日本兵不善夜战，晚上非睡觉不可。我们就趁黑夜去摸他们。"

这些伤兵年纪大都在二十岁上下，体格健壮，十分和善，但对日本侵略者却同仇敌忾。

医院一天两顿饭，这些北方来的士兵吃不惯大米，希望多做一点面食。

凌叔华走到手术室看了看，这里医疗设备十分简陋。

吴主任说："希望红十字会给医院增加一些医疗器材和药物。特别是X光透视，麻醉药剂，士兵大都是炮伤，弹片多至七八处，有了这些设备，手术时士兵少受些痛苦。"

凌叔华说："我们会给红十字会去说。"

楼上是负伤军官养伤的地方，陈设与士兵住的相仿，只有三四个人，伤口大都痊愈了。这些军官告诉凌叔华，全民抗战尤其要有人指导民众，像华北老百姓的心是好的，愿为国尽力，但用着他们时，却帮了倒忙。希望有文化的人多指导民众，给他们作好宣传。

凌叔华把带去的慰劳品托医院领导分给负伤的士兵，不够的以后再补上。新到的伤兵没有被褥，她当即决定把武大战时服务团做的五百多条棉被送来，并再想法捐点钱，给医院做一两千条褥子。

太阳已经偏西，大家饥肠辘辘，她们告别吴主任，便踏上归途。

士兵们掌声相送。

这次汉阳慰劳伤兵，凌叔华无不为之动心动容。她仿佛也被置身于战火之中，枪炮声，呼啸声，在她的脑海里不停地轰鸣。战争原本是让女人走开的，然而此时却迅速地拉近了与她的距离，那些名不见经传的士兵，为国捐躯，慷慨赴死，都堪称民族的骄傲！在这国脉如丝的时刻，不管是前方和后方，不管是普通百姓和文化界学人，都应该给他们送去一份热情的帮助和支持。

三

根据南京国民政府颁布的战争动员令，武汉大学于一九三七年末就开始筹划内迁事宜，作为陪都的四川重庆，本是最佳选择之地，但因迁入的机关和学校太过拥挤，他们只好选择了远离重庆几百公里的小城乐山。

由于工作需要，陈西滢需要先走一步。他先送母亲和大姐到重庆弟弟那里，叔华和小滢暂留武汉家中。

一九三八年六月，武汉已陷入日军的三面包围之中，而国民党部队也加紧城防布署，准备与日军会战，打击侵略者的嚣张气焰。珞珈山留给凌叔华的日子不太多了。

就在她离开之际的一天清晨，入住十八栋时栽下的两株木笔（玉兰）的紫红色花朵竞相开放了。

凌叔华望着那美丽的花朵，一时悲喜交加，情绪十分激动。此时盛开的花朵，是对主人培植的辛勤报答，还是对即将到来的日寇愤尔怒放，这令凌叔华十分诧异。

在北京，叔华只在潭柘寺见过这紫红色玉兰，且在初春料峭时节开放，六月开放还是她第一次看到，这让她感慨良久，然而，她不得不与它惜别了。

在离开武汉那天，凌叔华和女儿小滢在武昌码头登上一艘江轮，它满载乘客和货物逆水西行，小滢开始流鼻血，几个小时止不住。到重庆，在陈西滢弟弟家住了几天后，又改乘一艘小气轮西行，八月的一个晚上，她们到了乐山。夜空下，两岸夹黛的青山，在悬崖石壁上，依稀可望见雕刻的那尊硕大的佛像。

凌叔华、陈西滢在
珞珈山旧居（山前十八栋）

不久，武汉会战的消息传到乐山。国民政府调集百万大军与日寇展开长达四个月的争夺，中国士兵以死伤四十万的代价痛击了入侵的敌人。武汉会战虽然失败了，但也大大挫伤日军的元气，打破了日本侵略者“三个月”占领中国的企图，使日寇不得不陷入战争的泥潭。

十月二十六日，日军进入武汉三镇，武大校园成了日本侵略者司令部，凌叔华居住的“十八栋”，也成了日寇军官的住所，直到抗战胜利才回到武汉大学的怀抱。

第十八章　乐山并未带来快乐

一

一九三七年冬天，战争的火焰迫使武汉大学搬到长江上游的四川小城乐山。凌叔华、陈西滢一家也随校西迁，把家安在了城北嘉乐门的半壁街。

这座小城坐落在大渡河、岷江和青衣江的交汇处，东北为丘陵，西南为山地，下游为三江冲积平原。乐山始建于我国春秋时代，北周置嘉州，南宋升嘉定府，清雍正改乐山县。

武汉大学的文学院、法学院就设在文庙里，中间大殿为图书馆，两庑是教室。校长室、教务长室和校办公室在文庙的后面。而理学院、工学院则设在城西。各院办化验室设在钟鼓楼。到乐山后，校方不再提供教职员宿舍，各自找人租赁，大都住在城内的鼓楼街、半壁街、玉堂街和丁东街。

武大开课不久，寒假便到了。凌叔华、袁昌英、苏雪林相邀到凌云山游览。

凌云山在乐山城东岷江的东岸，与古城隔水相望，最早称青衣山，因唐代建凌云寺而得今名。这座山雄伟秀丽，朱楼画檐，绿树掩映，高崖峭壁上雕凿着许多佛像。古人称：“夸父之巧，巨灵之工，一至是耶”。

山上最著名的建筑是凌云寺，初创于唐开元初年（713），清康熙六年（1667）重建。凌云寺巍峨壮观，画檐飞角，正中高悬巨形金匾，集苏轼书“凌云禅院”于其上。两旁书刻“大江东去，佛法西来”的诗联，气势磅礴，有佛法庄严之感。寺内有天王殿、大雄宝殿、藏经楼等建筑。

灵宝塔耸立于凌云寺后面的灵宝山上，始建于唐代，共十三级，风格与西安小雁塔相似。登临可四处远眺，视野开阔，乌尤山、乐山城、三江之水尽收眼底。

璧津楼在后半山的山道上。原址在乐山城南门，始建于宋代，后移建在洪川庙的废墟上。因南门原为渡口，青衣江出璧玉而得名。楼上有古人题刻的“闲听秋风，静眠凉月”，“江上清风，山间明月”等匾额，驻足其间，有松风明月之意境。

乐山大佛雕凿在凌云山西壁石崖上，是这里最著名的景观，佛像坐东面西，通高七十一米，肩宽二十八米，远眺峨眉，近瞰乐山，双目欲睁似闭，面容慈祥肃穆。唐开元初年（713），海通和尚为平水患，开凿了这尊大佛，历时九十年才建成。

从大佛背后的夹道前行，经海师洞左转拾级而上，便是东坡楼了。此楼为木质两重结构，原为明代魏忠贤祠，传说苏轼曾在此读书，后人便改祀为东坡楼。

初踏乐山山水的欢乐，凌叔华被战争火焰烧灼的心，暂时得到了安顿，这里的青山绿水也为她洗去一路的尘垢，她当时不知道，战争的洗劫竟是如此漫长，在这座小城一住便是八年。

二

武大从珞珈山迁来乐山不久，内部斗争便表面化了。一方面以校长王星拱为首的“淮军”，开始拉拢各系的主任；另一方面是以教务长周鲠生为首的“湘军”，他的做法是巩固院长级，但经常处于劣势。

他们虽然都是从北京大学来的，发展到现在，已是各有天下。在北京的时候，大家都维持着绅士的架子，因住在东吉祥胡同，有人称他们为“吉祥君子”，但到了乐山，绅士们便没有那份风度了。

王星拱，字扶五，一八八八年生，安徽怀宁人，早年考取安徽第一批公费留学生，去英国伦敦大学学习化学，一九一六年回国后任北京大学化学系教授，一九二八年到武汉大学任系主任、副校长兼理学院院长，王世杰走后他接任了校长。

周鲠生是湖南长沙人，一八八九年生，早年留学英法，获巴黎大学博士学位，回国后在北京大学任教，一九二八年到武汉大学生任教授、教务长。

陈西滢虽不是湖南人，因着与周鲠生的私人关系，他被划入了“湘军”阵营。他主持的文学院得罪了中文、外文、教育三个系的主任，在武汉时还不明显，这时教授们经过系主任的挑拨，把平时的怨气一齐向陈西滢洒来。一九三八年九月，中文系由陈西滢推荐请了两位教授，一位是叶圣陶，一位是高晋生。由于中文系主任刘博平与高晋生是同学，攻击得不那么露骨，而对叶圣陶则不同了。叶圣陶不是大学毕业，虽写过几部白话小说，却成了刘博平攻击的话柄。刘攻叶的名言是“白话不算是文学”。他还派他的得意门生朱某跟班听课，这位助教逐字逐句记下来，每周向刘博平打小报告。刘博平把这些材料上串下连，终于造成叶圣陶文理不通的罪名。王星拱也加入到攻击叶的行列，让他的同乡、中文系的一名姓徐的教授大肆进行义务宣传。

朱东润是一九二九年来武大中文系的，因是陈西滢邀请来校，王星拱、刘博平也把他划到了陈的一边。因武大新生语文成绩太差，陈西滢为加强中文系基础学习，提议由朱东润讲授六朝文这一课程。朱费了很大气力，做了将近一年的准备，就在这时刘博平却决定六朝文不开了，又叫朱东润开《史记》课，于是朱只得又去写《史记》的讲议。

那时刘博平把中文系的刘、徐二教授划在自己一边，叶圣陶、高晋生、朱东润划到陈西滢一边。苏雪林从师友关系上应在陈西滢一边，刘博平看在她是安徽人的份上，没有给她过多的难堪。刘博平看到中文系自己势力不足，在王星拱的支持下，又拉了黄、徐两位教授作支柱，还从中央大学请来一位姓李的讲师，人手齐了，便开始进行排挤。

一九三九年秋天，因“恒言”事件，打破了中文系表面的平静。

刘博平为入学甄别考试，将柳宗元的《佩韦赋》译为“恒言”，要中文系的教师去监场，学生问什么是“恒言”，教师们都答不上。到文庙阅卷的时候，正好警报响了，于是大家都退了出来。叶圣陶、高晋生、朱东润回到住处，商议着给学校领导写了一封信，大意是“恒言”二字，不解所指，未便参加阅卷，签字后公开致信校长王星拱，狠狠抨击了一下刘博平。

八月中旬，陈西滢、凌叔华与朱东润相约同游了一趟峨眉山。峨眉山在乐山西边不远的峨眉县。这座山海拔三千米，上山要走三天，下山快些也要走两天。它与浙江的普陀山、安徽的九华山、山西的五台山并称佛教四大名山。山上寺庙建造于东汉，大小寺庙近百座，主要庙宇和风景区有报国寺、万年寺、伏虎寺、清龙江栈道、洪春坪、仙峰寺、洗象池、金顶等十多处。山上峰峦起伏，雄秀叠翠，真不愧为“峨眉天下秀”的美誉。

当他们一行回到峨眉县的时候，忽然天上飞过三十多架飞机。峨眉县城立刻拉响警报，然而峨眉县没有被炸，却轰炸了乐山县城。

这一次乐山县城损失惨重，全城一片火海，焦枯的臭味达半月之久。城中心的主要建筑被炸毁三分之二，庆幸的是武汉大学师生伤亡不大。

杨瑞六、袁昌英的家化为灰烬，只有人逃了出来。杨瑞六在匆忙中救出了他《货币与银行》一书的手稿。

经过这场轰炸，武大秋季开校日期推迟了。陈西滢的住处没有受到损失，而他在武大的形势已经输定了，文学院院长被架空，没有工作可干，自己开的课是教熟了的，他让凌叔华留在家里照顾老小，他邀上朱东润又到青城山旅游去了。

不久叶圣陶辞职，到四川省教育厅郭有守那里当了语文视察员，高晋生则去了三台东北大学中文系，稍后朱东润也辞了职，到重庆中央大学任教。

十月初，陈西滢、周鲠生先后辞去文学院和法学院院长之职。王星拱看到中文系刘博平和外文系方重反对陈西滢太过露骨，便决定由教育系主任高翰来接任文学院院长一职。

凌叔华在武大虽没有职务，而这样的人事变动也影响到她的切身利益，尤其是陈西滢的事，令她的心也难以平静下来。

三

战争进入了胶着相持阶段，全国的抗战出现了许多新情况，新问题。国民党内部分裂，国共合作摩擦，战场胜负难测，抗战初期那种激情渐渐式微，而陈西滢的辞职，给家庭的冲击也影响了凌叔华的心情。

一九三九年四月，凌叔华在《后方小景》一文中，不无调侃地描述：

春天的夜晚“严寒彻骨”，“梦回时，远近都是咳嗽声”的“重伤风”。“天亮了，小孩吵、闹肚子饿，大人心烦了，吧吧批了脸”。

沿河边的厕所，清风传送味气；靠城门的大街上，小贩水一样进城；城门边，两厢的店铺照常开张，但一夜间货物涨了价。马路中心，一长队童子军走过，在衣衫破旧的小贩中“着实显得仪表不凡”。而人们依然故我地谈论着卖主涨价，是因为“缺货”。

街上的童子军“向茶馆借了条结实的板凳”，一个学生站在上面讲，“国家已到最后关头，我们再也不能忍受了……，板凳上的学生嚷得额上鼻上冒出黄豆大的汗点，脸上通红如喝了烧酒，一直红到脖子根。”而围着听讲的人则诡异“有什么不得了的事值得这学生这个样子”。

“听了一会，有三个聪明的听懂了”，原来是“东洋人强占了许多地方，抢劫了许多东西，打死许多‘同袍’”。这个学生“原来是抱打不平的，他要替人家报仇，叫大家帮他”。有的说“这年月真稀奇，花了钱放着书不读，倒派他们出来‘代缘告帮’”。还有的说“我说这叫‘狗咬老鼠管闲事’，报仇，哪里轮到小孩子身上?”

这就是“后方”的抗战。凌叔华用少有的讽喻笔法，通过一个个场景，一段段对话描述，把事关国家命运的严肃话题，弄得走了腔，变了调，令人哭笑不已，甚至成了闹剧。文章题目曰《后方小景》，然小景不小，其背后揭示的，俨然是一个全民抗战动员不深入的重大课题。

在关注全民抗战的同时，凌叔华的家庭“战争”也爆发了。原来陈西滢的母亲和大姐在重庆跟他的弟弟居住一段时间后又回来了。凌叔华本就与她们性情不合，此时因生活条件艰苦，住处又狭窄，家里的气氛就紧张了。自幼被别人侍候惯了的凌叔华，如今去侍候一家老小，跑街，做饭，劈柴，洗衣，心中自然诸多不平。加之不耐四川的气候，又患上甲状腺炎，多方求治，然收效甚微，情绪不好时常常向陈西滢发作。

一九三九年十月，陈西滢刚刚辞职，凌叔华的母亲李若兰在北方去世了。

卢沟桥“七七”事变后，日寇占领了北京，凌家史家胡同的住宅遂成不安全之地。李若兰考虑天津德国租界那所房子空着，相对比北京安全，于是便搬到那里居住。在天津，李若兰很可怜那些无家可归的难民，尽力为他们提供遮风挡雨的地方。有的人生了病，得不到治疗，在这种情况下李若兰感染了肺炎，死在了那些陌生人中间。

凌叔华接到母亲病逝的消息，便收拾行装，告别西滢和他的母亲、大姐，带上小滢，急急赶往北平。叔华告诉女儿是为她外祖母处理后事。小滢不知道，这是不是去北平的真正理由，还是找借口离开乐山。

第十九章　北平奔丧

一

凌叔华一行回到北平故宅，第二年的钟声已经敲响了。

那时因中国四处是战区，她便沿着朱东润刚从无锡返回乐山的路径，按图索骥，重又走了一遭。

她带小滢先由乐山乘汽车到重庆。在陈西滢表舅吴稚晖家里住了一晚，第二天买了重庆到贵阳的汽车票，凌叔华母女很快就上路了。路上经綦江、松坎、娄山关、遵义、永靖到贵阳。过娄山关时，秋雨绵绵，山路左拐右绕，路上十分难行，稍不留心就会滑到山谷，做了野魂山鬼。到贵阳时天色已晚，他们找了一家简陋的客栈，吃完饭便睡下。

李若兰（约摄于一九三〇年）

从贵阳到昆明要经过安顺、六盘水、曲靖，路上大约有两天行程，第三天才到达昆明。从昆明到越南河内的火车票好买，凌叔华没有停留，稍事休息便登上了去河内的火车。河口是中越之间的一条界河。过河口的时候，凌叔华望着桥下的流水告诉小滢，这边土地便是越南了。到河内她们又换乘火车到海防，那里办手续很简单，不长时间便买到了去香港的船票。

凌叔华和小滢在香港没有停留，买了到上海的船票，第二天一早便登船北上。船到汕头时，城市早已被日机炸毁，全城一片瓦砾。到达上海的时候，眼前的景象更为糟糕，四处飘着膏药旗，港口满是穿黄衣服荷枪实弹的日本兵。一个日本兵要和小滢说话，凌叔华赶紧把她拉过去，叫了一辆人力车，匆匆离开码头，直奔陈西滢弟弟家。凌叔华在上海稍事休息，让陈西滢的弟弟帮助买了去北平的火车票。

回到史家胡同旧宅，只有同胞大姐淑芝带着十五个孩子在那里度日。母亲死时，二姐淑萍没从上海赶来，小妹淑浩远在

凌叔华与女儿小滢等（摄于北平家中）

美国，丧事自然全由大姐承担。淑芝告诉她，母亲孤零零一个人住在天津，临死前她才把母亲接回北京侍候。母亲死后，她无力将母亲安葬，只得暂厝法源寺内。

淑芝的丈夫虽是原铁道部长的儿子，但从小娇生惯养，不学无术，此时连一份稳定的工作也找不到。淑芝丈夫带着他们生的十五个孩子住在这里，只能扎紧裤腰带勉强度日。

没过多久，这两姊妹为争夺剩下的房屋发生了矛盾，整日吵得不可开交。后来叔华设法将庭院租给一家日本人，想逼淑芝一家搬出去。淑芝发现自己中了妹妹圈套，便挥起一把菜刀，怒气冲冲追得叔华满院子跑。小滢被这场景吓坏了，只好钻到桌子底下躲避。

小滢后来说，她怀疑母亲一直和日本人有来往。等房客一搬进来，叔华和小滢就搬了出来，在离开老房子的时候，小滢还看到院子里有辆三轮车，车把手上飘着两面小旗，一面是日本占领的满洲国旗，一面是日本的膏药旗。

第二年春天，凌叔华在西山买了墓地，才把母亲的灵柩从法源寺移来安葬。以后她还打算把母亲的灵柩迁到故乡深井凌家的墓地去，但等到多年之后回来，在榛莽荒草间她已无法找到母亲的墓冢了。

二

开学的时候，凌叔华把女儿小滢送到燕京大学附小上学。为了解决北平的生活之需和上学费用，她把史家胡同的房子出租，然后又在海淀羊圈胡同三号买了一个小院，暂时把家安在这里。

陈小滢保存在纪念册里，至今还记载着燕大附小同学的名字：

在燕京读书的同学、女同学有：

刘毓贞、洪爱兰、陆瑶华、容□瑾、赵春生、黄意亚、阎心宜、赵景葵、谢孟媛、白迺宏、曹雁宾、周懿芬（中一甲的）。

中一乙的同学有：

全美贵、赵毓玲、张广利。

六年级的女同学有：

齐文颖、吴户生。

从前的友有：

查全性、查其恒、查有恺。

陈小滢

一九四一年六月，陈小滢在告别清华附小，南返四川乐山时，纪念册还保留了两名同学的临别赠言。一名是赵景葵写在活页卡片上留言：

小滢学姐：

平素你天真活泼，谦虚和霭的态度，都深深地印在我的脑海中。

一旦离别了，使我非常悲伤。

望你以后永远保持你那天真活泼，和霭谦虚的态度吧。

学妹（赵）景葵赠 一九四一年六月三日

另一名是谢孟媛写在活页卡片上的留言：

> 小滢友留念：
> “你愿人怎样待你，
> 你就怎样待人。”
> 友（谢）孟媛写于燕园　一九四一年六月

这是小滢岁月的留痕，如今读来十分珍贵。

这一年，陈西滢为《中央日报》猛写社论，遣责日本侵华罪行，然而却给在北京的凌叔华找了不少麻烦。凌叔华回忆说：

> 抗战时，陈西滢在重庆为《中央日报》猛写骂日本的文章，这些社论很受人注意。我当时在北平替母亲办丧事，三番两次嘱他以笔名发表，他就是不听。结果害我在北平一年时间，日本北平特务、宪兵等，不时来探问我回北平的真实目的，还要我给陈先生写信，叫他来北平……反正惹了不少麻烦！

陈西滢的工作，一直是凌叔华挂在心上的大事，一九四一年二月一日，她给在美任大使的胡适写信说：

> 这两年他为王星拱（现在武大校长）排挤得十分苦恼。王抚五为人一言难尽，他在我们朋友中的外号叫王伦（水浒上），嫉才妒德，不一而足，且听信小人，不择手段行事。因此武大几根台柱如瑞六、鲠生、南陔、通伯都辞了职了。现在都打算走，不过雪艇拦

着他们，仍在教书，迟早怕都得走。

通伯为抚五压迫得也辞去了文学院事。现在校中一切开倒车，武大声誉远非前比。因为通伯身体不强，我想他这样牺牲下去，太不值了，故写信同你商量。

胡适接信后对陈西滢的事非常关心，经与西南联大联系去那里教书，联大很快发来了邀请函。

陈西滢经过考虑后还是推辞了。他向胡适去信表示感谢，并说明不去原因是母亲病得不能起床了。在此之际，尽管他再厌恶这个地方，眼前也只能待下去。

不久，他的母亲就去世了。没过多久，他的姐姐因抑郁症重病缠身，陈西滢又要照顾这位终身未嫁的姐姐。在姐姐病入膏之时，仍双目直睁，咽不下最后一口气。还是弟弟知道姐姐的心意，陈西滢跪在她床前喃喃诉说一番，答应等抗战胜利，一定把她和母亲的灵柩运回老家无锡胡埭镇姚家湾祖坟安葬。姐姐听了弟弟这番话，才慢慢合上眼睛。同事们见此情景，无不落下同情的泪水。

屋漏又遭连阴雨，独自生活在乐山的陈西滢，厄运真是如影随形，一刻也不肯离身。又是一个中秋节到了，云敛晴空，水轮乍涌，母亲和姐姐走了，妻子和女儿又远在北平，真是无半子之依，空对天上一轮明月，他热泪滂沱，悲从心起，他本不善诗，此刻因情所牵，他拿起笔来，他写下《中秋即事》一诗，以填补心灵的空虚：

乐山又过中秋节，
独酌陈眉独自愁。

云雾也怜人寂寞，
不教圆月照江楼。
年光暗逐江流去，
故里何时可重回。
一夜旅愁眠不得，
眼看晓色入窗来。

艰难世事，耿耿难眠。他浊酒独酌，头一次尝到命运的捉弄，他怎么能不愁呢？

三

在沦陷了的北平，与凌叔华能够交往的人大都南去了，无人愿在日寇的铁蹄下过苟延残喘的生活。

周作人是她从前燕大的老师，如今他成了日伪文化高官，无人再与他来往。即使凌叔华一次在火车站与他不期而遇，也是躲在人丛中走了过去。

她实在寂寞的时候，便进城去找常风。战前常风曾在朱光潜主编的《文学杂志》当助理编辑，凌叔华是这个杂志的编委之一，彼此也都熟悉。常风常写些书评，给凌叔华主编的《武汉日报·现代文艺》副刊寄过稿件。他比凌叔华年轻，进入文坛晚了一辈儿。有时凌叔华带小滢进城，去常风家歇脚。那时邓以蛰收藏了不少名人字画，迫于经济拮据，想卖清代恽南田一副对联变现。琉璃厂曾出价三百元收购，邓以蛰没有变卖。凌叔华听到这个消息，便请常风为之疏通。而常风知道邓以蛰对此联爱不释手，便让她也出琉璃厂那个价码。凌叔华权衡再三，想以二百五十元为限。无奈常风只得再到邓以蛰门上游说，没有想到邓异常爽快地说："都是熟人嘛，她想要，拿去好了，不要说什么钱多钱少了。"

就这样，买家出了个傻数，卖家也得了个傻数，"二百五"成交！

在北平，凌叔华最忘不了的还是创作。

到那时，她写了若干个短篇小说，结成了三本短篇小说集子，虽在文坛有了一定影响，但她没有一部中长篇小说问世。在这段日子，她虽与朱利安的母亲瓦内萨和他的姨妈英国著名作家伍尔夫书信往还，探讨英文自传写作，但她的目光从未离开对中国现实观察。一年多日军践踏下的北平生活，时时有些故事和人物细节在她心中涌动，而许多作家在敌战区的亲身经历和感受是缺乏的。于是一篇《中国儿女》中长篇小说构思完成，并开始了创作。

小说讲的是北平沦陷区一个寡母与她的儿子、女儿的故事。在城里不时有人偷袭日本士兵，于是日军抓捕并杀害了大批老百姓。寡母的儿子建国是个中学生，他拒绝参加日本皇军的检阅，与同学跑到外面找抗日队伍去了，在郊外他亲眼看到村民对日本宪兵和汉奸的惩处。建国走后母亲到处去找他，结果被日军抓了起来。建国的妹妹宛英四处求助，终于找到了在日军关押处受尽折磨的母亲，宛英将她接回家后，留下一封信也走了，并嘱她去找哥哥去了，千万不要派人去找她。

这部中篇小说后来发表在熊佛西在桂林主编的《文学创作》杂志上，署名素华。

许多年后，叔华妹妹的外孙女魏淑凌所著《家国梦影：凌叔华与凌淑浩》一书中说："她写这篇作品原因可能是为了赚钱；也可能是为了掩饰她在北京与日本人不太光彩的私下交往；或者是为了作尝试表现革命、民族感情的作品；也可能是这些原因都有。”这其中“不太光彩的私下交往”并非推测。

据了解，凌叔华在沦陷区北平，确有一名日本人和她关系非同一般，从二十年代延续到抗战期间，那时已是日本政府的高官，抗日战争结束后被定为战犯。《中国儿女》中广田的形象就有他的影子，生活中他送给小滢一辆童车，小说中广田则送给宛英一块手表。

一九四一年五月，燕大校长司徒雷登接到美国政府的训令，让他结束燕大校务，准备撤退，他在全校大会上宣布，同学们到大后方还是到共产党倡导的抗日根据地，凡是参加抗日活动，学校和他本人都会给予支持。凌叔华也感到，她在北平不能再待下去了。

这年秋天，经胡适推荐，陈西滢要去中英文化协会任职，凌叔华很快结束小滢在燕大附小的学业，打点行装，告别亲友，从北平乘车到上海；然后乘船到经香港、广州、贵阳、重庆，回到乐山。

凌叔华带着小滢且走且停，回到乐山，已是一九四二年的初夕了。

第二十章 青鸟殷勤

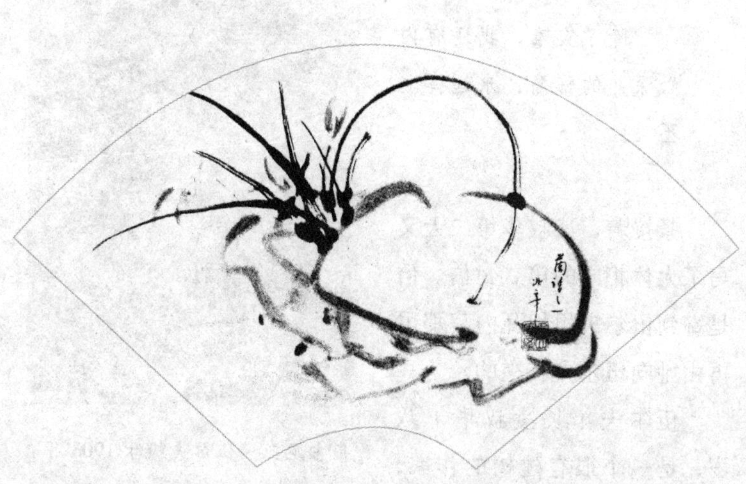

那一滴清脆的鸟鸣，打破了两种陌生文化的阻隔，留在身后那一串青青的音符，为广大的世界染爱。

一九三八年三月三日到一九三九年七月十六日，长达十六个月的书信往来，是从凌叔华阅读了英国著名作家弗吉尼亚·伍尔夫《一间自己的屋子》开始的。后来凌叔华回忆说：

> 我曾在战时读了伍尔夫的一篇文章叫做《一间属于自己的房子》，心里感触得很，因为当时住在四川西边最偏僻的地方，每天出门就面对的是死尸、难民，乌烟瘴气的，自杀也没有勇气，我就写信问伍尔夫，如果她在我的处境下，有何办法？

那时她的恋人伍尔夫的外甥朱利安·贝尔刚在西班牙战争中死亡，她正经受着情感上的折磨，三月三日她第一次给伍尔夫写信说：

> 除了灾难，我还有内心深处的伤痛，永远挥之不去。

紧接着，凌叔华第二天又写了大体相同的第二封信。信是寄到伍尔夫姐姐瓦内萨那里再由她向伍尔夫转交的。

弗吉尼亚·伍尔夫摄于1903年

伍尔夫年长凌叔华十八岁，是一个很有建树的作家，已出版了她的全部主要作品，在英国早已斐声文坛，并有了国际声誉。而凌叔华只出版了三部短篇小说集，此刻正向自传体长篇小说领域涉足。

伍尔夫接到凌叔华的信后，四月五日回信说：

……瓦内萨刚刚又转来你三月三日的信，但愿我能对你有所帮助。我知道你有充分的理由比我们更不快乐，所以，我想要给你什么劝慰，那是多么愚蠢呵。但我惟一的劝告——这也是对我自己的劝告——就是：工作。所以，让我们来想想看，你是否能全神贯注地去做一件本身就值得做的工作。我没有读过你的任何作品，不过，朱利安在信中常常谈起、并且还打算让我看看你的作品。他还说，你的生活非常有趣，确实，我们曾经讨论过（通过书信），你是否有可能用英文写下你的生活实录。这正是我现在要向你提出的劝告。你的英文相当不错，能给人留下你希望造成的印象，凡是令人费解的地方，可以由我来作此修改。

你是否可以开一个头，把你所能记得起来的任何一件都写下来？由于在英国没人知道你，你的书可以写得比一般的书更自由，那时，我再来看看是否能把它印出来。不过，请考虑到这一点：不是仅仅把它当作一种消遣，而是当作一件对别人也大有裨益的工作来做。我觉得自传比小说要好得多。……

无论如何请记住，如果你来信谈到有关你自己的任何事，或者是有关政治的事，我总是高兴的。能读到你的作品，并加以评论，对我来说是一大快事。因此，请考虑写你的自传吧，如果你一次只写来几页，我就可以读一读，我们就可以讨论一番，但愿我能做得更多。致以最深切的同情。

三月二十四日，凌叔华又致信伍尔夫，告诉她自传已开始动笔。伍尔夫收到信后，四月九日复信说：

几天前，我收到你三月三日的信，当即写了回信，可是我真蠢，竟忘了寄航空信，因此，我补寄此信。告诉你我已经写了信。我所要说的惟一重要的事，是请你撰写你的自传，我将欣然拜读，并作必要的修改。现在，你的另一封信（三月二十四日）又收到了，信中谈到，你已开始动笔，我非常高兴。朱利安常说，你的生活极为有趣；你还说过，他请求你把它写下来——简简单单，一五一十写下来，完全不必推敲语法。我还问你，是否要我给你寄去一些旧英文书——例如，十八世纪的书——以便你可以从中学习词汇。不过，这些事你都可以在我的那封信中读到。如果我能对你的工作助以一臂之力，请来信告诉我。我确信，工作是此时一个人能活下去的惟一途径。此信我将立即寄出，以便你能早日收到。

寄上我们的同情，并随时期待从你获悉有关你和你们的战事及政局的消息。

在这期间，凌叔华给伍尔夫寄去了小礼品，她接到这些礼品后深受感动，并给凌叔华寄了两本小书。七月二十七日，伍尔夫复信说：

我刚去造访了克里斯托弗·伊舍伍德，他交给我你送给我的那只可爱的小盒子及其中的两件小礼品。我无需说，你为我弄到这些礼品，使我深受感动；我将把它们摆在我的案头——不是为了忆起你的音容，因为我还从来没有见过你；但我仍然时常想念着你，非常感谢。我听朱利安说，他们见到你多么愉快。不过他只在这儿待了一会儿，我来不及从他那儿听到更多的消息，我总在盼着你把自传写下去。现寄上小书两本，一本是（盖斯凯尔夫人的）《夏洛蒂·勃朗特传》，另一本是兰姆的散文集。……以后，我还将陆续给你寄书。不过有一个条件，就是你不要谢我。当然，你绝不要考虑付钱。书在英国很便宜，花几便士就能买到一本。你想要什么书，请把书名告诉我。

我们即将迁居萨塞克斯，我希望在那儿能有更多的时间，伦敦是太拥挤了。……

希望你再来信，告诉我你的工作进行的怎样了。请记住，我将乐于给你任何力所能及的帮助，我将乐于拜读你的作品，并且改正任何错误。不过，你怎么想就怎么写，这是惟一的方法。

致以衷心的问候，再见。请称呼我弗吉尼亚，我不喜欢被称为伍尔夫夫人。

凌叔华很快写出了小说的第一章“穿红衣服的人”。她立刻给伍尔夫寄去。因战争的原因，伍尔夫十月十三日才给凌叔华复信说：

> 我用打字机打下了此信，以便省你的眼力，因为我的书写体太难认了。你寄来的大作一章，我终于拜读了。由于某种原因，我将它搁置了一段时间，现在我要告诉你，我非常喜欢这一章，我觉得它极富有魅力。自然，对于一个英国人，初读是有些困难的：有些地方不大连贯；那众多的妻妾也叫人摸不着头脑，她们都是些什么人？是哪一个在说话？可是，读着读着，就渐渐地明白了。各不相同的面貌，使我感到有一种魅力，那些明喻已十分奇特而富有诗意。就原稿现在这个样子来说，广大读者是否能读懂，我说不好。我只能说，如果你继续寄给我下面的各章，我就能有一个完整的印象。这只是一个片断。请写下去，放手写。至于你是否从中文直译成英文，且不要去管它。说实在的，我劝你还是尽可能接近于中国情调，不论是在文风上，还是在意思上。你尽可以随心所欲地，详尽地描写生活、房舍、家具陈设的细节，就像你是在为中国读者写一样。然后，如果有个英国人在文法上加以润色，使它在一定程度上变得容易理解，那么我想，就有可能保存它的中国风味，英国人读时，既能够理解，又感到新奇。
>
> ……你寄来的手稿，我都妥善保存，你的手书我读来毫不困难，因此。不需要打字。

在这以后，凌叔华陆续写出了“母亲的婚姻”、“搬家”、

"一件喜事"、"中秋节"、"第一堂绘画课"、"一件小事"、"责先生"、"叔祖"、"老花匠和他的朋友"等章节，给伍尔夫寄去。一九三九年四月十七日伍尔夫复信说：

> 我高兴地得知，你终于收到我的信，今后我仍将给你寄航空信。我收到你的几封来信，你寄来的各章，我也都妥为保存。但我希望你留一份底稿，以免邮寄中丢失的风险。究竟应该建议你怎样来写，仍然是个不易回答的问题，不过，我敢肯定地说，你应该坚持写下去。困难之处，正如你所说的，是在英文方面。我感到，如果某个英国人把你的文字修改成正规的英语散文，全书的情趣就将破坏无余。然而，如保持现有状况，英国读者自然是不容易充分领会你的意思。我想，你大概是无法将它口授给一个有教养的英国人吧？如能那样，也许就能意识和情趣统一起来。这就全看你能不能找到这样一个人，他能较快地理解，并且善于表达。这一点，我只能听凭你自己解决，因为，我不知道你能遇到什么样的机会。同时，我想最好是，把尽可能多的章节集在一起，然后整个通读一遍。零零星星地读是无法获得一个真实印象的。不过，我所看过的部分，已足以使我感兴趣和入迷。出版的问题自然是要取决于许多因素，有些事是我们无法控制的，现在考虑它也无用。不过，请写下去，让我们希望有朝一日书籍的前途更光明。眼下，出版一本书真是难而又难，人们除了政治，什么都不读。……我常羡慕你，你生活在一片有着古老文化的、广阔荒凉的大地

上。我从你所写的东西里体会到了这一点。你的画给瓦内萨寄过吗？你高兴写信的时候就写吧，不管发生了什么事，请把你的自传写下去。尽管我还不能对你有所帮助，把它做到底将是一件大事。我把劝告自己的话奉送给你，那就是，为了完成一桩非属个人的事业，只顾耕耘，不问收获。

七月十六日，伍尔夫给凌叔华来信，报告了她近期写作和生活情况，感谢她寄给她”红黑两色的招贴画”。她信上说：

我恐怕是太疏于给你回信了。这部分是由于我不是一个写信的能手。那天整个上午，我都在写罗杰·弗赖，所以，我对打字机已厌烦透了。然后，我们就去法国度假，驱车游览布列塔尼。紧接着，我婆母发生了意外，病故了。现在，我们不得不迁出这所房子——屋里堆满了书籍、文稿、活字、家具，搬到另一所房子里去。九月份我们的地址将是梅克兰堡广场三十七号，届时请将信寄往该址。

再者，也很难想出有什么值得奉告的消息。人们只一味大谈特谈战争轶事，这类轶事，你们自己已经听够了。……我总在想，要是朱利安在，能帮助我就好了。我把你寄来的各章都归在一起了，我告诉过你，在全书完成之前，我不拟读它。请继续写下去，因为它可能是一本非常有趣的书……

多谢你寄来的红黑两色的招贴画，我很喜欢，你说你要给瓦内萨也寄点什么，我正要去和她共进晚餐，这是件很令人高兴的事，我真希望你也住在附近，可以前来参加。眼下，这些小小的聚会是我们的最大享受，我们谈论绘画而不谈战争。我们为你们所受的一切苦难深感遗憾，然而，万里迢迢相隔，谈这些又有什么用？任何时候你想写信，就写吧。来信会转寄到新址。……

这是保存在《弗吉尼亚·伍尔夫书信集》中的最后一封信。

读着伍尔夫的这些信，凌叔华的心里生出一份感慨，一份快乐。伍尔夫的信中每一句话，每一个字，都是一滴助燃剂，催人奋进，催人向前。

乐山小城生活着的凌叔华，从此改变了人生的轨迹。

美丽与哀愁，飞扬与落寞，生活中总是并行不悖地存在着，而那含苞欲放的花朵，正需要这和煦春风吹拂，果实将挂在秋天的枝头。一年多青鸟殷勤传书，成为凌叔华自传体小说《古韵》创作的一份丰厚报尝。

第二十一章　山居的日子

 一

凌叔华坐在灶下烧饭，熊熊的火苗映红了她清纯的脸庞。

她不时朝窗外望望，雾给远处近处的山峦穿上一层薄如蝉翼的轻装。篱笆外的竹丛，不知何时又添了一层新绿，有几株凤尾一样的枝梢，无力地弯下了腰，低下了头。窗下那几棵壮硕的菊花，开得热烈而奔放，兀自在那儿黄着，灿然镀上一层金的色调，给人一种富贵的质感。

万景山上，凌叔华新的一天又开始了。

一九四二年二月十三日，陈西滢赴英去主持中英文化协会的工作，同行的还有桂质廷。这一年七月，武大为无房教师在陕西街尽头，万景山的平地上盖起了几排平房。因陈西滢已离

凌叔华给女儿小滢画的乐山新居

开武大，凌叔华自然分不到房，于是她请了泥水匠，在武大教师平房前排的右边，在破旧的万寿寺旁建起几间平房，并在房上搭了一座小楼，峭然凌空，与对面山上的凌云寺遥遥相望。屋外编织了篱笆墙，千杆修篁，几株古松，充盈着门前屋后一片湿翠，那绿竹渐渐长高，已超出了她的屋檐。

搬家那天，苏雪林等一班朋友都来帮忙，袁昌英的女儿杨静远（凌叔华的干女儿）也请了假，帮着看守半壁街那边的房子。

朝雾消退的时候，凌叔华常坐在小楼里远眺，凌云山、乌尤山的影子，岷江、青衣江、大渡河的流水，构成一幅极富情致的山水图。每望及此，她便会忘掉操作的疲劳和物价高涨的忧虑。

吃过早饭，小滢上了学，凌叔华便在院子里浇水种菜。她种菜一半是食用，一半是为了欣赏它的颜色。她爱青菜的绿，它是青春的颜色，生长着的颜色。她为它们写诗，用头二三绿、头二三青和石绿花青来描画它们，然而却往往不能奏效，无论如何也画不出它们碧色的绿。

她性素爱山，天意总是来成全她，所住之处，总是与山为伴。她坐在小楼里看书作画，有时还写诗自娱。有一次她写了一首七绝，苏雪林看到，极为称赞其中两句：

浩劫余生草木亲，
春山终日不忧贫。

那时川中物价节节高涨，敌人近境，人心惶惶，大有不可终日之势，然而她与山相伴，坦然不为所扰，感谢乐山这多情的山水，灵性的山水。

有时候，袁昌英、苏雪林也到小楼相聚，那楼小只堪容膝，布置雅洁，几个人烹茗谈艺，凭窗远眺，山光水色迎面入怀，成了她们几个游目骋环的福地。像伍尔夫那本书一样，凌叔华终于有了“一间自己的房子”。小楼上，不时传出阵阵欢声笑语，杨静远心里痒痒的，总想上去观望，无奈总是奉命在楼下陪着干妹妹陈小滢玩耍。

凌叔华趁此良机，便大作其画，在成都、乐山接连开了几次画展，颇获好评。当然也售出不少画作，补充母女二人的生活之需。如果说凌叔华在乐山时代前几年是作文，那么后几年便是作画了。朱光潜在评论凌叔华的画时说：

> 在这里面我所认识的是一个继元明诸大家的文人画师，在向往古典的规模法度中，流露她所特有的清逸风怀和细致的敏感。她的取材大半是数千年来诗人心灵中荡漾涵咏的自然。一条轻浮无际的流水衬着几座微云半掩的青峰，一片疏林映着几座茅亭水阁，几块苔藓盖着的卵石中露出一丛深绿的芭蕉，或是一弯谧静清滢的湖水旁边，几株水仙在晚风中回舞。这都自成一个世外的世界，令人悠然意远。……作者写小说像她写画一样，轻描淡写，着墨不多，而传出来的意味很隽永。

一九四三年秋，正逢武大校庆，凌叔华作长卷水仙致贺，这画给正在读外文系的学生孙法理（现西南师大教授、著名翻译家、莎士比亚专家）的印象颇深，六十年后还历历在目：“凌老师的画力求从淡雅上把捉气韵，不设色，不晕染，从清淡高雅上下功夫，淡墨勾勒，花叶灵动，清新秀逸，似乎透露着作者的才情与人品。”

二

一九四四年十二月初，凌叔华到重庆去了，十四岁的陈小滢突然要报名参军。

长（沙）衡（阳）会战结束后，侵华日军依照他的《一号作战纲要》，为打通大陆交通线和破坏中国空军基地的目的，又开始了桂（林）柳（州）战役，十一月十日，两城均告失陷。十一月中旬，日军向广西进攻，十二月初连下独山、八寨、都匀，直接威胁到陪都重庆。一时间人心惶惶，举国皆惊，国民政府已做迁都西昌的准备。继十月十一日蒋介石在重庆召开的“发动知识青年从军会议”之后，又一次青年从军运动高潮迭起。中央日报、广播电台等媒体配合宣传：“军事第一，军人第一”，“一寸河山一寸血”，“十万青年十万军”。这些口号还印在邮局发行的信封上。

在乐山的武大、武大附中也发起新一轮参军热潮。把口号用标语的形式贴到学校门外，贴到教室的墙上。陈小滢和“桃园三结义”的另外两名同学郝玉瑛、杨衍枝，破指写下血书，坚决报名参军，打击日本侵略者。

那天凌叔华为出国的事到重庆去了，袁昌英叫女儿杨静远晚上到万景山居室陪陈小滢睡觉。杨静远在十二月一日的日记中写道：

晚饭前郭么姑告诉我们一个消息：陈小滢、郝玉瑛、杨衍枝报名从军了。真想不到这三个热烈的孩子居然这样做，太可爱了，也太可怜了。她们是真正为国事忧心。单纯的热情冲动使他们有所行动。但她们都只有十四岁，够不上兵役年龄。当然小滢的事我们家非负责不可。晚上爹妈劝她：年龄太小，去从军是白牺牲。她难过极了，肯求妈妈不要阻止她。

为参军的事，陈小滢给远在英国的父亲写信说：

亲爱的爹爹：这几天你和妈妈都没有来信，你可以想得到我的不安和焦虑的。本月一日，我和（郝）玉瑛、（杨）衍枝都报名参军了，我想你一定很惊骇的。但是，我们为了多种理由终于决定从军，一方面敌人已攻至六寨，昨天听说已到独山，我们的军队步步退却没有一点力量抵抗，国家的危亡就在旦夕之间。我觉得时至今日，只要有血有肉的人都不能忍受下去，都要与敌人去拼。国家给予我生命培育了我，我要把生命还给国家，将血肉之躯供置在祭坛上，以生命的代价争取国家的生存。虽然，多我一个人不会有多大的效果，但是，多一个人就多一份力量。我相信国家亡了，战争失败了，我的学习及事业都会完全废了。何况上前线不一定死，即使是死了也是光荣的。另一方面我们受不了看不惯这些后方官吏的淫糜生活，这无耻及黑暗的社会，若是这样下去，我会疯狂、毁灭，他们那些没有国家观念的人是些什么东西呀！

但是，我痛苦的是想到你们，若是我死了，你们会是多么的悲痛，我不敢设想。虽然我用“忠孝不能两全”来安慰自己，但是它不能安慰我的心，我想到陈家除了我只有堂兄贻春一人，我去了，陈家又少了一个后代。

……

这封信一九四五年一月才寄到英国，陈西滢读后很受感动，他当即将信交给在英国出版的《中华周报》编辑看，编辑们看后也颇为感动，加编者按在报上全文发表。

第三天，凌叔华从重庆回来了。她送给杨静远俄国生产的巧克力，还告诉她美国人正在积极援助中国抗战，重庆到了一千美国军官，贵阳到了两万美军。在重庆的渡船上，她还遇到一个开汽车的美国士兵，从江西给重庆运汽油，早上六点到晚上九点，没有停下来吃过东西。她告诉杨静远，你瞧人家国家的人民是怎样工作的。

然而，突入贵州的日军已是强弩之末，制空权早被美军所控制，趁此机会，何应钦、汤恩伯在贵阳指挥军队，不到半个月，相继收复了独山、八寨、南丹等地，重庆告急之势随即解除。陈小滢在凌叔华和袁昌英多次劝说下，也放弃了从军的打算。

十二月的一天，凌叔华领着陈小滢参加了武大从军出发欢送仪式，有一首歌，久久地在她的记忆里萦徊着：

秋风起，秋风凉，民族战士上战场。我们在后方，多做几件棉衣裳，帮助他们打胜仗，打胜仗！杀东洋，收复失地好还乡……

那场轰轰烈烈的从军运动，陈小滢终因年龄太小没有被批准，而在她少年心灵里却留下了深深的遗憾。

需要补充的是，她们报名参军的三名女同学后来天各一方。郝玉瑛一九四七年就读于湖南长沙湘雅医学院，毕业后于一九五〇年参军，参加了抗美援朝战争，终于圆了参军梦。杨衍枝的父亲是乐山仁济医院院长，后来她继承父亲的医学事业，在北京从事医务工作，是一位儿科医生。陈小滢到英国后就读于伦敦大学、马德里大学，获学士和硕士学位，先后在香港美联社、BBC、伦敦BBC国际部工作，上世纪七十年代末在北大西语系教授英语，任中国国际友人研究会名誉理事，苏格兰中国友好协会公共关系部主任，一九九六年后来武汉、北京与同学和老师多次相聚。

三

凌叔华这段时间一直为工作和出国的事所困扰。小滢渐渐长大，西滢出国了，尽管她在乐山和重庆的朋友中不断活动，眼下仍无结果，十一月十四日，她写信给在美国任大使的胡适，请求他的帮助：

我同小滢一切粗安，她也长到我一样高了，现入高中一年，脾气却还像孩子。我到四川不觉又三整年了。去年我发现颈部肿大，曾请医诊查，据云是胛状腺病，嘉州自古为此病之繁殖，医云人甚多以此病死的。……今年医生曾诊几次，说药既无效，别无他法，只有迁地为宜了。我想不论迁到何地，我不能到沦陷区去。听刘通诚先生说，现在美国很想要国语及粤语之人材，亦有许多学术机关起始研究中国文学艺术。我如能去美，不但可以治了病，且亦可以在战时做点事。因为我结了婚，一向未到社会或政治场面上活动过，所以我在门口无法找事出去。你在美可以替我找一位置吗？如能在大学中找一教职更好，否则去教国语，我也乐意去。……我也托了燕京大学的老师 Miss Lin 及刘建芳代为问问。他们说如可请你为我介绍人或证明人好一些。我想你是很清楚知道我的学历人品，所以我说大约没有问题，你可以答应的。但他们知道我没有你知道的多，所以我还希望你为我格外费神看看哪样工作我可以胜任。如有定议望打一电来，我可以据之请求护照办一切手续。……总之，我现在希望你能帮忙我一下，通伯告诉我说：适之是最爱朋友的，他如能为力，一定不会袖手。所以我同你直说一切，望你快些代我设法，这里交通日见困难，早一天好一天。至于小滢，我已决定，可以送去通伯那里上学，由我送去。如不能在英上学，或是带到舍妹淑浩那里，或在□□□□上学也可以，通伯在英收入甚微，只够一二人合用，所以我不能就食。目下女眷出去，人数多也成问题了。

外面给赵元任先生一信，你看看如用得着就交他，否则不必交去。总之我此出国完全是为了病没办法，同时我自问我的出去也不是于国无益的，反之或能对国家尽了点力呢。这里生活日涨，读书人都面有菜色。武大春天三四个月内死了三个教授，年纪均是四十几岁的壮年人：董方刚（董天怀之子）、吴其昌（梁任公弟子）、萧□泽（数学系的）。另有两个年纪小些的助教，也是贫病而死。教授收入抵不上一个女佣，只有三千元薪水一石米也。我们早已终日烧火、洗衣、劈柴、跑街了。因为我们人少，倒也没有特别担当不起的苦恼。但想到病，以及将来愈来愈大的苦恼，却不免心中凄惶。盼你抽空示我数行，至感至感。如事有议，则盼打一电来。至叩！

凌叔华把她的心扉全部向朋友们敞开了。袁昌英、苏雪林也很同情她的景况，但都爱莫能助。她一天天等待着。

杨静远二十二岁生日到了。凌叔华送给她一件乔其纱夏衫，一个夹论文的纸夹，小滢也送给这位干姐姐一个小本子。杨静远高兴极了，她有生以来还没有穿过这么好料子的衣服。

跨入新的一年，似乎一切在向好的方向发展。凌叔华、袁昌英、苏雪林经常在小楼相聚，议论着时局的发展。希特勒无条件投降，太平洋战场盟军日益逼近日本本土。中国战场不断传来的捷报，日军已到日暮途穷的黄昏。这些本来是远离女人的话题，此刻也让她们高兴了好久。

一天，袁昌英告诉凌叔华，武大当局要换朝了，周鲠生已答应接手武汉大学的领导工作。

八月七日，周鲠生回到了阔别了六年的武汉大学，他风度依旧，只是比以前胖多了。陪同他来的还有教育部常务次长杭立武。

八月八日，武大召开全体师生大会，欢迎周鲠生校长接手武大工作。杭立武代表国民政府教育部也作了演讲。杨瑞六在这次人事调整后代理武大教务长。

凌叔华也拜访了周鲠生、杨瑞六，为武大今后的发展祝贺、庆幸。

八月十四日傍晚，广播里传来了日本侵略者无条件投降的消息。街上的爆竹声响起来了，像一阵急风骤雨刮过乐山小城，人们呼喊着，跳跃着涌向街头。凌叔华带着小滢出来了，袁昌英、苏雪林、杨静远出来了。八年的蛰居，八年的痛苦，瞬间就这样结束了。凌叔华茫然中透出兴奋，双眼激动地涌出了泪水。

乐山小城迎来了一个不眠之夜！狂欢之夜！

陈小滢兴奋得难以入眠，又给父亲写信，报告当时的激动的心情。

她说，“现在我在极度兴奋中写这封信给你，虽然已在深夜，但我神智清醒极了，我想痛哭，高叫及狂笑”。“这时全山城已被惊动跑出，我已流了眼泪，一面狂笑，一面揩眼”。“永直在陕西街口大哭，我们疯狂的跳着，喊着，一只皮鞋底掉了一半，男孩子遂把它拔下丢掉”。“我们都疯了，在公园口摔了两大跟头还狂笑着爬起来冲，不知跑了多少街，像风似的从火中黑暗中乱冲”！“永直的头发全起了火，头发烧光，衬衫烧烂，克强一只鞋也掉了底”。“我们回到家中，干了几杯白酒，一点不醉”。“我真高兴又难过，真的我要疯了，写不下去了”。她补充说，“我脸被烧，脚跌掉皮，但一点不痛”！她再次补充说，“爹爹，今夜我不睡了！我要等到黎明，看那九年来第一次光明的日出。不行，我要疯了！神经受了太大的刺激，我头痛得要裂了”！

这是十四岁小滢的心情，也是全中国人民此时的心情。

第二十二章 告别故国

一

一九四五年秋天，凌叔华又回到阔别多年的故都北平。

离开乐山之前，她先去了一趟武汉大学的珞珈山。这块在她青年时代就拥抱过的山水，给她留下了太多的思念，然而八年过去了，珞珈山还是以前的样子吗？

她带着思念来武大十八栋看最后一眼，意味着永久的告别。记得在离开珞珈山的时候，她亲植的两株紫白木笔，竟开了好多花朵，那真是对主人的殷勤和报答！如今站在旧居前，园中那两株木笔却不见了，只有书房前那几株梧桐，已高过楼顶；居室前的蔷薇，也还长得葱郁茂盛；山坡上植得数百株小松，早已高过人的头顶。小楼的窗子上，结满了密密麻麻的蛛网。

在这里，她想起了许多过往，杨振声、沈从文、肖乾、朱利安·贝尔。往事如烟，就这样一幕幕过去了。还有一件事让她永生难忘，便是生在这座楼里的独生女儿小滢，如今十五岁了，已是亭亭玉立的大姑娘。她喜欢文学，又想当作家，颇有乃父之风。不久前她给昆明西南联大任教的沈从文写信，很快得到这位“沈伯伯”的回信。那封信写得颇为生动，不仅感动了小滢，同时也感动了凌叔华。信正应了他那句创作名言：“文字还是得贴紧生活。用评论的语言写小说不成。”他给小滢的回信，没有讲关于创作的大道理，但全信处处体现了文字要“贴紧生活”法则。他先说他见小滢：

你说你不是“摩登女郎”，这个名词，云南四川用法似不大相同。我们这里说的是健康，活泼，聪明而乖，不是指会穿衣服敷粉，这个叫“时髦女郎”！你这时尽管不黑而俏，到我下次看见你时，保定是被阳光晒得黑而俏了。

我记得第一回见你，是在武昌一个什么人家的洋楼中（很美观的洋房），文华学校附近，你在摇篮中用橘子水和奶粉当中饭，脸瘦得像个橘子，桃子，李子？——唉，真不好形容，可是眼睛大而黑，实在很动人！

第二回是在北平东城你家中，火热天，徐志摩伯伯还在世界上和金伯伯用手掌相推比本领，你那件小花衫子，我将来写小说时，还得借用到故事中！

第三回在珞珈山，你每天总到小学校车站旁边去找那位警察朋友，天晴落雨，通不在意！吃饭时，你和妈妈相吵，就傍近爸爸，和你爸爸鼓小气，又倚靠近妈妈；嗨！这个作风，假若保留到二十五岁时，可就真厉害！

第四回……你想想看，在什么情形下看你最好？照我希望最好是带点礼物来参加你和什么人××，因为如果那时要来宾演说，我不必预备，也可以说说这个故事，让大家开开心。可是到那时，我也许像电影上的老头子一样，笑话想说，说不下去，只感动快乐得流眼泪……这个礼物原来是你一张一岁多点的相片，上面还有我妹妹（九姑）写的几个字：“眼睛大，名小滢”。

这张相片有个动人的历史，随我到过青岛，住过北平蒙古王府——卅一年（1942）昆明轰炸学校时，同我家中几个人的相片放在一处，搁在九妹宿舍小箱子中，约四十磅大小一枚炸弹，正中房子，一切东西都埋在土中了，第二天九妹去找寻行李时，所有东西全已被人捡去，只剩下废桩上放了一个小信封，几个相片好好搁在里边。原来别的人已将东西拿尽，看看相片无用处，且知道我们还有用处，就留下来，岂不是比小说还巧！

这不是给小滢一般地写信，是在结合她自己的事做示范，启发她如何写文章。他写云南“大雪山下的鹿脯，小说上还只有史湘云吃过一次”；他写“熊掌同妖精手掌一样，干干的满是黑毛，如挂在墙上，晚上睡觉真担心它会从墙上蹦下来掴我一下”；他写“芒果，有饭碗大，是中国最特别的种子”；他写“白菜有二十斤一棵的”；他写“五月能吃石榴，大的一枚有一斤重”；他写“这里的西红柿极好，大的有一斤重一个！做出汤似乎比文章还得人赏识”；他写“蝴蝶有身上起太极图的，有作霓斑的，有全黑却加上红殷殷花纹的，有一色碧绿绒，头是乌黑的。大的约六寸长，……间或有一尺大的，完全如假造的”。看到这些描述，真让你垂涎欲滴，吸引着你的心灵，让人欲到那里一睹为快，这就是小说家沈从文讲故事的本领和过人之处。

他还写各色人物——

金伯伯（即金岳霖），在北平时玩蟋蟀和蝈蝈，到长沙买了百十方石头章，到了昆明，无可玩的，就各处买大水果，一斤重的梨子和石榴，买来放在桌上。

张奚若和杨今甫伯伯的孩子来时，金伯伯照例就和他们打赌，凡找得到更大的拿来比赛，就请客上馆子……金伯伯还养过一些大母鸡公鸡，养到我住的北门街，走路慢慢的，如天津警察，十来斤重，同伟人一样，见了它小狗也得让路，好威风！可惜，到后我们要搬乡下时，他送人也无处送，害得他亲自抱下乡去，交给陶伯母，总算有人承受。你若在这里，纵口馋量大，宰一只时，恐怕也得吃一星期！

教师中最出色的应数吴宓，这个人生平最崇拜贾宝玉，到处讲演红楼梦，照例听众满座。隔壁有个饭馆，名“潇湘馆”。他看到就生气，以为侮辱了林黛玉，提出抗议（当真抗议）！馆子中人皆尊重这教授，便改名“潇箱”。你想想看这人多有趣！你问问妈妈，她会告诉你这人故事的。

信中还写到“巴金五月八号已结婚，太太也是个相当能吃的很可爱的小姐”；“鞋子最破的或应数曾照伦，脚踵落地，一眼看来真够凄怆”；信的最后还问“刘秉麟先生那个梳大发辫的团脸小姐，一定也大了”，“还有大眼睛如黑人神气的小周先生，在上海施高塔路住时，我每回去看他姐姐，他就要我说故事，想不到这位姐姐从英国载了副大近视眼镜回来，已做了博士”，“苏伯母可还如珞珈山时那么骑自行车，头发不长不短如女兵？避空袭可还有人藏在方桌下，方桌上放个木盆装上一盆水”？

沈从文信中写到的人，突出了人物的个性和特点，有的让人捧腹，有的与众不同，叙述平易近人，独俱格调，久存于心。

凌叔华把这封长信寄给《文艺先锋》杂志公开发表，前面所加的陈小滢附志中说："从文伯伯一定不会因我没有征求他同意便发表而生气吧?!"不知为何，沈从文好久没理凌叔华。

回到乐山，她着手回北平的准备。那时武大分两批返鄂，负责行政工作的先回珞珈山，杨瑞六、袁昌英等先行回去了。负责教学业务的再留乐山一年，苏雪林等继续留下上课。

凌叔华跟大家一样，变卖衣服和自建的房屋，筹集回北平的川资。四川经过长期战争，物资馈乏，价格飞涨，乡下人见物就买，不几日便把家产处理得干干净净。

风起帆举，破浪东去，马达声伴她们一路到重庆。

在重庆等候飞机期间，母女二人住在陈西滢二弟陈洪家里，做出国前的准备。

终于等到了去北平的飞机，因北返的人太多，航班限制行李重量，凌叔华带着两大本相册，她和小滢各抱一本走向机舱，飞行员见状大声宣布，每人只许带一小箱衣服，手上和衣袋里不许带任何东西，未已，美国大兵即走来检查，她们手上的相册立刻被收去扔了。凌叔华和陈小滢的眼泪夺眶而出，嘴里却不敢哼一声。她知道，那机票是从黑市上买来的，一旦被发现，那会节外生枝，他们会任意处罚乘客。

就这样，凌叔华和陈小滢含着泪水上了飞机。

在回到北平的日子里，凌叔华茫然不知所措，许多朋友还未从南方回来，北京不时有"内战将要爆发"的传闻，她和女儿小滢衣奔食走，写了许多信，托了许多人，出国、工作仍无着落。

突然有一天陈西滢从英国来信，说比利时大学聘一位教师讲授中国艺术，他代为接受了聘书，让她们母女赶紧办理出国手续。

一切准备就绪，已是这年的九月了。她们即乘火车赶往上海，从那里乘轮船经美国转到伦敦。

二

在上海，凌叔华和小滢借住在复旦大学教授靳以先生家里。拟从上海乘船去美国淑浩家，再从那里去伦敦与陈西滢相聚。

凌叔华原本与靳以并不太熟悉，因凌叔华在编辑《武汉日报·现代文艺》副刊时，靳以为她异地做过编辑，又因靳是天津人，凌也是半个天津人，因而拉近了他们之间的距离。所以对凌叔华的到来，他非常热情，把仅有的两间房腾出一间给母女二人居住。

靳以姓章，发表作品时用今名。他一九〇九年生人，一九二二年毕业于复旦大学国际贸易系，曾编辑过《文学季刊》、《现代文艺》等刊物，后回母亲任教。著有短篇小说、长篇小说、散文、报告文学多部，代表作是长篇小说《前夕》。解放后任上海文协主席、作协副主席、中国作协书记处书记等职；后被推选为全国第二届人大代表，不幸于一九五五年早逝。

那时靳以一家住在江湾校区宿舍庐山村10号，是一幢奶黄色二层小楼。整个楼下是一间大厅，楼上一间卧室有阳台，凌叔华和小滢便住在楼上。她们在这里等船等了近两个月，闲暇时便去拜访了沪上的朋友。

最先见到的是萧乾夫妇。

萧乾和夫人格温刚从英国回来，同在复旦教书。他教新闻写作和英国小说，格温教英语。格温的父亲是宁波人，母亲是英国人。她出生在上海，从小随母亲回英国，在外婆家长大。她受的是英国教育，不会说中国话，夫妇两人在上海辗转搬了六次家，最后住在复旦大学一幢日式小楼里。格温对这个住处很满意，她挎着一只蓝子，从校园四处拾来一些碎砖瓦，在窗前围起一块小草坪，生活才安顿下来。后来叔华得知，格温是萧乾的第三位夫人，他们的相识，还是陈西滢从中介绍认识的。

在上海，萧乾乘出租车带小滢跑遍了有名的街道、外滩、城隍庙和商店，给她买了袜子等物，还带她到冷饮店吃冰淇淋。有一次萧乾骑自行车带小滢去玩，差点被美军的军车撞了。回来被靳以骂了一顿，说他不负责，萧乾当时窘得像个大孩子，虽然靳以只比他大一岁。若干年后，小滢还清楚地记得这些事。说起来很有意思，小滢后来的丈夫秦乃瑞，当年是萧乾在英国时的学生，中文名字还萧乾给起的，不过当时起的是金乃瑞，后来认为金不像汉姓，自己改姓了秦。

之后，她去看望了天津女师时老同学许广平。

此时鲁迅已去世十年，许广平在上海的日子过得十分清苦，一个人带着儿子周海婴过活，还要为鲁迅的母亲寄生活费。虽然鲁迅与陈西滢因“女师大风潮”有过一场论战，但那是二十年前的旧事，彼时她二人都未与对方结婚，也未发生过直接矛盾，尤其是“五四”时期共同战斗的友谊，远远大于那些不愉快的过往。许广平与凌叔华的妹妹凌淑浩也是天津女师的同学。这次二人见面，小滢没有去，她带去了女儿的《纪念册》，代求许广平为小滢写下她的寄语：“多才多艺，博爱和平，像我们的先生一样。小滢妹妹，景宋。”

景宋是许广平的字，“像我们的先生一样”是指其母凌叔华的才学。

一九四六年八月二十四日，青年女作家赵清阁为凌叔华出国饯行。参加聚会的有：鲁迅夫人许广平、诗人方令儒、徐志摩的夫人陆小曼、江苏籍女作家罗洪、浙江籍女作家沉樱（梁宗岱前妻），北大才女张充和（沈从文夫人张兆和的妹妹）。

赵清阁是河南信阳人，一九三七年来到当时抗战中心武汉，主编第一个抗战文艺刊物《弹花》，与陈西滢、凌叔华同时加入中华全国文艺界抗敌协会。抗战胜利后，她回到上海，先在《神州日报》副刊主编《原野》，后又参与编辑《文潮月刊》。赵清阁拿了她新出版的长篇小说《双宿双飞》，送给凌叔华和赴宴的文友。

凌叔华感谢赵清阁为她设宴送行，也祝贺她的新作出版问世。

九月二日，她告别靳以一家，乘车赶往公和祥码头。下午的阳光一片辉煌，"麦琪将军号"海轮粗大的烟囱吐出团团黑烟，模糊了远方的天际。沉重的汽笛声响了，船慢慢驶离了码头。

陈小滢的叔婶和萧乾前来送行，凌叔华和小滢站在甲板上，不停地向岸上挥手作别。

三

去旧金山走这条液态海路并非是一件美差，叔华上了船才深切感受到它的痛苦。

"麦琪将军号"原是美国一艘海军运输船，不久前退役改装成一条客船。全船一千五百人，只有房舱和统舱两个等级，几百人住在一起，“热”是第一挑战杀手，进了舱先给你洗个不花钱的桑拿浴。

上船后叔华才知道船上还有文化界和政界的一群朋友及眷属。他们是将军冯玉祥夫妇、画家叶浅予夫妇、数学家华罗庚、哲学家冯友兰、作家吴组缃、电影家司徒慧敏等。由于房舱很少，冯友兰、华罗庚都未能住进。冯玉祥将军看不过去，亲自给美国船长写信，但也无济于事。请看画家叶浅予记下的那次旅行日记：

一九四六年九月二日

十一点到公和祥码头，旅客已排成长蛇阵，等待海关检查。许多朋友来送行，史东山和韩仲良为我们拍了一段电影，等到将近一点半才挤上船。秩序之乱，有如逃难。

原先这条“麦琪将军”号是海军运输船，最近恢复运营。船舱只分房舱和统舱两级。房舱住宿，统舱住兵。统舱分四层，上下铺只二尺光景。全舱要住几百人。舱里那么热，人那么多，如同进了地狱。

一九四六年九月三日

昨晚在铺上一直淌汗，像泡了一次土耳浴。海水蓝得像派克墨水，飞鱼一阵阵从激浪中飞出，作弧形抛物线降落在激浪中。

太阳太强烈，我们将帆布船椅放到房舱甲板上，又被船员赶走。

下午四时左右，看到海岛一群，据说是琉球群岛，傍晚过长崎海岸……

风行水行，叶浅予一路作画不停，写日记不停，直到九月十四日抵达旧金山。

凌叔华在船上也没有放弃与这班朋友的交流。冯玉祥、李德全、叶浅予、吴组缃、冯友兰等，他们谈天说地，回首往事，互致问候，成为航行中不可或缺的话题。小滢忘不了她那本宝贝纪念册，趁名人聚集之机，留下他们的墨宝、绘画和题签。

他们从上海启程，到达美国的旧金山，屈指算来，足足走了十二天。凌叔华抬头看了看码头上的挂表，已是九月十四日上午十时了。

码头上，出关的人一片混乱，潮水般向移民局涌去，秩序大乱，骂娘声不绝于耳。凌叔华和女儿小滢夹在人流中间，在人声鼎沸中，不知什么时候走出了移民局的关卡。

四

在结束横渡太平洋之旅后，凌叔华和小滢打计程车到旧金山火车站，从那里乘开往纽约的火车，中途在印第安纳波里斯市下车，去看望妹妹淑浩。

印第安纳波里斯市是印第安纳州的首府，位于州的中央，跨怀特河两岸，市区面积911.7平方公里，人口八十多万。属马里恩县，城市占据了县的绝大部分地区，另有八个独立市镇。该市始建于一八二〇年，五年后市政府迁至于此，产业主要有汽车、药业、食品、金属、电子等。

凌叔华的妹夫陈克恢上世纪二十年代末完成博士学位后与凌淑浩结婚，他从事中药药理研究，淑浩也放弃了从医念头，去做丈夫的助手。如今儿子陈道元已十二岁，女儿陈美芳八岁，都在附近就学。他们购置了私人住房，住在汉普顿路519号白人社区，室内安装了空调，门窗紧闭。门前绿草如茵，在太阳下浮光耀金。

陈小滢在国内时是个山里玩耍的“野孩子”，门窗四开，空气新鲜，她刚到这里适应不了这密闭生活，总是感到憋闷。星期天淑浩和陈克恢带她们去教堂，小滢戴着淑浩衣橱里那顶帽子，牧师把她们当作中国来的难民介绍给大家，小滢感到是一种人格羞辱，血一下子涌到脸上。凌淑浩送给小滢一箱自己的旧衣服，她更是不高兴，一句感谢的话也没有。后来到英国后穿在身上，让同学们羡慕得不得了，然而她一想到是中年妇女闲置的衣服，心里便十分沮丧，埋怨姨妈不给她买一套新的年轻女孩的衣服。

凌叔华也感到与妹妹一家生活上的落差，在美国没有别的熟人，她只看望了上海时期新月社的邵洵美，然后从纽约搭乘一艘由军用运输船改装的客轮，赶赴英国伦敦，于一九四六年底与陈西滢相聚。他们一家终于结束四年分离的生活，在伦敦摄政公园附近圣约翰伍德一座小楼里定居下来。

第二十三章　初到英伦

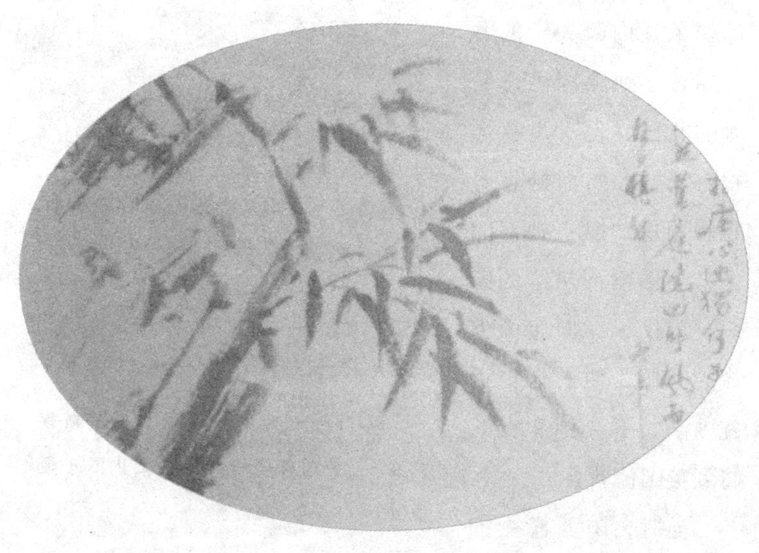

一

在瓦内萨·贝尔的帮助下，陈小滢踏着伦敦三月的春风又走进了学校，瓦内萨·贝尔还推荐玛乔里·斯特拉奇做她的英语老师。

玛乔里是布鲁姆斯伯里圈内传记作家利顿·斯特拉奇的妹妹，也是一位作家。

自从朱利安死后，凌叔华便与他的母亲瓦内萨·贝尔开始了书信往来。在那些年里，因了凌叔华的信件往还，不时寄些小礼物给她，冰释了瓦内萨失子的一些痛苦。她深深思念着她的儿子，也对凌叔华报有深情。然而她也有思想顾虑，担心她们的往来会影响到叔华的家庭。凌叔华在旧金山上岸的时候，便去信告诉瓦内萨，不久她和女儿将到英国伦敦。

瓦内萨·贝尔居住的“查尔斯顿农庄”。早期布鲁姆斯伯里文化圈子聚会处

当时，陈西滢受国

民政府委托，出任联合国教科文组织常驻代表。因巴黎物价昂贵，他难舍几年积蓄买下亚当森街十四号寓所，因而未把家迁往法国，陈西滢只得奔波于巴黎和伦敦之间。

一九四七年一月，瓦内萨到伦敦第一次与凌叔华会面，四天后瓦内萨给凌叔华去信：

> 你不必为没能与我保持联系而自责——我十分理解。在去年通过书信对你有了深切了解之后，我终于与你见面了，这是很奇怪的感情。我仿佛处于一个虚幻世界中，对自己所有感受到的难以言表。经过这么长时间，如今我已经接受了没有朱利安的生活，并且仍然试图从中获得某些东西——我认为你的出现让我再次感觉到，我是多么需要他。

出于情感驱使和现实需要，凌叔华通过瓦内萨与布鲁姆斯伯里文化圈子保持着联系，适应异域城邦的艰难处境，努力开辟自己未来的生活道路。她写信给瓦内萨，描述那些孤寂的夜晚，瓦内萨以略显淡漠但依旧充满同情的态度，力所能及地去帮助她。

瓦内萨在安排小滢到纽纳姆学院入学的同时，又让凌叔华一起跟玛乔里·斯特拉奇上课学习英语。她又将凌叔华介绍给以译介中国和日本诗歌而闻名的翻译家阿瑟·威利相认识，如此凌叔华也得以不断并拓宽英国文化界的人际关系。

春暖花开的时候，瓦内萨邀请凌叔华去查尔斯顿做客。那里距离伦敦一百多公里，她带上一九二五年徐志摩去英国时那个纪念卷轴，乘火车抵达查尔斯顿。她打开画轴，当二十二年前罗杰·弗莱单色水墨风景画出现时，瓦内萨惊讶得说不出话来。凌叔华拿出一本新的纪念册，请瓦内萨和邓肯·格兰特为之作画。朱利安的弟弟昆汀（1910—1996）是英国著名评论家、雕刻家、作家、苏塞克斯大学教授，凌叔华在他做的陶罐上，也为他作了中国画。

在伦敦的第一年，瓦内萨在许多事情上都给予凌叔华很多照顾和帮助：让她到纽纳姆学院上课，去哪里购买画布和支架，如何学习平版印刷，以及如何联系画廊举办画展等。

一九四七年二月五日，瓦内萨鼓励凌叔华在巴黎或美国举行画展，并说，“不要让一时的失败摧折你的信心”。在瓦内萨的指点下，凌叔华在欧洲举办了几次画展。

第一次是一九四九年二月，在伦敦与另外两位女士共同展出了画作。

瓦内萨为这次画展出了不少主意。让她的小儿子昆汀（评论家）为凌叔华写评论，邀请名人为画展揭幕，介绍她在中国的名声。瓦内萨还带朋友来参观画展。八月二十五日，瓦内萨去信鼓励她多展出一些“有关伦敦的画作、瑞士的河流和风景画，尤其是‘日内瓦到蒙特勒’一带的”。

第二次是同年十二月在伦敦纽帮德大街亚当斯画廊举办的个人画展。这次共展出三十七幅作品，售出其中的十一幅。

凌叔华知道，举办一次专业画展，需要听从多方面的建议。这次伍尔夫的丈夫伦纳德·伍尔夫帮她请到了英国桂冠女诗人维塔·萨克维尔·维斯特的儿子本·尼科尔森，又请到了朱利安在剑桥的好友、美术教授、现为伦敦大学考陶德艺术研究院院长安东尼·布兰特，前来观看她的画作。

十二月十三日，瓦内萨去信评价她的画展。在这里她暗示了俄国形式主义者所指出的后现代主义价值观，即“熟悉的事物陌生化”。“我相信人们一定会对一个中国艺术家所看到的伦敦很感兴趣。人们看到过很多的中国风景画，但是却很少在画布上看到自己所熟悉的环境。”

在这之前的六月十八日，凌叔华给伦纳德·伍尔夫写信说，多萝西·伍德曼“对我几幅画特别感兴趣，从某种角度来说，这些画的独创特点有几分类似于音乐。我画了将近七十种不同的兰花（花和叶），形式各异，充分展现了我的想象力”。

开展后，多萝西·伍德曼再次观看了凌叔华的画展。

邓肯·格兰特也有同感。在这次画展上，她评论凌叔华画的阿尔卑斯山，“在欧洲创作的一些小型风景画有种奇特的魅力”。

第三次画展是一九五三年在茨维玛美术馆的展出。

在凌叔华画展手册上介绍说，凌叔华用画笔记录了她在伦敦北郊发现的所谓“东方化”的风景，烟雾中的泰晤士河，苏格兰的湖泊，还有维塔·萨克维尔·维斯特的西辛赫斯特。但是，像安德烈·英洛亚在赛努奇美术馆目录简介中说的那样，她“并没有”刻意去给这些西方风景蒙上一层神秘的东方色彩，而是如实地画了她所看到的一切。这足以证明她的原创性，因为在这些风景中，她发现了千年的经历。

此时，凌叔华又收到巴黎塞努奇美术馆的邀请，经过一番准备后，她于一九五九年在那里举办了第四次画展。安德烈·莫洛亚“给天资聪慧的叔华”展出目录撰写了序言。

这次展览大受欢迎，在巴黎加展了三个月。凌叔华说，一家美国的美术馆也要展出她的作品，哈佛的展览也在洽谈中。

然而，凌叔华想要融入英国社会并非易事。瓦内萨既不能不助，又不能越俎代庖，自有一番苦衷。如一九四七年九月，给她的女儿安吉莉卡写信，诉说当时的心情：

> 我为她引荐了一些人，但情况似乎并不妙。威利明显不喜欢她，装出要出国的样子来避开她。老甘伯（玛乔里·斯特拉奇）对她的逞才使性极其厌恶，之所以愿意收她做学生，是因为得从她那里混口饭吃。不过还好，克莱夫（贝尔）喜欢她，邓肯也觉得她不错，我自然也喜欢她——不过，确实很难给她提供一个朋友圈子，那才是她真正想要的，谁都不可能让她一直留在这里。无论如何，我们得考虑一下将来的事。我希望一切都好，而她也可以像从前一样坐在那里画柳树。

在此期间，凌叔华以中国人的方式，买了各种不同的礼物来感谢瓦内萨，作为英国人，对此却感到不习惯，每次送来礼物，瓦内萨都要责备她。由此看到，在一种新的环境里求生存，是一件不容易的事。凌叔华来英之前还算是有成就的人，如果是平庸之辈，又没有一技之长，更可想而知了。

二

一九四九年八月二十五日，地质学家李四光在南海边的伯恩茅斯公寓请了几位朋友，以简朴的仪式，为在英国剑桥留学的独生女儿李林和女婿邹承鲁举行婚礼。

凌叔华（右一）一家与李四光（左一）一家在英国南海边留影

凌叔华一家应邀前往，为李林、邹承鲁新婚送去了礼物。

李四光与陈西滢早年一起留学英国，过从甚密，只是不在一所大学。他们也不是来自同一省份，一个来自湖北，一个来自江苏。李在伯明翰大学学习，获自然科学硕士学位。陈在伦敦大学学习，获博士学位。二人同被蔡元培先生聘请，到北大任教。李四光任地质系教授，后兼京师图书馆副馆长；陈西滢任英语系主任兼教授。

在鲁迅与陈西滢论战中，因薪水多少的问题李四光受到鲁迅的奚落，遂亦参与其中，为陈西滢助战。此外，还有一层关系，李四光的夫人许淑彬原是师大女附中教师，与陈西滢是无锡同乡，曾有人撮合过二人的婚姻。李四光的女儿李林在珞珈山时告诉过陈小滢：“如果他们结了婚，那么就没有你，也就没有我了!”

李四光夫妇是一九四八年八月到达伦敦参加第十八届国际地质学会的。会议结束之后，李四光没有立即回国，同夫人来到伯恩茅斯公寓疗养，观察国内外时局的发展。第二年九月，人民解放军占领南京的消息传到了欧洲，这时他又接到参加世界维护和平大会的郭沫若从布拉格给他捎来的一封信，请他早日返国。李四光在英国接到这封信，心情十分激动，马上订好了到香港的船票，办好了过路签证。

就在这时，驻联合国教科文组织的好友陈西滢给他打来电话，说国民党驻英大使郑天锡接到外交部的密令，要李四光公开发表声明，拒绝接受共产党领导的全国政协委员的职务，不然就扣留他送往台湾。

李四光听后，当机立断，拿起一个小皮包，告别夫人许淑彬，只身从伯恩茅斯渡过英吉利海峡，到了法国。第二天国民党驻英使馆果然派人来找李四光，夫人许淑彬对来人说他外出考察去了。过了两个星期，许淑彬收到他从瑞德交界巴塞尔的来信，明白这是让她前去会合。

许淑彬把不便携带的东西，交给凌叔华保管，凌后来设法把这些东西转交给了李四光。

李四光夫妇在巴塞尔买好了从意大利热那亚开往香港的船票，摆脱了国民党驻英使馆的纠缠，终于回到了祖国。

李四光夫妇于一九五〇年五月六日从广州出港，经上海、南京到达北京。在车站，他们受到中央人民政府副主席李济深、中国科学院院长郭沫若、副院长陶孟和、竺可桢（陈西滢的妹夫），以及丁燮林、钱昌照、钱端升等人欢迎。晚间，郭沫若设宴招待，李济深、陆定一、胡乔木等出席作陪。周恩来总理前来看望，畅谈近三小时。在六月召开的第一次全国高等教育会上，李四光同其他代表一起受到毛泽东同志接见，还特意向他问候。

早在一九四九年十月，经中央政府第三次委员会通过，李四光被任命为中国科学院副院长，时年六十岁。

一九五二年八月，又被任命为地质部部长。

三

一九五〇年五月，苏雪林再度赴法，在巴黎东方饭店见到陈西滢时，把她写给凌叔华的信交给他，说瑞士之行后到伦敦看望叔华。

八月十八日，苏雪林从巴黎乘火车到敦刻尔克，然后乘船到英土上岸，傍晚才赶到伦敦凌叔华亚当森街寓所。

凌叔华这天晚上为苏雪林接风，陈家客厅高朋满坐。五年未见，叔华风韵依旧，只是略微胖了一点儿。两位好友在伦敦相见，她们相抱良久，热泪盈眶。她向客人们说："这就我常常思念的好友苏雪林先生"。

陈西滢幽默地补充："她是我敬佩的女中男子，好汉作家！"

饭后客人散去，凌叔华与苏雪林同室而寝。久别重逢，她们有说不完的话。

苏雪林说："抗战胜利后袁昌英回到武大，你去了英伦，我们三个人风流云散，我一直在想，今生怕无缘再相聚了。"

凌叔华说："聚散离合是人之常情，我不是写信说，一定能够再见面的吗？”

苏雪林说：“那年回到武大，学潮频频发生，我也上了军警抓捕的黑名单。要不是朱君玖给他们说谎，我也就被抓去了。袁昌英先回湖南老家，然后转道广西与杨瑞六会合。后来我和姐姐乘船到了上海，那时南京已经解放，上海也危在旦夕，在高神父的引荐下，便去了香港真理学会编辑《时代学生》杂志。”

凌叔华也说了她这几年的经历。她说：“朝代有更迭，人事有代谢，这是人世大事，也是平常事，见多了就不奇怪了。生存才是最基本的状态。”

两人躺在床上，一直聊到午夜。

在伦敦期间，凌叔华陪苏雪林游览了国立画廊、伦敦塔、维多利亚纪念馆、黎琴公园、书店街等处，选购了一些书籍和研究屈赋的资料。使她最难忘的是参观大英博物馆。它是英国最大的综合性博物馆，位于伦敦的鲁塞尔大街，十八世纪中叶，是由汉斯·斯隆爵士遗赠给国家的私人图书馆及其藏品的基础上发展而成的。内有埃及、希腊、罗马、西亚、欧洲和东方艺术诸馆。其中东方艺术馆陈列着中国大量古代和近代文化艺术珍品，最为名贵的是唐本东晋顾恺之横卷《女史箴图》，画于一千六百年前，是流传下来我国最早的书画作品。另一幅是宋元时代赵孟頫的双马图。画下铜牌注：“帝国作战部遗赠”字样。凌叔华、苏雪林看了很气愤，那不是当年英法联军或八国联军从中国掠夺过来的吗？

剑桥大学是徐志摩二十年代初就读的地方，那里也造就了密尔顿、华滋华斯、拜伦等世界知名度的诗人，是中外作家十分向往的地方。在凌叔华、陈西滢的陪同下，苏雪林去参观了剑桥大学。

剑桥是剑桥郡的首府，位于伦敦北部五十六英里，也是剑桥大学所在地。他们一行从利物浦乘火车，大约一个小时就到了大学城。剑河从城西向东北方流去，身后留下这条碧波荡漾的河水，两岸杨柳依依，紫枫争艳。几十座不同样式的桥梁搭建其上，把两岸紧密地连接在一起。四野绿草如茵，点点番红花、蒲公英点缀其间，焰火一般鲜丽。连绵的树木组成山一样的背景，有序地聚集，多样地组合。哥特式教堂，秉持而立，组成人与神的双重景观。

从十三世纪末创办第一所学院——彼得学院，至今已有三十余所学院。一些学院由英国历史上的国王、王后、主教等建立，因而便以他们的名字来命名。

当他们一行来到国王大街的时候，凌叔华指着皇家学院对苏雪林说："这是当年徐志摩就读的学院，英国文学史上著名诗人德蒙·瓦勒尔、荷拉斯·瓦尔波尔、罗培特·布洛克就出自这个学院。萧乾也曾在这所学院就读，他是志摩的朋友魏雷和福斯特介绍的。"

陈西滢补充说："福斯特是英国当今著名作家，一生未婚，与老母生活在一起，一九四五年我与萧乾曾到他家作客。"

苏雪林感叹地说："这可是座神圣的殿堂，正应了古人'云来山更佳，云去山如画'的意境"。

三一学院更是一所规模宏大的建筑，她们漫步在这所学院里，凌叔华介绍说："这所学院建于一五四六年，大科学家牛顿就在这里求学，毕业后又在这里任教三十年，数学是他们的强项，在学院享有独特的地位。大生物学家达尔文也曾是这里的学生。”

苏雪林感叹：“看了人家的学院，不免令人惭愧，我们的国家闭关锁国，军阀混战，要落后人家几个世纪了。”

告别大学城已是傍晚时分，她们领略的不仅是自然风情，更是一种人文的精神力量。

第二十四章　跨文化创作《古韵》

一

《古韵》一书的出版，是凌叔华结合英语学习，无意中在读了英国《观察家》报的文章《在你的花园里》开始的。

特别是作者维塔·萨克维尔·维斯特，在讲到中国植物时，令她产生极大兴趣和深深乡愁。于是凌叔华通过《观察家》报给作者写了一封信，问能否前去拜访维塔和她的西辛赫斯特城堡著名花园。不久，凌叔华得到回应，被邀请去了她的宅邸，并参观了她美不胜收的花园。

维塔的宅邸大致占地四英亩，四周拴养着几条大狗，一辆手推车用来运送木柴，供应冬季室内的炉火。维塔的丈夫是英国驻土耳其使馆的参赞，因而她喜欢穿土耳其服饰。她长得非常漂亮，颈项间戴一条祖母绿项链，显得高贵而华丽，但她也常带一点诗人的忧郁。维塔是名门望族之后，有着西班牙吉卜赛人的血统，这体现在她一双黑色眸子和优雅的仪态中。

《古韵》英文版封面书影

凌叔华的到来维塔非常欢迎，她把她领到古堡顶上楼阁里吃茶聊天。她们在谈话中说到了弗吉尼亚·伍尔夫，凌叔华说到她与伍通讯并写自传的事。维塔听后立刻兴奋起来。她说："我与伍尔夫是一九二二年十二月在她的姐丈、文艺批评家克莱夫·贝尔餐桌上认识的，到现在将近三十年了。我们是多年的老朋友。一九二八年秋天我们一起到法国旅游一周。我们经常通信，她常常向我提出一二十个长篇问卷，如果不逐条回答，她就会变得多么恼火。"

二人在品茗中，凌叔华知道维塔不仅是热心的园艺者，而且是英国著名的桂冠诗人和小说家。当维塔得知凌叔华对文学非常感兴趣时，就问她是否用英语写过什么作品。凌叔对她说起从前和弗吉尼亚·伍尔夫通信，还提到伍尔夫生前鼓励她用英文撰写自传。维塔惊讶地说，"你一定要完成你的书"。她告诉叔华，伍尔夫曾以她为原型，创作了小说《奥兰多》，你可找来一读。她依稀记得，伍尔夫曾与她谈起过有人从中国寄给她的故事。

维塔鼓励她重新写这本自传。

随后，维塔《在你的花园里》专栏文章中写道：

> 一个冬天的晚上她睡着了，突然发现自己置身于全世界各种奇花异草包围之中。在梦中，她看见房间的樯消失了，"取而代之的是一个中国式的皇家园林，广阔无边，包罗万象，花园里的一切都充满了生机，大地的宝藏在这里幻化为无尽的美景融在一起。

她把一个英国梦，移植到那个遥远的中华帝国。后来，她与凌叔华成了亲密的的朋友。凌叔华的两篇小说《在中国的童年》和《红衣人》，经维塔和她的丈夫引荐，分别刊登在一九五○年十一月二十二日和二十四日的《旁观者杂志上》。

瓦内萨在祝贺凌叔华用英文首次发表作品时写道："你把一种可怕的、更是奇异的经历表现得引人入胜，让我从一个孩子的眼光去感受了这种经验，这种写法是非常可贵的。"

维塔则将她的写作特点概括为"对世界的另一头已消失的生活方式所作的让人愉快的素描"。

《我们家的老花匠》、《造访皇家花匠》两篇小说，与她的画放在一起，发表在一九五一年二月十六日和四月二十五日《乡村生活》杂志上。

上述四篇小说，都是其后出版的长篇小说《古韵》中的章节。

二

凌叔华在维塔的帮助下，联系上了伍尔夫的丈夫伦纳德·伍尔夫，并且与伦纳德一起拜访了僧侣屋，看了伍尔夫的起居室和花园。最后在伍尔夫堆积的遗物里，终于翻出了凌叔华抗战期间寄给她的书稿。伦纳德在伍尔夫死后继续经营贺加斯出版社。书稿经凌叔华的英语教授玛乔里·斯特拉奇校订润色，他接受维塔的建议，于一九五三年十一月由贺加斯出版社以精美的装帧隆重推出，并取名《古韵》。

书名是来自白居易诗《废琴》的诗意："丝桐合为琴，中有太古声。"一九九一年由著名作家傅光明先生翻译在中国出版，台湾译为《古歌集》。凌叔华将这本书献给弗吉尼亚·伍尔夫和维塔·塞克维尔·维斯特。维塔为这本书写了热情洋溢的序言：

还是在一九三八年至一九三九年间，原直隶布政使的女儿凌叔华致信弗吉尼亚·伍尔夫，并收到回信——中国与布鲁姆斯伯里之间一次不同寻常的书信交往。叔华住在遥远的中国西部省份，那地方颇令伍尔夫夫人向往："我真羡慕你住在一个具有古老文明而又广袤荒凉的地方，从你的信中我对它已经有所了解。"

或许我们会笑话弗吉尼亚·伍尔夫想把家从塔维斯托克区搬到广袤荒凉地方的想法，但这种愿望同她的性格并不矛盾。她是个浪漫主义者，同时也是个极现实的人。她提出了丰富的建议："我非常希望为你的工作提供点帮助。工作是我目前生存的惟一途径……我惟一的忠告，就是工作，这是我自己尝试过的……关键是写你自己确定想写的……你问我该读些什么书，我想十八世纪的英文对一个外国人来说最好学。你喜欢书信吗？库柏和华普尔的书信明白晓畅，司各特，简·奥斯汀的小说，盖斯凯尔夫人的《夏绿蒂·白朗宁的生活》以及当代作家乔治·摩尔的小说，都很干净利落。"

她并未停留在口头，而是向中国寄去了兰姆的散文和《夏绿蒂·白朗宁的生活》。"平安收到后，请告诉我，我再给你寄。在伦敦买书既容易又便宜，你不用付钱。给你寄书，不胜荣幸。"

伍尔夫夫人很快收到一部手稿，并对这部手稿做出了肯定的评价："我写信是要告诉你，我很喜欢它，它很有魅力。当然，对一个英国人来说，开头读起来有点困难，有些支离破碎。英国人一定闹不清那么多的太太是谁。不过读一会儿就清楚了，然后就会发现一种不同寻常的魅力，那里有新奇诗意的比喻……继续写下去，自由地去写，不要顾虑英文里的中国味。事实上，我建议你在形式和意蕴上写得更贴近中国。生活、房子、家具，凡你喜欢的，写得愈细愈好，只当是写给中国读者的。然后，就英文文法略加更易，我想一定可以既能保持中国味道，又能使英国人觉得它新奇好懂。”

在另一封信里，伍尔夫夫人把自己的观点谈得更明确：“我想，如果有些英国人把你所写的同规范的英国散文做个比较，对这部书的总体印象就会受到影响。当然，要让英国读者理解你的全部意蕴非常困难……但我感觉，它非常有趣，令人着迷。”

弗吉尼亚·伍尔夫同叔华从未见过面。叔华于一九四七年抵达伦敦，行李中夹着一大叠打字稿。她给我写信，纯属偶然，她不知道我和伍尔夫夫人是好友。事实上，我听说过这些描述在世界另一端已经消失了的生活方式的有趣故事。她在信中向我问候，并请我为她作序。我欣然接受，并相信读者会像弗吉尼亚·伍尔夫和我一样，为它着迷心醉。叔华现住在伦敦。她成功了，她以艺术家的灵魂和诗人的敏感呈现出一个被人遗忘的世界，在这个世界，对美好生活的冥思细想就是不言自明的。她的每封信都能反映出她对于美的渴望。她的文笔自然天成，毫无矫饰，却有一点惆怅。因为她毕竟生活在流亡之中，而且那个古老文明的广袤荒凉之地似乎非常遥远。

美好的生活自然包含许多部分。在这部回忆录中，有些章节叙述了北京家庭纷繁懒散的日常生活，很有意思。伍尔夫夫人说得明确，英国读者也许闹不清开头的那么多太太，但很快就对大妈、二妈甚至四妈、五妈熟悉起来，更不用说九姐、十弟了。情节富于喜剧色彩，但当三妈拽着六妈的头发，尖声叫骂，连推带搡拉到院子里的时候，你不会觉得滑稽；当无名的红衣人被锋利的大刀砍下头颅时，你也不会觉着好玩。对我们来说，它比《天方夜谭》更引人，因为它是取自一个同时代人真实的回忆。

凌叔华小说《古韵》插图之一

这部自传体小说共十八章，是作者童年时代的往事回忆。

她写了这个家庭的喜与乐，也写了这个家庭的悲凄与窘迫；她写了那个时代老北京社会风情的人与画，也写了这个社会的罪与罚；她写了童年时代独有的骄傲与陶醉，也写了心灵的焦虑与自卑；她写了这个官宦之家花天酒地的闹热，也写了浮华背后冷色调的风景。

这部自传体小说出版后，立刻成为英国的畅销书，风靡英格兰大地，先后被译成法、德、俄等文出版，受到读者广泛好评，许多报刊发表了书评文章。

《泰晤士报》文学副刊评论说，叔华平静、轻松地将我们带进那座隐蔽着古老文明的院落。现在这种文明已被扫得荡然无存，但那些真正热爱过它的人依然深感快慰。她向英国读者展示了一个中国人情感的新鲜世界，高昂的调子消失以后，“古韵”犹存，不绝于耳。

《时与潮》周刊也评论说，书中洋溢着作者对生活的好奇、热爱和孩子般的纯真幻想，有幽默、智慧、不同寻常的容忍以及对生命的深切同情。无论新旧，只要是好的，叔华都接受，从不感情用事。

《旁观者》则对书中的插图作了专门评论，书中有几幅作者自画的插图：描绘那个机灵的小女孩同义母一起放风筝，和老花匠去买花，跟贲先生学诗等等，都非常令人着迷。

《古韵》的出版，圆了凌叔华那个失而复得的梦，再一次镀亮了故园上空的阳光，无异也给英格兰这座雾城捧出一束陌生而神奇的花影。

三

凌叔华这部小说的成功大大膨胀了她的人生计划，她对伦纳德说：再“写一本书——一本像托尔斯泰的《战争与和平》那样的小说——这个想法在我脑海里盘桓了多年。”她还与伦纳德说，为了实现这个愿望，她要去亚洲找灵感，甚至想去朝鲜，为打仗的中国士兵做翻译。

为了实现这个计划，她还要继续办画展，筹集资金。一九五四年在巴黎画展之后，她给妹妹淑浩去信，讲了去美国办画展的设想。

令凌叔华没有想到的是，妹妹在美国已看到她出版的小说《古韵》，对其中家庭的描写非常不满，认为叔华靠出卖自己家庭隐私来取悦于西方人。此时伦纳德原计划将此书在美国出版，以扩大发行量，为出版社取得更多收入。凌叔华没有同意，她写信说：“如果我的书在美国出版，的确会引起许多问题。我得认真考虑一下，看看能否设法删除一些部分而又不对这本书造成任何不好的影响。”

她所说得“会引起许多问题”，是怕影响妹妹在美国的工作和处境。本来淑浩和丈夫就避讳与在美华人接触，所以选了到比较偏辟的印第安纳波里斯工作和生活。如果小说在美国出版，淑浩母亲的家庭地位必然会给他们造成不好的影响。最后这本书拖到一九八八年才在美国出版。

或许是凌淑浩考虑到姐姐的经济状况，才帮助叔华安排了在印安纳波里斯的画展。

一九五四年十月十六日，凌叔华的画展在约翰·哈伦艺术博物馆开幕，展出了她六十九件绘画作品，其中有的是画在丝绸上的，有的是画在宣纸上的。

《印第安纳波里斯新闻》的评论，很关注她笔下的欧洲风光，说“这些风景画中有一种超尘脱俗的魅力，让人仿佛置身世外桃源，不过它们的标题真够古怪，如《洛克·卡特琳》、《柯尔库布赖港》、《迪河上的桥》、《翰普斯地德荒野》、《海德公园的冬天》……我完全相信，凌叔华能够以这种精致迷人的笔墨去描绘交通拥堵中的翻斗的卡车。”

凌叔华在抵达印安纳波里斯的当月，还为参观者举办了“怎样欣赏中国画”的讲座。凌淑浩在一个妇女俱乐部为叔华接风，亲自主持欢迎午宴。

《印第安纳波里斯时代报》则把目光投向凌叔华身上那件“浅绿底色上绣着竹叶图案的丝绸旗袍”，以及陈西滢作为联合国教科组织的代表，对乌拉圭的访问。

可惜，这场展出只卖出八件作品，收入两千六百美元。接下来东去纽约进行了为期十天的展出，而后又南下波士顿在一家画廊展出，只波士顿博物馆购买收藏了她一幅画。在美国的展出未达到她的预想，又在行程中花去了她在印第安纳波里斯卖画的钱，怏怏然不得不回英国了。

从那时开始，凌叔浩对外称她的姐姐是一位艺术家（画家），而不称其为作家。画展后的许多年，叔华给她多次写信，她都没有再回信以冷落来说明不满。

跨文化写作给凌叔华带来希望，但也带来失望。她费了很大力气终于写出了“像托尔斯泰《战争与和平》那样的小说”

的第一章时，她发现这种作品是读者和出版商所不愿接受的。伦纳德爱莫能助，只得回信婉拒：“到目前为止读上去很有兴趣，但是真的太短了，不管从那个方面说，都无法肯定是否可以做成一本书”。伦纳德是出版商，没有像妻子伍尔夫那样给凌叔华承担起顾问和导师的角色。

从此凌叔华再未攀上新的制高点，内心时时感到困惑和忧虑。她在给伦纳德的信中不无埋怨地说：

> 有能力去画，却仅仅因为不被需要而无法继续工作，这真是一种痛苦的经历。这个国家的人们，大部分都不愿接受新的观念与艺术形式，除非他们可以在其中找到自己的影子。……
>
> 在此出售的大部分中国画都是中西混合的作品，主题和画面都必须符合西方人的口味，想到这种不可避免的失败，我真是厌恶极了，可我又能怎么办呢？

凌叔华感到一种“江郎才尽”的威胁到来。

不久，伦纳德买了她画的一幅“竹笋”，用来装饰自己在蒙克的寓所。这是他给凌叔华最后的安慰。

终于，凌叔华等到一个机会，好友苏雪林推荐她到新加坡新创办的南洋大学讲授中国文学，由此，她又收获了一个生命转进的机会。

她虽未回到故国，但总算回到日夜思念的东方来了。

第二十五章　执教南大

一

一九五六年夏天，凌叔华应聘到新加坡南洋大学中文系教授现代文学。

南洋大学是一所私立大学，建立在狮城西南的裕廊山上。这里山势不高，蓁芒丛生，是一坐平凡无奇的山丘。然而学校的建筑却古香古色，一派中国风格。对于爱山如痴的凌叔华来说，不但没有觉得枯躁，反而庆幸它保存了濯濯童山的纯朴，没有历史的沧桑和庸俗的浮夸，恰如一部稍带洪荒气息的歌谣。

她居住的云南园，房前十二扇窗子洞开，对着一座隐隐青山。星洲四季如夏，除了雨中罩上一层薄纱，其他时间则是空濛悠远，鲸波暾日美景良辰了。那阶前的栀子花，那冲天的鸟

1956年凌叔华和陈西滢在新加坡南洋大学

声，常伴她入梦。对于一个浪迹天涯的人，小楼倚空，滴翠揺蓝，实可指为依归了。于是她把这居所称之为——爱山庐。

那一年，陈西莹先生送她来星洲，也曾在此小住。

来之前，凌叔华的外甥女陈美芳刚刚毕业，借此来看望姨妈和姨父，另外想学一些中国画的知识，听了凌叔华的绘画课。陈美芳回去后，叔华给她写了一封长信，这其中抄录了她母亲凌淑浩的来信中的一段：

> 关于写信，想到你对美芳说的那些关于我们的母亲，我们的太祖母以及关于我的话，我根本就没有兴趣提笔。我简直难以想象，特别是母亲已经去世，不能够亲自辩解了。我们的太祖母不是西班牙人。你是听谁说的？我很爱妈妈，你说她，就是跟我作对。像你这样的上等人没有必要为了自己的成功而贬低家人。美芳从伦敦回来后，变得那么困惑，我真后悔让她跟你学画。

信中大有推倒阿尔卑斯山之势。此时凌叔华才明白，九个月以来，她给淑浩写了不下六封信，而淑浩一封也未回的真正原因。是美芳伦敦之行回去说了什么？还是因为小说《古韵》的事耿耿于怀？凌叔华也百思不得其解，把心中的委屈写信向外甥女诉说：

> 我不记得我曾经向你提到过我母亲的事，因为你从没见过她。我也没有谈过我们的太祖母，我是听父母说起过，说我们的太祖母有一头金黄色的卷发，所以家里

人叫她黄毛太。没有人把她当成外国人，而且即便她是西班牙人，头发也应该是黑色的。我们都知道，许多杰出的美国公民祖上都是欧洲人，他们也并不为自己的血统感到羞耻。所以我真不知道你妈妈为什么对我这么大惊小怪的。至于我母亲，我一点儿也不会因为她不是正室就觉得没脸见人……

接到你妈妈的信后，我无法相信她会说这样的话。她将我对她的情分看得一文不值，我不相信她会这么无情。这辈子我没有对她说过谎，也没从她那儿得到过什么好处。每年圣诞节，我都给她寄礼物，尽是挑好的、贵的买，因为我希望她从一个最亲的亲人那里得到礼物而感到快乐，而且，也是因为从小时候我就爱这个妹妹。如今，我很羞耻自己这么多年来一直在做傻子，尤其是这九个月来，我写信给她，寄礼物给她，她不仅不领情，相反，还写了一封粗鲁、无情的信来骂我。

凌叔华这封信，美芳对小滢说不记得收到姨妈这封信。是没寄出，还是美芳忘记了？但那个时期姊妹二人发生过矛盾或误会是存在的。

到南洋大学教书后，这些矛盾也就慢慢冰释了。

二

初到南洋大学，她创作第二部长篇小说的梦一直未休。她在给伦纳德的信中说，她一到新加坡，便搬进学校提供的三居室小别墅中，让她吃惊的是，新加坡竟是个“半中国的国家”。

六月三日，在信中又报告了初到的感受，她发现在这里很难了解到当地的政局，除了分量不重的教学工作和帮助图书馆收藏中国现代文学作品外，她在一座四邻稀疏、但树木茂密的小山坡上，过着一种“隐士生活”。夜晚，她点着蚊香驱赶昆虫，香烟袅袅，伴她进入香港、台湾和日本的梦境之中，这使她获得“一些新鲜思想，我可以把它们用到我的第二本书中”。

深秋时候，她又给伦纳德去信说，对于那个庞大计划，她的信心突然崩溃了。朱利安“说我的文字有一种俄罗斯风格，有时还有点儿法兰西的味道。他说如果能正确地运用它，就可能写出杰出的作品。我想按照他说的去做，但不太成功。如今每天的生活让人厌烦。我可能是江郎才尽了。”

不久，山下有四个男孩女孩来找她。这些孩子大都十来岁的样子，衣裤破旧，散漫不洁，脚上也没有穿鞋子，然而他们憨态可掬，天真活泼。一个大一点的女孩对叔华说：“您是先生，我妈说请您教我们读书。”她说着随手把带来的两条黄瓜和一把小葱放到桌上，又补充说：“这是给您的。”

叔华感到这些孩子朴素可爱，收下黄瓜小葱，她给了那些孩子铅笔和练习本，并嘱他们每天黄昏来这里读书练字。

时间如风，一刹那便两年了。南洋大学增加了上千名学生和一百多名教员，房子也增建了几十座，而那些乡下孩子像裕廊山的植物一样长得疯快。有几个月叔华到伦敦休假，回来时三个孩子已穿上了鞋子，衣服也穿得整整齐齐了。那个大一点的女孩到城里工作去了，她回来看叔华时，脸上涂了脂粉，头上烫了发，脚上还穿一双漂亮的高跟皮鞋。

凌叔华意识到，孩子们真的无可置疑地长大了。

凌叔华在中文系授课内容是新文学研究（1956 年学期，必修课）、新文学导读（1957 年上学期，选修）、中国语法研究（必修）和修辞学（1957 年下学期，必修）。

她调查这些学生看过什么书，发现他们读书很少，而且书籍匮乏，偶尔看到有一本新书，大家便抢着去买。但是，她也发现，这里的学子爱好新文艺和具有写作才能的很不少。凌叔华被他们的知识饥荒深深感动，授课时格外给补充新的文艺理论。她常对他们讲，无论科学也好，艺术也好，都有它的术语，也有其基本原则。如果做一个学人，就要认识这一合理的新趋势。写一篇小说，光凭灵感是不能取得成功的。天才者或有例外，但有几人呢？关于创作，要虚心采访和研究，只凭自己那点意思，写出来的东西多是狭窄肤浅的。她告诉他们，对新文艺有志的人，要充实自己对大众的了解，然后方能下笔，像过去那样“十载寒窗”，面壁自修，已经跟不上时代了。

为解决书籍匮乏，她利用去香港看望女儿小滢和度假便利条件，为大学带回数百册新书，不到一周，被学生抢借一空。如《文学研究》、《文学遗产》等新文艺之作，在市上发现了，常会加二三倍的价钱，被捷足者率先搜去。有一次她发现多了一本《文学遗产》，便给了一个学生，那个学生竟高兴得流出眼泪来。

四年间，她在新加坡和英国之间来回穿梭之余，还访问了亚洲许多地方。

三

凌叔华在南大教完第一学期课，一月底到台湾去看望苏雪林。在这期间，她与苏雪林一起参观了台中白沟古物保存所，观赏了北京故宫博物院运台的收藏品，并游了日月潭。趁此之便，她又去香港度假，与在香港美联社工作的女儿陈小滢团聚。

凌叔华出于对蒙师辜鸿铭的怀念，去了一次他的故乡马来西亚的槟城。

渡轮靠岸后，凌叔华看见人群中大地先生和两位南大同学在那里等候。大地先生先是带她见过生病在家的槟城艺术协会会长清泉先生，再乘车到北部旅游胜地丹绒武雅的下榻怡园。

凌叔华入室安置好行装之后，下楼来享受花园夜色美景。她告诉大地先生，“辜鸿铭先生出生在这里，我来之前想去凭吊他，可是没有人能告诉我。他是我父亲的好友，他在槟城的声望远不如在北京大，如若槟城加上他在北京的名气，这座城市就名符其实的人杰地灵了。”

大地先生是凌叔华在英国时就认识的朋友，是星、马闻名遐迩的书法家，他说：“凌先生的话确是如此，辜鸿铭先生的事迹和文名在槟岛彰显，定会占尽南亚风光。”

在槟城，凌叔华游览了极乐寺、泰禅寺、观音亭、圣乔治教堂、诗华寺等处，她想起童年时辜鸿铭先生与她说过的那句话：“槟城风景好得很呢。”今天她到这里，果然印证了辜先生的话不是虚言。

而槟榔屿给她最奉厚的报答，便是那篇名播海内外的散文：《记我能知道的槟城》。

一九五九年初，凌叔华利用放年假的机会，踏上了她第三次去日本的旅途。

前两次去日本，正是日本全盛时期，处处有条不紊，确是一个山川秀丽、国泰衣丰的强国。而这次去日本，则是“战后”

造访，其国势大不如前，那蓬莱三岛的风光，也在人们心中消褪了颜色。

她乘船途经香港直抵日本横滨，然后转道去日本首府东京。

刚刚放下手里的提具，她便接到张大千先生打来的电话，说刚刚接到巴黎来信，得知今日抵达东京，请即刻到他家共会刚从美国纽约来的画界朋友济远先生。

他们一见如故，大千在日本朋友杉村建议下，次日到镰仓逛庙看梅去。镰仓位于东京南部的神奈川县，背山面海，是一座著名的历史古城，被日本称为“镰仓时代”。在高德院，他们一行到神社看完大佛，便乘的士到锦屏山瑞泉寺看梅花。

凌叔华走到禅堂转角的花坛上，有一弯老梅枝干斜伸过来，其姿态宛如梅兰芳的“贵妃醉酒”。大千说：“这棵叫照水梅，它的花朵都是面向水的。”凌叔华则想到，那年徐志摩到孤山，寄回北京两枝梅花和一首诗：

红梅肥
绿梅瘦，
绿梅寄与素（叔华），
红梅寄与眉（小曼）。

凌叔华对大千说：志摩永远忘不了人间，所以他的诗句，总是带着人间的温暖。

大千也说：徐志摩是个多情的诗人，他陪泰戈尔到日本写的那首《沙扬娜拉》，至今读来让人心动。

结束东京之行，凌叔华告别大千夫妇和济远先生，又南下京都，最后一站是奈良。这些地方，她战前都曾去过，再游只是想重温年轻时的梦境和看看战后日本经济的飞速发展。

四

在南大执教期间，中文系先后有过两任主任。第一位是佘雪曼（1909—1993），他的任期是一九五六至一九五七年；第二位是涂公遂（1902—1992），他的任期是一九五八至一九六零年。

中文系教授有着复杂的人际关系和背景。

中文系主任佘雪曼与教授潘重规同出于南京中央大学；后任中文系主任的涂公遂毕业于燕京大学，刘太希毕业于北京大学，而刘与潘重规还是舅甥关系。佘、潘这些“章（太炎）、黄（侃）弟子”，以南京大学为师承是很自然的事，而潘重规还是黄侃的女婿，他的妻子黄念容一九五七年也成为南大中文系讲师。刘太希是潘重规舅舅，为接出困于大陆的姐姐（潘重规之母），刘太希想尽一切办法，救其姊于“水火”之中。

凌叔华虽与涂公虽同出于燕大，但二人并不在一个系，关系一般，因而“被孤立于外”。

刘太希（1898—1989）于一九五七年下半年应聘到南大中文系，他是江西信丰太阿人，早年入北大，是林琴南、梁启超的高足。后到小县城当了个不太正规的小县官，抗战初钻到国防部当了秘书，边写诗边混饭，竟被蒋介石授了个少将参议。蒋败逃台湾后，他到香港定居，一九五七年通过亲属关系进入杏坛，到刚建立的南大中文系当了副教授，授课内容是历代诗选、诗经等，一九六二年看到南大形势不妙，便辞职去了台湾。

凌叔华在授课之余，鼓励学生创建了“南洋大学创作社”，开展写作及文艺评论；而刘太希、涂公遂则支持中国文学研究会写古体诗，从事古典文学研究。很快，他们在创作主张和创作实践中产生了分歧和争论，主要表现在刘太希古诗正统观与凌叔华寄希望“新诗的未来”的分野。学生中也各有追随者，由此带来人际关系的变化：凌叔华，潘重规、黄念容夫妇于一九六〇年四月离开南洋大学。涂公遂、刘太希于一九六二年三月离开南洋大学，去了台湾。

需要指出的是，凌叔华的友人苏雪林在晚年的回忆中，提到凌叔华在南洋大学执教生涯时说：“南大来台湾找人，应聘者有台北师范大学潘重规等，我名亦其列。我怕南洋气候不适合，不敢去，荐原在英伦侨居的凌叔华自代。凌到南大后即教我的功课，但凌与那边中文系主任刘太希摩擦得相当厉害，仅教一年即未被续聘。”

受到苏雪林此话的误导，有论者以为凌叔华在南大只教了一年或一年半的书，而受教于凌叔华南大中文系的第一届毕业生纷纷为老师鸣不平，认为苏雪林“厚诬”了凌叔华。据南大校史记载和第一届毕业生回忆，刘太希从未担任过南大中文系主任一职，他回台湾走马灯似的变换岗达五处之多，当没当系主任与南洋大学就没关系了。而凌叔华在南大执教了四年，确是一个不争的事实。后来苏雪林于一九六四年九月至一九六六年二月也在南大教书，这位《楚辞》考据家能把上古事情考察的有鼻子有眼，不知什么原因，她与友人同在一所大学教了几年书也没搞清楚，是记忆出了问题？还是选边所需？不得而知。

凌叔华在南洋大学教学之外，继续她的绘画，文章则偏重于散文写作。

一九五七年十一月二十一日至二十五日，她在新加坡维多利亚纪念堂举办了个人画展。连士升、潘受以及学生刘森发在报端撰文盛加赞誉。

一九六〇年二月，凌叔华在结束南大四年教学生涯之前，她编辑了这期间写的文章，定名为《爱山庐梦影》，由新加坡星洲世界书局有限公司出版。她在自序中说：

> 这本薄薄的小书是我在来南洋后收集的一件纪念品。这里面描写了我近三年的生活与思想——当然也充溢着我对云南园流恋的情绪。最使我欣幸的是在短短三四年中，我不但得以重温我“爱山”的旧梦，同时还遇到几位对人生对文艺工作有同样见识的真朋友。

云南园的山，成了她梦中挥之不去的影子。山在她的生命中，浩荡着一种态度，一种精神，并与之相伴相生，成为万丈红尘中物我两契的至高境界。

五

一九五九年冬天，借寒假她回了一趟大陆，先后去了广州、武汉和北京。

回到南大的第二年四月二十三日，她写信给伦敦的伦纳德：“中国的朋友忠告我说，最好别向其他人提起我的中国之行。”可是她的这个计划无意中被在香港英国 BBC 电视台工作的女儿陈小滢发现了，她知道这会让父亲陈西滢受到牵连，但当她告诉父亲时，凌叔华早已去了大陆。

凌叔华先去了故乡番禺。

在侨务人员的陪同下，她在广州走访了一些亲友，之后便去了故乡深井。在族人的引领下，凌叔华先去了中约坊上街的祖居。她的两个哥哥有的去了上海，有的去了香港，深井村已无直系后人。凌念楚是凌叔华亲叔祖的孙子，一九三一年凌福彭去世时还是个少年，如今已是四十出头的中年人了，凌叔华依稀还能记起他少年时的模样。邻居四婆早已过世，儿孙们也都子女成群，说起往事，大家都还记得叔华的名字和童年的故事。

邻居们对凌叔华说："姑妈童年在江沥海玩耍的那个小港口，现在只剩下半段水域，四婆带你到山上烧香的三圣庙和洪圣宫还在，但北帝庙、雷公庙、医灵庙、关帝庙、观音庙，因年久失修而倒塌了。"

在去景客凌公祠的路上，凌念楚指着几棵两三人才能合抱起的老荔枝树说："四婆家里人常说起，姑妈小时候和孩子们在树下追逐、游戏。小伙伴们都愿意跟你在一起玩耍。"

凌叔华参拜了家庙后，又去了村东北方大飞岗父亲的墓地。

飞鹅岭在大飞岗山巅，爬过几道山坡，凌叔华来到父亲墓前。她环顾四周，这里海拔虽然只有五十多米，然而，它北临珠江，南望全村风光，确是父亲长眠的好归宿，且有驾鹤归去之意境。凌叔华把花圈轻轻地放在父亲墓前，又在父亲墓旁植了两株小松树。

接着凌叔华一路北上，从武汉下车后，她又去了一趟珞珈山下的武汉大学。在与武大的领导和好友的畅叙中，她独没见到袁昌英。在她提出要见她时，校方以种种理由搪塞了。凌叔华哪里知道，袁昌英因家庭出身、南京国大代表等问题被“打右”，继而又被打成“历史反革命”，已被武大开除在街道劳动改造。

后来袁昌英从校方那里接到凌叔华给她带来的礼品，才知道叔华来武汉看她而不得见。

凌叔华到北京后，从周鲸生夫妇那里才得知袁昌英上述遭遇。在武汉，凌叔华用武汉大学的明信片，给英国查尔斯顿山庄病重的瓦内萨写了几句话寄去。第二年十月七日，是凌叔华回英后写给瓦内萨的最后一封信。信中她还译了苏东坡《江城子》的词放进信封寄去。词的内容是：

> 十年生死两茫茫，不思量，自难忘。千里孤坟，无处话凄凉。纵使相逢应不识，尘满面，鬓如霜。
>
> 夜来幽梦忽还乡，小轩窗，正梳妆。相顾无言，惟有泪千行。料得年年肠断处，明月夜，短松冈。

凌叔华借诗说愁，向瓦内萨问候并表明她心迹。时过不久(1961年)，瓦内萨就去世了。

之后，凌叔华到了北京，那里更是天翻地覆的变化。她的老朋友张奚若已身居高位，先做教育部长，又做对外文化委员会主任。他请了凌叔华和几位老朋友相聚。席间张奚若用他带有浓重陕西味的京白，绘声绘色地描述与调侃杨振声手拿酒杯慢悠悠的姿态，真像《空城计》里的孔明，惹得一桌人大笑不止。

然而，凌叔华发现大家笑得很惨，尤其是清华教授邓以蛰在那里一言不发，眼里却含满了泪水。张奚若见状，立刻提议下周到西单的川菜馆再聚一次，一个人也不许少。他特别叮嘱凌叔华说：“你一定得来，就是订了机票，也要展期再飞。”

张奚若的提议，一班朋友谁也不敢与他辩驳。在政界，他特别爱护朋友，与他们的友情长久而不衰。在外交界，不分中西，大家也一样敬爱他。结束中国大陆之行，凌叔华又返回新加坡南洋大学。

六

一九六〇年三月，南大举办“大学周”活动。四月二日，南洋大学举行了第一届毕业典礼，毕业生共计四百三十七人。这一天，南大的师生、嘉宾和学生家长莅临观礼，咸有百年树人之威。

南大理事会主席陈六使（1897—1972）在典礼上致词说：“社会公众人士，有目共见，我们南洋大学初办，能达到这种境地，是值得欣慰的！”

期间，全校师生联吟诵咏，庆贺毕业，诗作后来结集成《云南园吟唱集》。凌叔华经历了南洋大学“黄金时期”的四年，正如徐志摩诗句写得那样：“我轻轻的走了，正如我轻轻的来，拂一拂衣袖，不带走西天一片云彩。”她没有填词，亦没有写诗，与师生们合影后便悄然离去，返回伦敦。

凌叔华知道，一些人根本没有看到南大面临的大势，他们还沿承旧官场那套恶习，争名逐利，早已超出为人师表的操守和道德规范，再言什么国粹，都会把人引入歧途。有鉴于此，

凌叔华（前排右二）与南洋大学师生合影

走开才是明智之举，这里不是你家江山，风雨终将降临，搞那些小打小闹已毫无意义，早晚都得走人。

她的离开有的说是系里人际关系矛盾，有的说是陈西滢敦促她回英照看陈小滢刚出生的女儿，也许不无道理，但那已无关宏旨了。

实际上，从一九五九年开始，接二连三的“报告书”，就已露出形势不妙的端倪：先是西澳大学副校长白里斯葛报告书，提出“只有大学的承认问题，没有学位的承认问题”。后是星马政府资深公务员、医生魏雅聆报告书，又提出学生必须学“中英巫三种语文，南大乃星马真正的国民大学”，“向马大看齐”。这两个报告不断冲击南大，新加坡教育部长杨玉麟攻击陈六使是“商人办学”，说“大学是求学和研究的机构，不是做生意的场所”。李光耀下手更是强硬，干脆“褫夺陈六使公民权”，迫使他不得不向理事会辞去主席一职。这与陈六使筹组民主党、支持自由社会党参加新加坡首届大选，有着密不可分的关系，从此南大成了政治斗争的牺牲品。

凌叔华走后留下的教授一职，由香港作家徐讦继任。

第二十六章　第二次巴黎画展

这是凌叔华继一九五四年巴黎画展后又一次来巴黎举办画展。不同的是，一个在马塞·森纳斯奇博物馆，一个在市立东方博物馆；一个在暖风和煦的春天，一个在寒风料峭的冬天。

一九六二年十二月，经过几个月的紧张准备，凌叔华的个人绘画和她收藏的中国古代名家书画以及文物古玩展终于开幕了。这次展出的作品，还印成了精美大型画册，送给被邀请的嘉宾。

十二月的巴黎，树木凋零，绿瘦红衰，街上行人脚步匆匆，拉起衣服的领子，任寒风撩起他们的衣衫。

十二月的巴黎，寒冷没有阻挡住热衷艺术的人们的脚步，东方博物馆门前，人头窜动，黑鸦鸦聚集了无数参观者。

凌叔华兴奋异常，她一面接见来宾，一面在画册上签名留念。陈西滢也来助阵，他和工作人员招待来宾登记，赠送画册。

在众多的来宾中，最让人注目的是旅法著名华人画家潘玉良和陪她前来的王守义。她和凌叔华是画界同道，也是多年的朋友。自从叔华去南洋教书后，她们已有八年没有见面，这次叔华来法办画展，也得到她的鼓励和支持。

王守义急不可奈地翻着画册。

潘玉良站在那里，默默地读着名信片上法国国家研究院院长安德来·莫洛瓦为凌叔华在波士顿画展撰写的序言：

> 凌叔华这位“心灵纯真”的中国女子是位大文人的女儿，其父曾任直隶布政使和顺天府尹。在中国，文人要精通多种艺术。一个诗人一定得用漂亮的书法书写自己的诗作。中国书法秀美，很接近大自然的线条美。在丝绢上作画，更是容不得半点修改和涂抹。无论是画家画一幅山水风景，还是书法家写一幅字，

落笔都要十分果断。

在《古韵》一书中，叔华讲在她六岁时，有一次用木炭在白墙上乱画，画出山、花和人，引起父亲一位朋友的注意。这位朋友对她说：“你的画很有特色。你很有才，日后定会成为大画家。我跟你父亲谈谈，该让你拜师学画……”就这样，她成了慈禧太后喜欢的官廷画家缪素筠的得意门生。

叔华继承着“书香门第”的传承。她同时学习书法、绘画和文学，终于成为诗人和小说家，她还主办过一本很有影响的杂志，从而在中国现代文学史占有一席重要的地位。后来，她结识了两位英国作家弗吉尼亚·伍尔夫和维塔·塞克维尔·韦斯特，在两位的指导下，尝试着用英文写作，并成功地将自己中文作品那充满诗意的韵致融会在了英文作品之中。

她的绘画属于中国所谓的“文人画”之列。文人画刻意表现的已不仅是山川花竹等既有的固体本身，更要表现画家本人的情趣神韵和思想意境。在她那蕴涵诗意的绘画中，那些高山、流水、翠竹、鲜花，既是物，又是神。就连画面上的虚空留白，也同画家笔下的每一笔一样富于表现力。正如郭宜绶博士（音译）所说：“很难说究竟是画意表达诗情，还是诗情表达画意。其实，正是诗句、书法和绘画这三位一体，才组成了一首诗歌。只有熟练掌握了这三要素，才能画好文人画。”

中国画家从不照抄古人，而是汲取其精华，用以反映自己的时代。他们的画并不一定依照实物。对于他们，重要的是刻画出一种诗的意境。叔华毫不费力地就做到了这一点，她笔下那雾霭笼罩的群山；那寥寥几笔白描勾勒出的波光熠熠的河流，水纹常与绢的丝纹不谋而合；那略带淡灰色的朵朵白云，构成了她独有的使人如入梦中云雾的意境。

她作画的另一个特点，是运用遒劲的笔触，几笔就勾勒出一株栩栩如生的兰花，一茎挺拔的玉兰或几朵含苞待放的苹果花蕾。那朴实凝练的表现技法，与中国水墨画白纸黑墨的简洁特点相谐，构成一种近乎抽象的格调。然而，画面上那简洁的大自然的条条曲线所显露出来的勃勃生机，却鲜明地跃然纸上，这有力地证明了那些花朵和枝茎都是在沃土中孕育成长起来的真实的生命存在。

现在，叔华与丈夫陈教授住在英国。每当她想写生时，便去寻些诸如伦敦北郊荒原、泰晤士河上的迷雾或苏格兰湖泊的景物来描绘。她并不人为地在这些西方的风景中加上一些极为怪诞的东方色调，她只消把所看到的景物如实画出来，就会使它们与众不同。因为她是以一种有几千年历史的眼光去观察的：

少女把自己融入心灵的
　　缕缕蓝丝之中
她感到花儿变得晶莹透明

并且是用世界最古老的文化所赋予她的既精美又罕见的画笔来捕捉大自然的。

参加画展的人渐次进去后，潘玉良、王守义才见到凌叔华。潘玉良握住凌叔华的手说："祝贺画展成功，你和你的画作同样那么年轻！"凌叔华谢过潘玉良的祝贺后说："那年在日本碰到张大千先生，说你为他所做塑像他很满意。"

潘玉良说："那虽是我所学专业，也只是偶尔为之。如此说来还是莫氏为你写的画展序言要精彩十倍。他真不亏是国家研究院院长，对我们中国的文人画竟了解得那么深。"

凌叔华领潘玉良、王守义见过西滢之后，便一道去参观画展。

凌叔华这次画展，是继美国印第安那州哈仑美术学院、美国波士顿博物馆、新加坡和马来西亚画展之后的又一次重要画展。这次展出的画作共有三十余幅，最早的是三十年代初、四十年代中在武大时期的作品，画展还展出了她收藏的元明清三代名画家倪瓒、董其昌、陈洪绶、查士标、恽格、石涛、郑板桥、赵之谦、金冬心等人的作品。此外还有她收藏的文物、金石和文房四宝等。

她们沿着展厅的路走过，在《三峡清晨》画作前停住了脚步。

这是一幅描写长江三峡清晨的景色。远处是万仞大山、裂岸的长江和点点孤帆远影，中景是雄峙的夔门和江水，近处是一丛碧树和高竖的白帆，一条纤绳被数名船工拉向远方。整幅作品气势恢宏，大开大合，画出了祖国山河的壮丽，然而她的绘画语言又是温婉而蕴藉的，表现了一个博大的历史空间，她的时间背景是抗日战争胜利后的当年，作者用三峡这一特定景观，独抒性灵，画出了人民安宁的生活，也从另一面抨击了日本侵略者给人们带来的苦难。

这幅画没有明显的墨线勾描，全用干笔皴擦，湿笔晕染而成，树木、人物全用米氏法皴点，气韵生动地表现了生命的激情和心灵的宁静。让观赏者从大山大江、飞鸿远音中，体验物我双泯的特有情结。

潘玉良转过身去对叔华说："这幅画是你心灵的写照，可惜我没有经历故土那场战争劫难，虽在法国同样也经受过战争苦难和法西斯败亡的喜悦。可是太惭愧了，我画不出这样有感情的作品。"

王守义站在另一幅画前读着落款的题字："一九五四年十月独游渥兹华滋故里，秋山秋树，晓烟暮云，都在传达诗人的诗句，湖上放棹，尤有参禅之味。"

凌叔华画作：独游渥兹华滋故里

凌叔华走过来说："这是几年前到诗人故园去作的一幅画。那几句话是我后来追加上去的，也是我四十多年绘画的一点感悟。明心见性，是禅宗对文人的影响，欲识山川之美，儒、释、道不可不读，然后才能达千古之思，立身画外，存心画中，挥毫泼墨，才能天趣皆成。”

潘玉良驻足身后，不停地赞叹着叔华的这幅画：“太美了！太美了！你看这画如入仙人之境，远山入云，烟岚轻绕，真是自然天成，听叔华说容易，真正做到就难了。西方人绘画就不讲究这些，因而也就读不出那么深厚的韵味，这也是东方画家与西方画家价值取向的不同。”

她们来到《早春玉兰颂》画前停了下来。潘玉良默默读着画上题字：“若盈盈墨秀不谢不凋”陷入了沉思。一朵初开的玉兰，两个含苞的蓓蕾，驻足在一枝新柯上，一只蜜蜂营营而来紧绕着飞舞。这寥寥几笔，一朵玉兰便跃然纸上，与她的山水画形成了巨大反差。构图简洁，不泥成法，透着一股强烈的主观情绪，让人闻到了花朵的幽香，听到了蓓蕾怦然开放的声音。仿佛想起故都潭柘寺明媚的春天，那玉洁冰清的花朵里，藏着早春的一缕阳光，一份情怀。潘玉良说：“你的写意画减少的不能再减少了，那里面总有一种冥力，连结着你的心理思维，给人一种寄托，一种平和，一种反光，一花一柯间，跳动着生命的律动。”

凌叔华说：“我画画从来不是刻意为之，画这些小品都是兴趣所至。”

她们转到叔华收藏古人字画的展厅，仿佛走进了另一个世界，那些烟雨满素的字画，负载着一段逝去的岁月。收集这些字画，是外曾祖父、父亲和她所付出的几代人的心血，不仅要有眼力，而且也付出了相当的经济代价。这些画全是真迹，让潘玉良、王守义直惊得目瞪口呆，口中不停地赞叹：“太珍贵了，太珍贵了！”

凌叔华说：“兵祸水患，保存它更不容易，多亏了西滢在联合国教科文组织做文化工作，不然早就灰飞烟灭了。”

潘玉良在国内时，也见过一些名人字画，但大都是晚清的。凌叔华收藏的元、明画作，她从来没有见过。

凌叔华指着元人倪瓒的这幅山水作品说：“还是我初学画山水时，在王竹林师帮助下，父亲从一个画商那里购买的，现在找这样的画就难了。”

王守义问：“你有师承吗?”

凌叔华说：“除了拜师，师承是有的，王维、米沛、倪瓒、董其昌、石涛、董源、吴历等人的画，全都临过，一段时间迷上了倪瓒，学习之余还写过一篇小说。关键是要跳出前人的桎梏，创出自己的风格，不然一辈子活在别人的影子里，没有多大出息。”

王守义说：“说起来惭愧，我很早就跟玉良学美术，竟然一事无成，只好跑到法国来开餐馆。要讲绘画，也离不开天资。”

凌叔华指着眼前查二瞻云山卷说：“那一年在日本东京和大千先生到上野公园国家博物馆看中国名画，无意中看到了梁楷的《李白行吟图》、《布袋和尚图》和《六祖截竹图》，还有李龙眠的潇湘手卷，那可都是神品。特别是潇湘手卷中的云水、鸥鸟、渔村与烟云的和谐，真可与米元章山水媲美，然而我收藏的查二瞻仿米友仁《宿雨霁晓烟欲出》卷，与此卷有着同工之妙。我突然有个念头对大千先生说，我很盼望有一天把它携去对着欣赏一下，这个梦不知哪天才会实现。”

潘玉良对王守义说："这就是叔华精神世界的两翼，她不仅是作家，还是一个高水平的画家。"

她们又到文物厅，看了凌叔华收藏的文房四宝、三国铜鼓和汉石拓片等文物。凌叔华指着那个身披绿苔的三国时代铜鼓说："这只铜鼓是我在抗战时期从乐山城里花重金买下的，尽管当时生活拮据，但我心里还是拗不过对古文物的痴迷，买回来也只能放在客厅当茶几用。

凌叔华在市立东方博物馆举办的个人画展，给巴黎的文化生活增添了一份温情。法国电视台热播了这次画展的盛况，法国电台、《世界报》、《费加罗报》等报刊广为报道，并发专文评述。

她的好友苏雪林在台湾看到她在法国办画展的消息，第一时间写出评论文章予以推介：

> 叔华于写作以外，兼工绘画，幼时曾从西太后画师缪女士学习，长大后，常入故宫遍览名作，每日临摹，孜孜不倦。其画风近郭忠恕，笔墨痕迹淡远欲无，而秀韵入骨，实为文人画之正宗。赴英后，因生活昂贵，井臼亲操，而写作不辍，以英文写一书名曰《古韵》，英伦各大报均以予佳评，台湾亦有人介绍。……

苏雪林的文章，饱和着一份激情和特殊的友谊。

后来，英国大英艺术协会又借出她在法国展出的文人画和收藏的中国古代名家书画，在伦敦展出，亦轰动一时。

纵览凌叔华作品，不管是花鸟抑或是山水，她的画作是典型文人画高逸清远一路，秀韵简括，冲淡恬静，有着米芾、董源、倪瓒和石涛的遗风。更为突出的是，她的画作无不透着佛家的菩提心旨，从有相中悟无相，从本体中悟至道，“故国三千里，深宫二十年”，心识菩提，张扬自性，显露出她过人的艺术才华，那是落花春梦般的禅意钩玄。

十二月的巴黎，风冷雪寒，凛冽刺骨，而凌叔华的画展，却为浪漫的法国人，平添了许多融融暖意。

第二十七章 陈西滢之死

一

一九七〇年三月十二日，陈西滢因病生命已进入倒计时。

住在伦敦北郊亚当森街的凌叔华，正在为陈西滢脑溢血发病住院而忙碌着。因女儿小滢与丈夫秦乃瑞远居英国北部的爱丁堡，她只好求助于台湾“国民政府”外交人员陈尧圣、熊文英夫妇帮忙。

早在一九四九年，中华人民共和国成立，台湾国际地位下降，加上台湾“政府”经费紧张，连年积欠联合国会费，陈西滢的处境便已十分狼狈。

一九六四年一月，中国政府和法国政府建立外交关系，台湾“国民政府”大使降旗撤回台湾，但台湾当局仍电令陈西滢以联合国中国代表的名义，在巴黎乔治五世大街十一号驻馆看守。法国的冬天不仅寒冷，而且漫长，“使馆”内没有取暖设备，陈西滢一人孤独地坐在屋里，形影相吊，冻得瑟瑟发抖，连吃饭也要到外面小饭馆就餐，真是苦不堪言。

一九六六年，台湾国民党政府被联合国取消成员国地位，三月十二日，陈西滢在法警干预下，让其迁出巴黎办公处。他极力抗争，被法国军警强行架出。在挣扎时血压骤然升高，当场昏厥，不得不请医救治。之后他辞去国民政府驻外职务，没有回台，便北去伦敦在家赋闲。

同年五月十八日，他在给台北中央研究院院长王世杰的信中说：“当法警迫我们出走时，心中愤怒，精神紧张，故血压高涨至250度。法警请来的医生，认为必须躺下以救护车送去旅馆。次日便降低，以后均在200度以下，有时仅170、180度，可以告慰。”

自此他为高血压所苦，请求找到接班人他就退休。凌叔华多次来巴黎，为他返回伦敦做准备，同时也心存忧虑，因为家里一直靠他的收入为生，如退休那点退休金则很难维持。这期间，加拿大多伦多大学聘陈西滢前往任教，因身体一直不好，便改由凌叔华就任，讲授中国近代文学。然而她在加拿大刚刚教了一年，因陈西滢生病，便匆匆返回英伦。不久陈西滢又患上了脚软症，行走不便，记忆越来越差，语言表达不也完整了。是回台湾还是居伦敦，心中很纠结，因他与国民 CC 派有矛盾。一九六九年他给学生吴鲁芹信中说：“老耄的状态日增，记忆力日衰，走路极缓，一切都是日落西山的光景。”“老年人到了这种阶段，没有什么话可说了”。

一九六九年二月二十八日，伦纳德去世了。伦纳德生前曾给凌叔华许多实际建议，她也为寻求出版或艺术展览的合同向他多有请教，她很感激伦纳德这么多年对她的帮助，如今像烟云过眼离她而去。

陈小滢记得，她父亲的身体越来越弱。从法回英后，陈西滢送给她一本新出版的《边地之旅》作为生日礼物。几个月后，她因感冒才在床上认真读了这本书，一段湮没了的历史突然展现在她的面前。父亲还在书页的边上写了批注，从他的角度纠正了“朱利安在中国”这一章的某些内容。

一九七〇年在陈西滢去世前不久，小滢和父亲坐在公园的一条长凳上，问他为什么和母亲结婚，而且在发生了那么多事情后为什么还要在一起。他只说了一句：“你妈妈是个很有才的女人。”然后慢慢站起来，走回到汽车里去。

陈西滢这次住院之后，病情急剧恶化，大都处在半昏迷状态，始终未能说话，捱到三月二十九日晚，便与世长辞了，终年七十四岁。他的死，与四年前在法国受的那次强刺激密不可分。

四月三日，陈西滢遗体火化那天，凌叔华已无力再去伦敦北城教堂。事后熊文英回忆说："陈源教授交游甚众，门墙桃李也很多，但是，他的最后一程，人生的最后一程，肉体行将被焚化的最后一段三英里的道路，只有我们夫妇相送。"

陈西滢的死，台湾政府并未特别表示，只发了"两三个字"的唁电了事。凌叔华本就对台湾当局与陈西滢的意见有别，此时更印证了她的感觉。对那个唁电她颇有谤词。

伦敦《泰晤士报》在悼念陈西滢逝世的文章中说："他的逝世，使我们在英国，丧失了一种与现代中国历史最重要的一段时期仅存的联系。"

凌叔华把陈西滢病逝的消息告诉了在美国的老友梁实秋，他正在西雅图的旅途中，即刻写了《悼念陈通伯先生》的回忆文章：

> 通伯在海外甚久，我们难得一面。他和叔华都曾回过台湾，晤谈甚欢。我提议在台湾把《闲话》重印，他欣然同意，并且答应我寻觅原书影印。后来他果然从大英博物院图书馆借原书，删除其中一部分，由我洽商书店影印行世。他要我撰写序文，我义不容辞的写了。删去的一部分，其实是很精彩的一部分，只因事过境迁，对象已不存在，他认为无需再留痕迹，这是他的忠厚处。……
>
> 通伯在海外生活，精神上相当苦痛，老病之身和

横逆的环境抗争，国内的人士很难体会其中的艰苦。叔华告诉我他在巴黎我大使馆独立支撑危局的情形，令人听了心酸。通伯退休后，如果不是因为多病，早已返国定居，不料一代文宗，遂作九泉之客！彩云易散，天道宁论！

曾任国民政府教部次长、中央大学校长、旅美华人顾毓琇与陈西滢是无锡同乡，也是学界同道，听到他逝世的消息，也写来了悼词：

春风寒，春雨冷，无奈清明光影，浓雾散，薄云天，骑鹤人化仙。

明月下，说风雅，长忆西滢闲话。梁溪水，尽清凉，魂魄归故乡。

在台湾的苏雪林听到陈西滢病逝的消息，第一时间写了《悼念陈源先生》的文章，在台湾报刊发表：

陈氏以爱说俏皮话而出名，口才其实很坏，就是他说话时很困难。说他说话困难，并不是说他有口吃的毛病，他倒不和司马相如、杨子云患有同样的症候，但他说话总是期期艾艾，好半天才能挣出一句话。

……陈氏对我们女同事为礼貌起见，俏皮话和泼冷水尚保留；对留英同学，一向玩笑惯了的袁昌英（兰子）教授便毫不客气，至兰子常受其窘。

……记得抗战发生后，其尊翁在南京日机轰炸受惊而死，珞珈山陈寓居然设立素纬香烛的灵堂，并不敢烦朋友来吊祭，他们一家早晚焚奠而已。……数年后，陈母逝世，他哭得像个小孩似的，人家问他衣衾棺木怎么张罗，他只说我方寸已乱，你们说怎样办就怎么办，只须从厚就是。老人家苦了一辈子，万不可再委曲她了。……又过几年，他的姐姐也因病死了，当陈尸榻上未殓时，紧闭的双目，忽然大张，陈氏见状大惊，急进房，俯身死者榻前，用无锡土白喃喃和死者说话。……阿姊不肯闭眼，必是为了老母灵柩停厝异地，放心不下的缘故，抗战胜利后，我一定要将老母和阿姊的遗骨运回故乡安葬，现在请阿姊安心归去吧……说也奇怪，他老姊的双目果然缓缓阖上了，我们吊客也被感动得人人热泪盈眶了。

台湾作家吴鲁芹（1918—1983）在《哭吾师陈通伯先生》一文中说：

我初次见到通伯先生的印象，竟然与我心目中的印象不符，我总觉得他应该是身体修长面目十分清瘦的人物，我何以会有这种想象，实在找不出理由，所以一九三七年初冬入校注册，到院长室请院长签字，发现身材矮小，背微驼，面色红润，就好像其中有差错，似乎系主任方重先生，更符合我想像中通伯先生的轮廓。

我正式受业于先生门下，是在一九三八年春天。

那时学校已搬到四川乐山，系里有几位先生没有随校迁到内地，通伯先生原先只受高年级的课，这时也兼代一班低年级的“短篇小说”。这一学期我开始领略徐志摩一再推崇先生的根底，绝非天才诗人的兴之所至，绝非朋友间的捧场，实在是由衷而言。

在做论文的这段时间，我才认识通伯先生认真严格的态度，并不逊于朱孟实先生。所不同的地方是朱先生是板着脸的，他是笑呵呵的。我那时真是年幼无知，大言不惭……从抄大纲到完稿，连文法上的小毛病，他都仔细改了，他说最重要的是训练找材料、用材料和一般的组织能力，自己的见解还是次要，渐渐我也看出我一些大言不惭的见解多么幼稚可笑了。

通伯先生是着重通才教育的，那时外国文学系的人必修中国通史、中国文学史、哲学概论、理论学等等……到了后来教育部的教育家约了部内科员部外专家研议统一，口号很好，要通才教育专才教育兼筹并顾，也就大势去矣。

从上述对陈西滢的评价和回忆中，应当看出他的性格特征，他不大喜欢说话，而他的语言总是以嘲讽挖苦人见长，这就是他的个性。也因此引发了他同鲁迅的一场论战，并在论战中以“闲话”文名大增。便是那场大战，他从此变得心灰意冷，不再执笔为文，没想到一肚子才华竟输得那么惨。

作为文人，他只是在文坛上昙花一现，那一册薄薄的《西滢闲话》，成为他离开文坛的孤帆远影。特别是那个造神年代，为了突出阶级性，把争论的文化特征全部抹去，把个人性推到政治性的极端，陈西滢不可幸免地成为家喻户晓的反派人物。新时期以来学术界时有文章发表，对陈西滢及其“闲话”作了较为客观的学理论述，这也是社会的进步。

陈西滢本想把留洋所学给社会添一点亮色，不曾想出师不利，被碰得头破血流，只得转道专事教学，安下心来帮助昔日好友王世杰实现教育梦想，把武大办成如同剑桥那样的一流大学，但士不逢时，又陷帮派之祸，不仅实现不了理想，还被迫离开了学界。所幸好友胡适帮他出水火，结束那个困轭局面，以国民政府官员身份留居国外。岂料生不适时，又赶上台湾当局国际地位的丧失，他负不了责也挽不了那个狂澜，最后的命运便这样注定了。

二

陈西滢的逝世，在台湾学界引起不小震动，这年四月，台湾的北京大学、武汉大学、中央大学、台湾大学学生联合会举行追悼会，怀念陈西滢这位学界前辈的逝世。凌叔华被邀请来台参加。

追悼会结束后，她向各校学生联合致辞答谢，并拜访了王世杰、叶公超等当年同陈西滢共事的上司和同仁。

凌叔华原打算将陈西滢的骨灰葬在台湾风景秀丽的阳明山，与胡适、傅斯年、罗家伦等一班老友相聚一起，台湾的亲友告诉她，阳明山公墓拥挤不堪，须按号分配，且世俗感太重，殊无清幽可言，她只好先将此事搁置起来。

六月，凌叔华又参加了台湾故宫博物院主办的古画研讨会。

会上陈方迈和他在故宫的朋友，特意买了凌叔华的《爱山庐梦影》多册送人，与会朋友对文中关于“禅”的解析，特别给予赞许。

叶公超是凌叔华新月社时期的老朋友。他弃学从政，赴台后当了国民政府十年的外交部长，是诧吒外交界的风云人物，一九六一年从驻美大使任上被蒋介石一纸召回，赋闲在家，他不能与在美家人团聚，只好舞文弄墨消磨时间，有时发发牢骚。叔华这次来台，即约她到“红宝石”赴宴，他特意请谭祥做了她最爱吃的各式春卷和一条龙饺子，令凌叔华多年难以忘怀。

此时的叶公超，已不是凌叔华印象中的那个叶公超了。他怒而写竹，喜而绘兰，闲而狩猎，感而赋诗，大有不可一世的气概。然而，他心中的痛苦是许多人所不知道的。他有家归不得，行动有人“保护”，成了一个时代的悲剧人物。

席间，他和叔华谈起北京时的新月社，谈起胡适和徐志摩，无不感慨良多。他说：“胡大哥是个最乐于助人的人，只要他能做到的，他没有不帮助朋友的，往往为了帮助朋友，反累了他自已。”又说：“世界上有两种人，一种是说话的人，一种是歌唱的人。徐志摩是个不会说话只会唱歌的人，他的散文全部的趣味，就在于他的音乐性。”

凌叔华说：“你概括得真精彩，我们这一班朋友，离开的越久，认识得就越深刻。当年我们对志摩死后说的话，写的文章，远远不如你今天讲得好。”

一道水煎饺子上来了。叶公超说：“叔华，趁热赶紧吃，后面的饺子还有水煮的，笼蒸的。通伯不在了，你要想开点，把身体保养好。哀莫大于心死，我活着袁永熹她们在美国又怎么样?”

餐厅外传来了阵阵音乐声，叶公超对领班说：“叫你们老板来，这是哪方神圣在那里弹琴，今天高兴，我要给我的朋友唱一段京戏。”

他一时兴起，在音乐的伴奏下，高声唱起了谭派的《打渔杀家》。

凌叔华听了，不仅韵味十足，而且还带工架，真是不同凡响。她不觉踏节鼓起掌来。

饭后，凌叔华把在法国画展的画册签名送给了叶公超。

叶公超看后说：“你画得苹花真好！岛内只知道我怒而写竹，喜而绘兰，今天在你启发下，我赠你一幅《水仙图》。”

叶公超回去后，真的画了一幅水仙，派人送到凌叔华下榻的中泰宾馆。展现在凌叔华面前的不仅是一幅具有文人气质的水仙，而且还题了一首七绝，配上他那褚体加魏碑的墨迹，《水仙图》更显文气十足：

广寒宫里觅仙踪，
不染胭脂见玉容。
微步凌波闻鼓瑟，
一番萍水一相逢。

这幅画让与会的朋友无不翘首赞叹，凌叔华也被叶公超开朗的性格所感染。

那时候，台北正在举行第二届亚洲作家会议，张秀亚、林海音等文友在中山楼与凌叔华相遇。会后，张秀亚、林海音、谢冰莹、琦君、王怡之相约，到中泰宾馆去看望凌叔华。路上林海音对张秀亚说："在小女生时代非常崇拜作家，我也是一个'凌迷'。"

凌叔华在台湾与林海音（前右）、谢冰莹（前左）、王怡之（后左）、张秀亚（后中）、琦君（后右）

那一天，凌叔华和来看望她的台湾女作家们聊得十分开心。

凌叔华对林海音说："当年张秀亚到北平去看我，可能因为年幼，坐火车累了，晚饭后在我的书房里说着话就睡着了。"

张秀亚说："那年我到北平的第二天清晨，叔华先生还带我到西斜街去看望沈从文先生，那天沈先生夫妇正在家里欣赏青花古瓷，悠然自得，一派闲云野鹤的趣味。"

凌叔华说："沈从文看着身材矮小的张秀亚，惊疑地说，陈蓝（张那时的笔名），你原来是个小姑娘呀！"

光阴荏苒，凌叔华屈指算来，这已是三十多年前的事了。

而眼前的几位女作家，她们在台岛文学的星空中，都是人们眼中最明亮的星了。

张秀亚《北窗下》的风情，饱含着爱的情愫，献给了这个苦难而美好的世界。林海音《城南旧事》的殷殷乡愁，呼唤着人类理性的回归。谢冰莹是女兵出身，喜欢在雨中踽踽独行，而一颗孤独的心，却被雨珠洗亮着。琦君心中的故园，是一盏最亮的灯，故乡的橘子红了，她的名字也被染红了。静止如水的王怡之，始终寻觅着人在世界的位置，抒写人在命运面前的痛苦和无奈。

文学永远是一支心灵的歌，青春的歌，正像生命之水的浪花，前呼后涌地流过，造就着一代代新人。凌叔华说："相聚不易，咱们留个影吧。"

随着快门的启动，她们被定格在那个难忘的瞬间里。

古画研讨会结束后，凌叔华到台南成功大学看望她的老友苏雪林。

成功大学的前身是台南工学院，一九五六年应教育改制而建。苏雪林来后派给她的住宅，在台南市东宁路十五巷五号，三室一厅，前后都有大院子，到学校上课亦很方便。

凌叔华在南大教书时来台北看过她，一晃又十三年未见面了。苏雪林把凌叔华接到家后，畅叙了各自家庭的变化，西滢的死也使苏雪林悲痛不已，她把悼念陈西滢的剪报送给叔华留念。

凌叔华说："真没想到，张宝龄也故去八九多年了。"

苏雪林说："这算不上什么噩耗，我与他夫妻间早已名存实亡。他的死是张家托海上作业的船员捎来口信。张宝龄这个人倒极聪明，对朋友也甚忠实，只是与我无缘。他所要求的妻子是三从四德，服待他如王太子一般的女性。据说他在北京患病，一日侄媳为他织一件毛线短衫，线不够，忽见箱中有一条毛线围巾，颜色相同，便想拆用，他连忙挥手阻止，说这是你二婶的东西，我要作留念，线不够可到街上去买。他流着眼泪说，我过去对你二婶太过分了，现在追悔莫及。后来不几天就过世了。倒是我读了侄辈们的信，也甚为感伤。唉！一世孽缘，难得临死还说几句忏悔的话。"

凌叔华说："我们都节哀吧，事情过去就过去了，我们这些活在世上的人，还要保护好自己的健康。在台北时就听朋友们说，你一直还在研究《楚辞》，我看大可不必，他离我们的时代太远了，研究清楚了又怎么样，留给那些年轻人去做吧。"

苏雪林说："叔华说得对，我这个人的性格是一条道走到黑，宁为玉碎，不为瓦全，不然怎惹那么多文墨官司。活到这把年纪，脑子倒是该开开壳了。"

在台南，苏雪林陪她浏览了赤崁楼、安平古堡、鹿耳门天后宫等景观，吃了那里的虾仁肉圆、鼎边锉、棺材板、蚵仔煎等招牌风味小吃。之后苏雪林送凌叔华到高雄乘机，途经香港返回英国。

陈西滢的骨灰原有放台北的设想，后来她与女儿小滢商量，还是落叶归根好。那年凌叔华在《春日偶成》一诗中说：

重重新缘映湖光，
幽径行行草木香。
便从江南山水看，
梦回依旧是他乡。

许多年后，陈小滢将凌叔华与陈西滢的骨灰，一起归葬于陈西滢故里无锡西郊胡埭乡姚家湾陈氏墓园，了却了她一桩心愿。姚家湾地处太湖之滨，惠山脚下，风光不错，又是鱼米之乡，但对于凌叔华来说仍有“他乡”之感。因为她没有在这里生活过，当年结婚只是到此匆匆一瞥，没有多少情感牵挂。

不知长眠在这里的陈西滢作何感想呢？

第二十八章 殷殷故国情

一

陈西滢的去世，让凌叔华尝到了未亡人的痛苦。

有一天，她忽然接到台湾顾一樵先生来信，转告文化大学张其昀先生意见，约她去该大学执教，并言称如将西滢先生的遗书捐赠，文化学院可为他建文库和纪念室。

凌叔华当即赞成并去信致谢，请董浩云整理告竣后帮助送达文化学院；但对教书一事，因健康原因，不宜前往执教。

关于陈西滢的墓地，她也向顾一樵先生稍加说明，因在台墓地未能即行建设，此事再从长计议。

那样的日子过了一年多，凌叔终于从痛苦中摆脱出来，精神和体力渐渐得到恢复。如今霜冷江河，她孤衾有梦，又想起了家，北京史家胡同的家。家是乡愁的根，家是乡愁的缘，这就是家国情怀。一想起家，天又变得蓝了，水又变得清了。上次回大陆，悠忽间又是十三个年头，尤其是北京，她生于斯，长于斯，那里永远有着她割不断乡思、乡恋、乡情。陈西滢走了，女儿小滢在爱丁堡有她自己的家和工作，不能常陪在她身边。她乡梦难休，如今是该回家的时候了。

从一九七二年春天起，她多次回国观光，回北京，去沪上，访昆明，游敦煌……她风行水行，且歌且行，一路行来甘之如饴，用旅途的劳顿去洗濯心灵的忧伤，用心灵的感悟去点亮生命之光。所到之地，她不忘会旧朋，结新友。她探望陆小曼，面晤沈从文，拜会邓颖超，造访萧乾……有道不完的友谊，说不尽的情怀，她渴望让时光回流，让生命再度起程，去消解路上画不完看不尽的风光。

一九七二年，凌叔华国内游历三月之久。到上海的时候，她想看看陆小曼，此前有人告诉她，陆小曼改了吸大烟的毛病，在艺专教学生绘画。但当她此次上海之行提出与小曼晤面时，友人告诉说陆已去世七年。她听了心里一片茫然。

后来她才知道，一九五三年上海美术家协会举办了一次画展。展会上陈毅市长去参观，发现了陆小曼的画，当他知道她是徐志摩（陈是徐在北大学生）的夫人时，特别惊讶，随即便向工作人员询问她的生活和工作情况，当得知陆小曼生活有困难时，他告之陆小曼是个人才，要关心她的生活。之后不久，陆小曼成了上海图画院的画师，并成为上海市参事室参事，生活上才有了着落。

陆小曼患有肺气肿病，经常住院，还带病给成都杜甫草堂画了多幅水墨画，不取任何报酬，都上交给国家。一九六五年春天，陆小曼病情加重，感到不久将离人世，便留下遗言：“我希望死后和志摩葬在一起。”四月二日，她与世长辞。徐志摩的好友张奚若（教育部长）向海宁文化局打招呼，后来说徐积锴不同意而作罢。不久“文革”开始，陆小曼的骨灰无人接受，只好葬到万人坑。二十世纪九十年代，陆小曼在台湾的一个侄子为她在苏州东北华侨公墓建造了一座衣冠冢，芳魂总算有了归宿之地。

二

一九七五年春天，凌叔华又回大陆旅游。

经有关部门批准，她去了向往已久的甘肃敦煌参观。在到达兰州机场时，由省艺术学院院长常书鸿接机，在一路交谈中，她得知常书鸿也是美术界的同道，一九二七年到法国里昂美术专科学校师从窦古特学习绘画。一九三六年应邀回国，任国立北平艺专教授，抗日战争爆发后，他辗转来到重庆，后又去了敦煌。

在兰州，由常书鸿和夫人李承仙陪同，凌叔华先后参观了兰州博物馆、大桥公社、兰州毛织厂等处。周代的马踏飞燕、商周时期的青铜器、物美价廉的毛织品，给她留下了深刻印象。

第二天她告别常书鸿夫妇，由博物馆女职员陪同，乘火车去酒泉。在酒泉她们参观了夜光杯厂。女职员告诉她，夜光杯是用祁连山老山玉制成，白如羊脂、黄如鹅绒，绿如翡翠、黑如乌漆，其形制简朴典雅，广为中外宾客欢迎。凌叔华看了赞叹不已，买了两只作纪念。

凌叔华在甘肃与常书鸿夫妇留影

去敦煌没有铁路，天刚拂晓，她们便乘长途车出发了。出酒泉小城不久，车便进入大漠。一路尽是起伏沙丘，荒漠中只只球状植物，据说叫骆驼草，是沙漠中的绿化树。

天到中午，她们在这里用过午饭，继续上路。车后扬尘像一条硕大的尾巴，拖在身后须臾不肯离开。在红日西下时，她们来到敦煌艺术研究所，洗漱后共进晚餐，相约明天去看千佛洞。

一九六一年国务院把敦煌莫高窟定为全国重要文物保护单位，今已花了十多年时间，陆续用水泥修了参观的人行道，并仿大理石雕成栏杆，既美观又照顾到游客安全。

凌叔华在这里一连看了三天，拍了许多照片，画了许多素描。之后她又游了鸣沙山、月牙泉、西千佛洞、白马塔、西云观等景点。敦煌比北京季节要晚一个月，正是榆树开花的时候，她们采了许多榆钱，请厨房师傅做了榆钱饼给大家尝鲜。

凌叔华结束敦煌之行，完成了一次人生的灵魂采光。

回到伦敦，她写出了散文《敦煌礼赞》，在香港报刊发表。应香港《大公报》之请，她把自己在大陆两个月的所见所闻，写了《我的回国杂写》，连载三四日。她在给浦薛凤的信中说："内中后半是叙述西滢辞职后可怜心境及政府无情待遇……此种待遇，当然不止对西滢一人。我听到他的荒唐待遇，不止一二次了，可怜忠心耿耿如西滢者（他是昏倒在地，当法国政府逼他交出中华民国大使馆的时候，那时巴黎及伦敦报上均有照片登载）。台北方面，见他因病辞职（血压高得惊人）反而不理会。直等他辞职之后，另派一人，官加一级（大使级）薪加一倍，巴黎中国及法国学术界对此皆抱不平！当然'朝里无人莫做官'，这本是至理名言，不幸西滢不肯相信。"

那时凌叔华已经七十五岁，她穿一件外套，不系扣子，脚穿一双平底鞋，看上去步履矫健，能走许多路的样子。

三

一九七八年，凌叔华再次回国。在这次回国之前，她先给时任全国人大常委会副委员长、天津女师同窗邓颖超去了信。邓颖超身边工作人员赵炜在《历经半个世纪的同窗之谊：我所经历的邓大姐与凌叔华的几次交往》一文中说：

> 邓大姐看到凌叔华的来信后，对我说："我要见见她……（她）在校时在学习上是个出类拔萃的人物。人长得也很秀气，温文尔雅。后来她成了作家和画家。我们几十年没有来往也没有见过面了。我只知道她在解放前出国了，后来得知她去了英国，算来现在也有七十多岁了。至今我还能记起她年轻时的样子，现在也成了老太婆啦，我们都老啦。"然后要我一定别忘了提醒她凌叔华来京的日子……六月十九日，凌叔华在来京的第二天，邓大姐在人民大会堂南门二楼的一个小会客室里，与凌叔华见了面。记得当时邓大姐提前了几分钟等候着客人的到来。不一会儿，凌叔华在工作人员的带领下走过来了，邓大姐等候在门口，凌叔华进来的时候，两个老同学久久地握着手，很长时间没有松开。

一九七九年三月，经医生检查凌叔华患了恶性肿瘤，左乳房手术后康复。

陈小滢的丈夫秦乃瑞，是英国爱丁堡大学中文系主任、苏格兰中国协会主席。他一九五七、五八年来北大留学，一九七二年率一个代表团访华。一九七九年秦乃瑞来北京大学教书，第二年应我国政府之邀，担任全国人大会议文件英文定稿工作顾问，陈小滢为了让儿子思源学中文，她辞去英国广播电台的工作，也来华任教，并让儿子到北京西颐小学读书。

一九八一年凌叔华再次回国，又与邓颖超见了面。这一次她向邓颖超说出了想回国定居的心愿，并提到凌家在史家胡同的宅子，“文革”时被一家工厂占用了。她说她上次回来到那里看过，也与北京市有关部门协商过归还事宜，却没有结果。她希望回来有个地方住。

凌叔华这次回国，受到政府有关部门的招待。那次宴请，“凌叔华提出请两位三十年代的老朋友沈从文、丁玲作陪。沈从文得知有丁玲参加，就婉言谢绝了”。

凌叔华哪里知道，她的这两位老朋友因一九八○年三月一号丁玲发表《也频与革命》一文，对沈从文一九三三年发表的《记丁玲》一书进行严厉批评后已不再交往，而且成了中国文坛一桩公案。沈从文在给周健强的信中说：“人家已经在《诗刊》上骂过我是‘市侩’、‘胆小鬼’了，我怎么能跟一个骂过我的人同桌吃饭呢?”

这就是那次沈从文未出席宴会作陪的原委。

不久她给家住天坛南门旁（那时家里无电话）的萧乾写信，约其到新侨饭店会面。萧乾夫妇与凌叔华见面后，还将她接到家里畅叙。

在邓颖超的过问下，凌叔华的房子有了结果。一九八五年四月十四日，她在给老友萧乾的信中说，“组织上”给她在复兴路上安排了某单元七楼的住房，虽厨房卫生间欠备，但“有煤气供暖，有电梯上下，这在北京是天堂样的房子了！”她说的那套房子，即今天复兴路燕京饭店附近一套二单元的房室。

她在信中还告诉萧乾，打算把伦敦的住房部分出售，以备回国生活之用，“因自己年已衰老，不能工作了”，但“作画还可维持标准，所以我想多画些画，以备回国开一画展，得款助老人院，也是一件应作的事”。她还说，这次来北京，她还打算重访昆明，因为她的新作中有一段是以昆明为背景，必须亲眼看看那里的景物。

三年后（1984年），萧乾到英国访问，在中国大使举行的一次晚宴上，凌叔华与萧乾见了面，并对他说：“我生在北京，我的心也还留在中国。只是因为在伦敦生活相当方便，小滢一家也在英国定居，所以总拿不定主意回不回去。”

一九八五年九月，吴文藻去世，凌叔华给冰心去信表示哀悼。信中说：

> 想到三年前回去，在你家午饭，文藻是如何健康安逸态度，只不过两年，便已隔世，永不能畅叙了！人生本来如梦如客，希你在这苟酷无情的的日子里，多想想快乐的往事，目前苦恼，努力忘记它吧！我本来想到今年十月回国还可再找一些老友相聚，以了心愿，不想只在一二个月内，先是郑林庄，后是文藻，天道是无情的，还说什么？以前，我每次回国，总是一次比一次朋友少了！我现定十月二十左右回国，回到北京后，第一个要见的朋友是你，希望你可以拨冗见我。我们俩可以瞎聊一番，五六十年前

的老话，乃至于目前有趣的见解和闲谈，都没有关系吧！

你还记得初回燕京时见了我面，你说实话："叔华，你知道熟语说的，江阴强盗（吴文藻为江阴人）无锡贼（陈源为无锡人），咱们俩命真苦，一个嫁了强盗一个嫁了小偷。"陈西滢在旁听了只好苦笑！现在想起来有如一梦了。

写到这里，我真想立刻飞回北京，同你瞎聊一些往事，以解心头悲慽，好在现在已经十月了，还有十几日便可相见。希望我住到复兴路大楼七层后，可以多多相见。我在此一肚子苦恼，谁也不要听，只好憋着气，过着惨淡的时日！

匆匆专问珍重不一。

然而，凌叔华却没有回来。

五年后她在给中国社科院文学所杨义的信中才说出了原委：是一家发了财的马来中国人，央求她出卖住了三十年的老屋，不意买房人野心甚大，买了上面二层，以装修噪音为由又哄骗她卖出留下的房屋。谁知买下房屋后他们封窗起墙，令她不见天日。她不得已把房室全部卖掉，在搬家时又跌伤了腰骨，令她痛苦难忍，三四个月不好，甚至不能独立上街了。

这一年，她的腰伤仍不见好转，经检查大夫说是恶性肿瘤已经扩散，回国定居的事便暂时拖了下来。

四

凌叔华的绘画、教书和文学创作，特别是文学创作，最初由小说及散文，再由散文及文论，这方面她的成就最大，绘画紧接其后，这是她一生的成就和辉煌。在她生命的最后二十年，虽然因年大体衰，疾病缠身，健康状况大不如前，但她仍然矢志不移，且歌且行，并且用不同的文学品种（有些成为她的经典之作），大有“衰年变法”之势，成为她创作生涯的又一峰巅。

一九七〇年七月，她从台湾回英后，应林海音之约，在《纯文学》月刊第八卷第一期发表了剧作《下一代》。

它的故事发生在伦敦西北住宅区一户南洋侨民的家庭。这个家由舅、甥女、甥男、孙、外孙女组成，他们在西方社会不辞辛苦谋生，但一颗心仍系念着故土（南洋），最后祖、孙两辈人决定回去种稻、养鸭、办孤儿院和学校。

这是凌叔华燕大读书时尝试过的一种文体，四十五年后她又以南洋侨民为生活素材，写出了“有钱”也驱赶不走对于故土的乡愁。

《敦煌礼赞》是她这个时期散文创作的又一经典之作，也是各家选本必选篇目。祖国的大好河山、文化遗产和自然风光，都使她情有独钟，备感亲切。她在这篇散文里记下了所感所思，以及祖国发展变化：

> 我们现在的敦煌已不是千百年前“春风不度玉门关”的敦煌了。我到敦煌后，天天在艳丽的桃花、李花、苹果花、海棠花下过，青青的柳色，亦溶化我的离愁，翠绿的水田，使我幻想的江南居然移到沙漠来。同行的研究员告诉我，“三十年前的敦煌，有句俗话‘喝水贵过油，风沙撵人走。’现在经过毛主席的领导，把党河修好了，居然水田、花木瓜果都有了。这里夏天的瓜和水果都格外甜，你下回来，可在夏天来尝一下。”

我们也知道敦煌早已闻名世界，在汉武帝时遣使张骞走过，唐时玄奘到印度取经走过，元时马可波罗走过。那是我们在两千年前送丝绸到欧洲去的路，也是他们带回葡萄到中国做酒的路。这些都是我们生活丰富的东西，我们也希望二十世纪的学人也会借此机会，使敦煌宝藏重见光明，把已往失落的宝物送回来，这会使得更多世界学者乐意来敦煌参观并研究的。

这篇散文，是凌叔华御风而行超越时空的心灵歌唱。

一九八四年十一月，凌叔华发表在台湾《联合文学》创刊号上的短篇小说《一个惊心动魄的早晨》，可以说是她在小说领域创作的封笔之作，一别早年闺秀风格，用第一人称描写日军占领下的北平，“我”在海淀大街李大妈家的一次奇遇。

小说通篇写了一个“惊”字。小说讲的是一天早晨，“我”送小女儿到幼稚园、街上买完菜正要回家时，被李大妈拦住，让“我”到她家帮一下忙，因为她的丈夫在“我”父亲手下当小职员多年，不好不去。原来是她丈夫离家十五年，早不回晚不回，正赶上儿媳坐月子才回来。儿子是个爱国者，明知媳妇要生孩子，却要加入“民团抗战”，直到走的那天早上才告诉他娘。母亲明白，男人向来是“流血不流泪”，她理解儿子的心情，便不再去拦。接下来小说情节便展开了。

我进门后，早就听到年轻女人的呻吟声，此刻我也看到左手卧房蓝布帘子里面，炕儿上躺着一个白头发的老头子，身上盖着厚厚的棉被，闭着眼睛哼哼的呻吟。一会儿忽然侧身要坐起来，嘴里喊着：“大忠的

> 妈，你给我买到帽子没有？我求你赶快去买一顶。时辰一到，我就得走，到了阴间，没有帽子戴，可要被小瞧不起啊！”

李大妈告诉他已给他到做衣铺定了帽子，老头一再催她再去。李大妈说你儿子是为国为民才离开家的，忠孝不能两全，我还要照看他的媳妇。李大妈被催不过，拉住“我”的手暂时照看一下，接生产婆一会便来，她再不能等，数完钱便走了。

> 我独自留在堂屋，留心两边房的人叫唤，不知为什么，心里忽然一阵空虚、怅惘，好像半夜在坟地里迷了方向，摸索走路。一会儿老头儿大声的喊我：“十姑娘，请您进来一下，我得穿上鞋子。那双黑缎子鞋子，是在床底下，你来帮个忙，我下不了地。”

一会儿对面房里的小媳妇又哭又喊痛死了。如此三番交替呼来唤去，万一是难产怎么办？正在这时，大门铃铛一响，接生产婆到了，好一阵折腾，最终生下了个儿子。

> 老头子忽然坐起来正色望着我，说起庚子年那场战争，义和团也和今天的“民团”一样，都是为国为民战争的，这仇是永远不会忘的，外国人再来欺负我们，我们都立刻变成“民团”，或者就叫“义勇军”，“只有小日本不肯相信”。

最后，老头子也不再说他死了，“灰白贫血的脸，忽然光润起来”。

这是两代人对于同一性质战争的认知。小说用一家人“死亡”和“新生”，描写了北平普通人的抗日故事。

随着中国新时期的到来，凌叔华也浮出了地表。

她的作品在大陆、港台不断再版。据不完全统计，先后由人民文学出版社再版了她的《花之寺》、《女人》、《小哥儿俩》，天津百花文艺出版社出版了《凌叔华散文选集》，广东花城出版社出版了她的小说集《花之寺》，四川文艺出版社出版了《凌叔华文存》（两卷本），北京华侨出版社出版了她的自传体小说《古韵》，当代世界出版社出版了《凌叔华经典作品》选，上海书店书出版社出版了她的佚作《中国女儿》，江苏文艺出版社出版了她的小说集《绣枕》等，美国出版了她的自传体小说《古韵》，香港文学研究社出版了《凌叔华选集》，台湾业海出版社出版了自传体小说《古歌集》（另一版本书名），台湾洪苑书店出版了《凌叔华小说集》（一、二两册）等，还有一些作品被选入各种版本。

一时间，凌叔华又热了起来，还有许多咨询者、通信、来访、研究文章等见著报端。比较有代表性的采访是美籍台湾女作家木令耆（刘年玲）的《菊访》、台湾《联合报》记者郑丽园的《如梦如歌——英伦八访文坛耆宿凌叔华》等。

木令耆的采访是在一九八〇年八月。

她是由台湾到美国留学，在图书馆的《新月》杂志上读了凌叔华的作品，经心笛女士的提起，借这次到伦敦学习电视剧写作来拜访的。在紧张学习之余，她两次到凌叔华家长谈。第二次她手持一束金黄色菊花前来，告之“正因为我想到了中国，才买了这束菊花为您祝福！”

她们所谈的内容有白话文写作，《现代评论》杂志，徐志摩和林徽因、梁思成的友谊，二三十年代文坛旧友以及文艺又在复兴等。

文章题目便是由那束金黄的菊花而得之。

郑丽园小姐的采访是在一九八七年春天。

她到伦敦后四处打听凌叔华的居所，失望之时在伦敦大学讲师马森的帮助下，几个星期后才得到了回音。联系上后，她本以为几个小时的访问，没想到，被凌叔华娓娓道来的中国近代文学史以及趣闻所深深吸引，一个月内竟跑了八次。面对十年前罹患乳癌，去年跌伤腰骨，又乏人照顾的凌叔华，还在追求未竟大志，感动的她舍不得轻易下笔。

对于这次采访，郑丽园把八次漫谈的内容有“齐白石、康有为、俞曲园是家中常客；英文是辜鸿铭打的基础……”、“泰戈尔来我家喝杏仁茶，徐志摩、胡适之等都到了，独有郁达夫缺席……”、“朱湘来珞珈山看过我后，就在武汉（上海到南京）渡船上投江自杀了……”、“我在遍地死尸、难民的川西，开始与维吉尼亚·伍尔夫通信……”、“为了生活，奔走于南洋、北美、英伦之间，中断了写作……”等内容，在《联合报》连载。

在结束访问时，凌叔华托郑丽园把她的散文集转交林海音女士，在题字时竟忘了是八几年，问过后仍写成一九八六年，还是错。

这是晚年的凌叔华在国内外文坛发出的最后光亮。

第二十九章 叶落归根

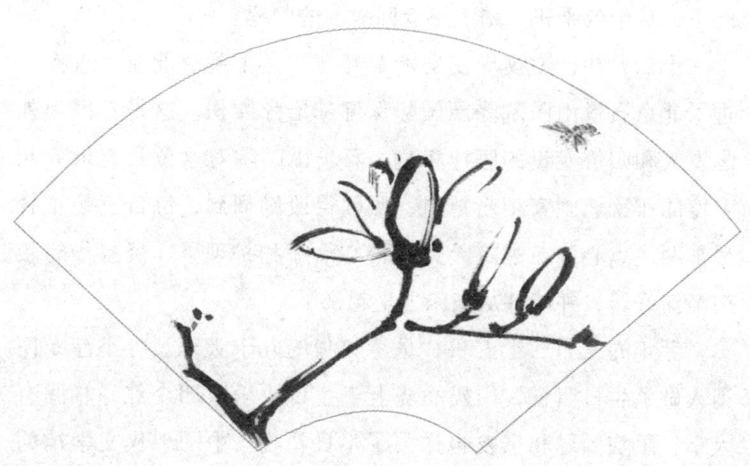

一

一九八九年透骨彻髓的寒冬又降临了。

凌叔华独自住在伦敦新搬进的房子里，寒风鬼魅般地拍打着门窗，她已预感到什么不祥，生命的影子与她渐行渐远。

一种挥之不去的念头顽石般又爬上心头。

她给远在爱丁堡的女儿小滢打电话说：我要回家。

小滢听出了那一端的毫无商量余地的态度，便让丈夫秦乃瑞赶快做出安排，乘车南下伦敦。

其实在那个年代回北京并非易事，他们托的“韩叙、陈昊苏、袁晓园，还有大使馆的工作人员、北京大学及亲戚等”，早已在私下进行。这是那个年代办事的潜规则，因为立法不健全，俗称“走后门”，不然事情则办不成。

一九八九年十二月，她不管天气寒冷，不管女儿劝说，言称就是住院也要到北京去住。在女儿陈小滢、女婿秦乃瑞的陪同下，从伦敦乘机，踏上了返回故国的归程。

十二月初，凌叔华在女婿秦乃瑞护送下到达北京，直接住进了北京石景山医院晓园国际保健部治疗腰伤。这是专门为外国友人和归侨专设的医疗机构。石景山医院对这位具有世界知名度的作家、画家相当尊重，照顾得殷勤周到，每日三顿正餐另加两次点心。在医院大夫的精心治疗和护理下，凌叔华的腰伤渐渐好转，并能够从病床上坐起来了。

翌年的三月二十五日，是凌叔华的九十大寿。陈小滢专门请人做了生日蛋糕，用奶油浇上“生日快乐”四个红绿相间有大字，医院领导和亲友也送去了生日礼物。中国现代文学馆的领导舒乙也带人前来祝贺，并带来了鲜花、寿礼和生日蛋糕。凌叔华看着蛋糕上那个红色的“寿”字，高兴地说：“谢谢!”她躺在鲜花簇拥的病床上，文学馆的同志还为她拍了许多照片作留念。那一天，她用中、英、日文说话，给日夜护理她的护士小姐讲故事，唱日文歌，愉快地度过了这个大喜之日。那一天，医院厨房的师傅还专门为她做了一碗龙须面。

到了四月，不幸的消息传来。她多年前已治愈的乳腺癌复发，并转移到了淋巴。医院会诊后对她进行二十四小时特别护理。由于凌叔华的血管特别细，医院还专门指定一位技术高的小儿科护士长为她打针，以便减轻她的痛苦。

在病重的日子里，她常不分季节的向女儿小滢要她想吃的豌豆黄、山楂糕、烤白薯、茯苓饼等等，小滢和院方想方设法满足她的要求。

远在美国的妹妹凌淑浩接到姐姐从北京寄来的信，她准备让外孙女魏淑凌陪她去北京。就在此时她接到秦乃瑞的信，说十四姨身体虚弱，而且他认为这么远去中国并不明智，并说大夫也认为只有两个星期的时间了，她们不太可能在两周内赶到。

在美国工作的外孙女小明，闻讯后匆匆赶来，这是她第一次回中国，在看护了姥姥一周后，因假期已满便赶回了美国。她在写给妈妈陈小滢的信中说：“石景山医院对我姥姥照顾得无微不至，使我感动不已，我相信世界上再没有第二个国家，能找到如此富于奉献精神医德又这么高明的医务人员了。”

凌叔华对医生和护理人员相当配合，礼节周到，和蔼可亲，为此也赢得了大家对她的尊重。为了防止病毒感染，医院要求来探视的人都穿上消过毒的白色罩衣。有些来看望她的朋友，见到总有好几个人围着她转，误以为是她在北京的亲戚，后来才知道是医院护理人员。

四月三十日，中国现代文学馆的同志征得陈小滢的同意，前来医院探望病重的凌叔华。他们送来一束红色的康乃馨，凌叔华谢过后，示意小滢放在窗前她可以看到的地方。舒乙问她：“您记得老舍吗？”

她说：“老舍是舒舍予，我记得他的作品，他到过我们史家胡同的家。他和他的好多朋友没有了，杨振声没有了，丁玲也没有了……。”

舒乙又拿出几本馆藏的凌叔华的初版书给她看：“这是谁写的呀？”

她说：“是我写的。扉页上的照片是四十年前照的，那时住在珞珈山，日子过得快，日子过得快……”

1990年5月18日，凌叔华回史家胡同故居受到幼儿园小朋友的热烈欢迎

凌叔华心里一直惦着文坛上那些朋友，多次提到萧乾、徐志摩、巴金、夏衍、丁西林、胡适、叶君健、常书鸿、王世襄、熊式一、朱光潜、杨宪益、戴乃迪、赵家璧、张奚若等，她对舒乙说：“谢冰心是个好人。沈从文怎么样？沈从文的太太呢？见到她，给我问好，希望还见到她。”

舒乙问：“文学馆已给许多作家建立了文库，您愿意把您的藏书和画也给文学馆吗？也替您建一个凌叔华文库？”

她说：“也好，希望建文库，建文学馆，难得啊。”

凌叔华应邀在石景山医院处方笺背面签了名，虽还能握笔，但已很难支配那只笔了。她非常缓慢而用心地写了两遍，字迹仍难以辨认。在签完字写日期时问：“今年是一九三几年啊？”

她的思绪又回到她那风华正茂的年代……

五月十四日晚，陈小滢给中国现代文学馆打电话，说母亲想去北海公园，还想回史家胡同旧居看看。石景山医院对此事非常重视，开了专门会议，以满足凌叔华这个愿望，医院最后决定派十名医生、护士监护，带上必备的抢救设备和药品同去，并帮助联系具体事宜，希望越快越好。

第二天，文学馆派人到北海公园进行联系，安排在五月十六日早上，从北海公园东门进入，停在湖水前的东岸，那里角度最好，可以看到白塔的全貌。

五月十六日清晨，凌叔华静静地躺在担架上，汽车从景山西街缓缓驶入，穿过东门，来到前湖东岸的水畔。

北海，是京城人们一块韶华永驻的福地。那塔白如帆，水绿如蓝，置身其间，让你平生出一种心旷神怡的感受。冬天，这里白雪皑皑，一片银色世界，只有那青青的湖面上，飞动着点点殷红，展示着生命的无限活力。春天，绿肥红瘦，满园春色，或疏淡，或热烈，或宁静，路转萦回，疏影薄荫，充溢着至纯至美、仪态万方的风情。

不管是寒冬，抑或是盛夏，这是凌叔华童年时与姐妹们常去玩耍的地方。不管是春日，抑或是深秋，这是她与西滢常常驻足的去处。这里为她留下尽是甜蜜的回忆和无尽的眷念。

她安静地躺在担架上，那白白的塔，清清的水，穿过万千条柳丝，又蓦然闯入她迷濛的双眼。

小滢蹲在她身边问：“妈妈你看见了吗？”

凌叔华脸上浮现出甜甜的笑容：“看见了，看见了！白塔美，湖水美，柳丝也美。……”

凌叔华在陈小滢与外孙陪同下再游北海

在那微弱的话语中，透着她内心无限的激动。她的眼里禁不住流下了热泪。

在湖畔，文学馆、电视台为她录了相，拍了照。这也许是她最后一次来北海了。

从北海出来，汽车驶向灯市口大街不远处的干面胡同旧居。

这是她父亲凌福彭在京城做官时买下的一座大宅邸，有九十九间屋子，从南面的干面胡同向北直通到后面的史家胡同，凌叔华就出生在这里。她结婚时，父亲把后花园的二十八间房分给她，作为陪嫁，从北面的史家胡同出入。自一九四六年她和小滢去英国伦敦，其他时间，她都居住在这里，即便在武汉大学，她也每年回家里度夏。如今，这座院落已改成幼儿园——史家胡同甲54号。这一天，幼儿园听说凌叔华要回这里看一看，她们把幼儿园三百多名娃娃组织起来，手捧鲜花，载歌载舞，夹道欢迎这位远方归来的奶奶。

凌叔华激动得又一次淌下了泪水。

幼儿园的娃娃毕恭毕敬地为她献上鲜花，并为她演唱了《生日快乐》的歌曲。

也许是凌叔华又想起了童年的回忆，她嘴里一遍遍嗫嚅着母亲李若兰的名字，恍惚间又说着呓语："我母亲正等着我吃饭呢。"她仿佛又回到承欢在母亲膝下的童年时代。

凌叔华回到石景山医院，整整一个下午沉默不语，也许她还沉浸在对往日的回忆里。直到第二天她才对她钟爱的外孙思源说了许多话。

六天以后，在亲人和医护人员的陪伴下，凌叔华安详地走完了她九十年的生命历程，了却了一腔故国情怀，永远地告别了这个世界。

历史的时针，定格在了一九九〇年五月二十二日六时四十五分上。

小滢为母亲换上早已准备好的黑地绣花绸袍和披风。这是母亲生前珍藏的料子，小滢从伦敦带来，请人在北京加工缝纫的，她还为母亲戴上了一顶样式别致的黑帽，并别上一枚金质饰针。

发给亲友们的讣告上写着：

> 凌叔华教授（女，1900—1990），原名凌瑞棠，笔名叔华（SHUHUA）、素心等。原籍广东番禺，生于北京。1922 年入燕京大学外文系读书，1926 年发表小说《酒后》成名。在《现代评论》、《新月》、《晨报》副刊上发表大量作品，后结集为《花之寺》、《女人》、《小哥儿俩》等。《绣枕》等小说表现家庭中婉顺女性的苦闷，心理笔法细腻秀逸，揭露了旧礼教对人的残害。她还擅长写儿童情态。1989 年底，抱着落叶归根的愿望，终于由英国回到北京。病重后仍在担架上重游了思念多年的北海公园和史家胡同旧居。1990 年 5 月 22 日上午 6 点 45 分于故乡北京辞世，享年 90 岁。

她留下的最后一句话是，“我不会死的。”

凌叔华去世的消息，立刻传遍了京城，许多报刊、电视台作了报道。

六月六日，在凌叔华遗体告别仪式上，外交部、中国人民对外友好协会、中国文联、中国作协、驻英使馆、香港总署、中华文学基金会、中国现代文学馆、燕京大学校友会、英国华文作家协会等部门或个人送了挽联和花圈。

她的天津女师同窗邓颖超派秘书送来了她从中南海西花厅庭院剪下的一束玫瑰，并请秘书转达：“我人虽未到，但心到了。”

她的燕京大学老同学冰心，派女儿女婿送来了用白菊编织的花篮，上面写着“叔华同学灵次”的挽联。

中国作协主席巴金从上海亲笔写了信："凌叔华女士我三十年代在上海见过，还为她当时主编的报刊写过文章。不能出席告别仪式我感到遗憾，只能请您代我在告别仪式上奉献一个花篮。"

她在病床上提到的老朋友中的健在者，大都前来和她作最后的诀别。

萧乾夫人文洁若来了。正在北京医院住院的萧乾，即刻写了悼念文章《叔华死得幸福》，发表在六月十三日的《新民晚报》上。

老舍夫人胡絜青率子送上一束马蹄莲，深切表达了对凌叔华的哀思。

沈从文的夫人张兆和默默地来了，她把一小篮芬芳的鲜花放到凌叔华身旁，然后又默默地去了。她是为已故丈夫沈从文特来送别的。

凌叔华在南洋大学教过的学生，新加坡大学图书馆主任余秀斌，听到恩师去世的噩耗，专程飞到北京，向老师作最后的诀别。

干女儿杨静远在丈夫严国柱的陪同下，向"母亲"依依惜别。

被阻隔在台湾的老友苏雪林，陈西滢的学生吴鲁芹，听到她去世的消息，未能前来吊唁，她们分别在《联合报》撰文悼念这位文坛才女和画家。

……

告别仪式之后，凌叔华的骨灰在女儿陈小滢、女婿秦乃瑞的护送下，和陈西滢的骨灰一并合葬于江苏无锡胡埭乡姚家湾陈氏墓园。

墓碑上镌刻着：

先父作家学者陈源西滢
先母作家画家陈凌叔华瑞棠 之墓

这是女儿女婿、外孙、外孙女为她和陈西滢撰写的碑文。

她生前誓言："我死一定死在中国"，她的愿望终于实现了。

陈小滢夫妇与儿女在无锡姚家湾陈氏墓园

林花谢了春红。凌叔华没有死，她的文学作品，她的绘画艺术，一定会跨越时间的长路，华瞻地飘荡在五四新文化运动的星空里。这是她的梦，也是她生生不息的夙愿。

叔华先生，你看这里的草多么绿，天多么蓝，阳光多么灿烂！

2006年3—5月，/2007年2—4月。2014年2月修订再版

凌叔华年表

北京（1900—1912）

一九〇〇年　出生

三月二十五日，凌叔华生于北京东城史家胡同。原籍广东番禺县金鼎乡（今广州市黄埔区深井村）。名淑华，学名瑞棠、瑞唐，后以凌叔华为笔名行世。

父亲凌福彭（1856—1931），生于咸丰六年（1856），原名凌福添，字仲桓，号润台。光绪二十一年中进士，授天津知府、顺天府尹、直隶布政使等；民国元年后，任北洋政府约法会议议员、参政院参政。

母亲李若兰，（约1878—1939），广东三水人，为凌福彭第四房夫人。长女淑芝（约1896—?）、二女淑萍（1898—?）、三女叔华（1900—1990）、子夭折（1901）、四女淑浩（1904—2006，一九二五年留美获硕士，为美籍华人）。

一九〇四年　四岁

北京动荡，与母亲姐姐回广东老家。妹淑浩生。

一九〇六年　六岁

随母回广东金鼎数月。

一九〇七　七岁

从天津商会王竹林习画，又拜缪素筠、郝漱玉为师习画。跟辜鸿铭习英语。

日本神户（1912—1913）

一九一二年　十二岁

四月，随三妈谢氏（1873—?）赴日本神户同文学校读书，同去还有哥姐计五人。

一九一三年　十三岁

八月十日，四哥姐去神户山中游览，姐淑英（18岁）、瑞清（17岁）、大容（16岁）、哥淑桂（15岁）溺毙布引瀑布水潭；谢氏遂带淑萍、叔华回国，迁居“天津（今河北区）新大路无线电后”住址。

天津（1913—1920）

一九一四年　十四岁

是年，经母亲请人辅导，叔华、淑浩通过入学考试，叔华考入直隶女子师范读书，淑浩则到另一所公立学校上课。

一九一六年　十六岁

是年，留日归国的齐璧亭任直隶女子师范学校校长，学校更名为“直隶第一女子师范学校”。

一月，齐璧亭兼任学友会会长，下设总部、学艺等八部，部长由在职教委提任，部设正、副委员长，委员若干，由学生担任。凌叔华为文艺部委员长。

学友会还创办《会报》，十六开本，每期200页，约十五万字，发刊1000份。为北洋书局印刷。

四月，《会报》第一期出版，在《十周年纪念录》一文中附有“毕业生及现在学生一览表”。表中有凌叔华二姐凌淑萍（本科三年级）和妹妹凌淑浩（本科二年级）的名字，在藉贯栏均填写为“广东番禺”，家长职业栏为“政界”，住址栏为“天津（今河北区）新大路无线电后”。表中有“凌淑华”的名字，但不知什么原因，无具体内容。

是年，凌叔华在《会报》刊诗文《感怀二首》、《暮秋竹枝词四首》、《雨后天晴邀女友看菊小启》、《与同学书劝其熟读尤西堂〈反恨赋〉》、《张允瑛女士追悼会记》、《论女子学文之功用》、《记学艺会事》。

一九一七年　十七岁

四月，《会报》第三期载文：《专修科将行增设》，告之筹备情况。

六月六日，凌叔华从女师毕业。

十二月，《会报》第四期载文公布《专修科成立》，文中说学制二年，于八月二十二日授课。凌叔华未去中小学教书，她选择了在专修科继续学习。

是年，在《会报》刊诗文《对于化学实验水之心得》、《游普陀山记》、《题咏絮楼集三首》、《参观中记料器厂》、《民国五（六）年年假日记》、《与执友书：历述生平得意事与失意事》、《拟中秋夜与嫦娥书：对月述怀》、《国文毕业考试题目》。

是年，学友会设总、副委员长各一个，由各部委员长中选出。凌叔华被选为总委员长兼文艺部委员长。

一九一八年　十八岁

是年，在《会报》刊文《拟募捐赈济水灾启》、《邀女友组织游春旅行团启》、《人必如何而后为得志说》、《对于中日秘约之感言》等。

是年，邓颖超为运动部委员；许广平为文艺部委员。

一九一九年　十九岁

五月，参加“五四”运动，被选为学生会秘书，在老师指导下为学生会起草游行计划，写讲演词和标语。经老师推荐，作文第一次在报端发表。

夏，于女师专修科毕业。随父第一次到北戴河度假。

一九二〇年　二十岁

随父第二次到北戴河度假。

北京（1921—1926）

一九二一年　二十一岁

入燕京大学动物系，后在老师周作人帮助下，转入外文系。

一九二三年　二十三岁

八月二十五日，《读了纯阳性的讨论的感想》一文，发表于北京《晨报副刊》。

一九二四年　二十四岁

一月一十三日，小说处女作《女儿身世太凄凉》发表于《晨报副刊》。

二月二十八日，散文《朝雾中的哈大门大街》发表于《晨报副刊》。

四月二十九日，在家招待泰戈尔访华一行，结识徐志摩、陈西滢。

秋，毕业于燕大外文系。因在校期间编英文短剧《月里嫦娥》、《天河配》并演出，得“金钥匙”奖。

秋，徐志摩、凌叔华自此起，通信多达数十封。

年末，《现代评论》创刊，凌叔华参与编务。

是年，凌叔华加入新月社。

一九二五年　二十五岁

一月，小说《酒后》在《现代评论》发表，轰动文坛，被公认为成名作。之后，相继有小说《吃茶》、《绣枕》、《再见》、《茶会以后》、《中秋晚》、《花之寺》、《有福气的人》、《太太》等发表，是她创作丰收的一年。

八月，送妹妹淑浩去上海候船赴美留学。

十月，卷入晨报副刊刊头画风波。

十一月，《花之寺》又卷入抄袭事件。陈西滢发表“闲话”，不指名为之辩护。

是年，诗人廉南湖为《叔华为通伯画菊》等画作题诗八首。

一九二六年　二十六岁

三月底，到北京大学参加“三·一八”惨案追悼会。

是年，又发表小说《等》、《说有这么一回事》、《春天》、《小英》；译英女作家曼殊斐儿小说《小姑娘》并发表。

七月，与陈西滢结婚，父陪嫁史家胡同房二十八间。婚礼在东单协和小礼堂举行，胡适为主婚人，设宴于欧美同学会。后回陈西滢老家两月。

一九二七年　二十七岁

小说《弟弟》、《病》、《绮霞》等发表。

十月，陈西滢、凌叔华以北大海外撰述员名誉赴日，为期一年，居京都东山脚下。

是年，北伐日紧，父移居上海，不久又去广州女儿家。

一九二八年　二十八岁

一月，小说集《花之寺》由海新月书店出版。

九月，从日本回国。陈西滢受聘于新成立的武汉大学任教，凌叔华同往，住武昌昙华林大街。

是年，有小说《疯了的诗人》、《小蛤蟆》和散文《登富士山》、剧作《她们的他》、译作契诃夫小说《一件事》发表。

武汉（1928—1938）

一九二九年　二十九岁

是年，小说《小刘》、《小哥儿俩》、《送车》、《杨妈》、《搬家》等小说发表。

是年，任北京古物陈列所专门委员（至1934）。

一九三〇年　三十岁

四月，小说集《女人》由上海商务印书馆出版。

六月，陈西滢接替闻一多任武大文学院院长。

是年，小说集《小孩》由商务印书馆出版；另有小说《凤凰》发表。

是年，女儿陈小滢出生。

一九三一年，三十一岁

秋，父亲故于广州荔枝湾二姐凌雪山处，回南奔丧。

十一月十九日，徐志摩因飞机失事罹难。

十二月六日，参加北京大学徐志摩追悼会，《晨报副刊》发表悼文《志摩你不回来了吗?》。

十二月卷入“八宝箱”事件。

是年，小说《倪云林》、《写信》、《旅途》、《晶子》发表。

一九三二年　三十二岁

一月二十二日，凌叔华交给胡适徐志摩全部日记。

秋，与袁昌英、杨瑞六夫妇等同游衡山、湘潭。

是年，武大新校址在珞珈山落成，陈西滢、凌叔华迁珞珈山“十八栋”第三排第二栋。

一九三三年　三十三岁

是年，散文《衡湘四日游记》发表。

一九三四年　三十四岁

八月二十二日，与陈西滢同游泰山、曲阜。

是年，小说《千代子》、《无聊》、《奶妈》，散文《泰山曲阜纪游》、《我们怎样看中国画》，创作谈《我的创作经验》发表。

一九三五年　三十五岁

二月十五日，应约创办武汉日报《现代文艺》副刊。

九月，英国青年诗人朱利安·贝尔应邀来武汉大学任教。

十二月，小说集《小哥儿俩》由良友图书公司出版。

是年，发表小说《春天》、《开瑟琳》、《转变》，散文《悼花狗》、《西京日记》，童话《红色的冬青》和书评《十七岁》等。

一九三六年　三十六岁

一月初，赴北平吊唁克恩慈女士，借机与朱利安私会。

春，致信天津女师三年级学生张秀亚来京会面。

七月，带小滢回北平与从美国探亲的妹妹淑浩相聚。

十月，与朱利安·贝尔婚外情事发。朱辞职。

十二月末，武汉日报现代文艺副刊停刊。

是年，发表小说《小床与水塔》、《一件喜事》、《死》，散文《悼克恩慈女士》、《春的剪影》等。

是年，美术作品参加南京全国美展。

是年，《大公报》评选“文艺奖金”，应邀担任裁判委员。

一九三七年　三十七岁

二月下旬，赴广州与朱利安见面并送其到香港回英。

七月下旬，随陈西滢赴庐山，参加蒋介石举行的“共商国是”谈话会，会后游山并与胡适会面。

七月十八日，朱利安在西班牙马德里被德机炸死。

十月三日，参加武汉大学战时服务团，赴汉阳劳军。

是年，发表小说《疯了的诗人》、《八月节》，散文《小莹》、《慰劳汉阳伤兵》。

是年，与朱利安母亲瓦内萨·贝尔开始通信。

是年，陈西滢父亲被日机炸死。陈冒死回老家把母亲和姐姐接到武大同住。年末，陈把母亲和姐姐转重庆弟弟处，遂赴四川乐山安排迁校事宜。

四川乐山（1938—1946）

一九三八年　三十八岁

三月三日，凌叔华致信弗吉尼亚·伍尔夫，后伍复信鼓励其用英文创作自传。

三月二十七日，陈、凌参加中华全国文艺界抗敌协会，凌为会员，陈为理事。

六月，“武汉会战”在即，随武大西迁四川乐山，住城北嘉乐门半壁街57号。

一九三九年　三十九岁

八月十九日，日机轰炸乐山。

八月初，其母病逝，携小滢绕道赴北平奔丧。

是年，与伍尔夫信件往还，至伍尔夫自杀身亡。现存伍回信六封。

是年，发表散文《后方小景》。

一九四〇年　四十岁

暂居北京，在燕京大学兼课，住海淀燕大南门外羊圈胡同。小滢入燕大附小读书。

一九四一年　四十一岁

秋，因陈西滢赴英主持中英文化协会工作，携小滢离北京回乐山。

一九四二年　四十二岁

二月六日，绕道香港、广州、贵州回到乐山。十三日，陈西滢与桂质廷同行赴英。

九月，发表中篇小说《中国儿女》。

一九四三年　四十三岁

七月，自筑屋万景山破庙旁，并在平房上搭建小楼，小可容腾，与凌云、乌尤二山遥遥相望。

是年，在成都、重庆举行几次画展。

是年，发表散文《回忆一个画会及几个老画家》、《山居》。

一九四五年　四十五岁

秋，杭战胜利后到重庆陈西滢胞弟家候机。

一九四六年　四十六岁

春，乘机返回北平。

八月初，由北平赴上海候船出国，借住复旦大学靳以家。

九月二日，乘“麦琪将军号”赴美，去印第安纳州胞妹淑浩家相聚。

十一月，到达伦敦。陈西滢出任国民政府驻新成立的联合国教科文组织代表。因总部设在巴黎，此后数年陈西滢往返于伦敦和巴黎间。

英国伦敦（1946—1956）

一九四七年　四十七岁

是年，定居伦敦，住亚当森街十四号。

一月，邀瓦内萨到伦敦会面。

春，访弗吉尼亚·伍尔夫故居。

一九四九年　四十九岁

八月二十五日，凌叔华、陈西滢到英国南海边伯恩茅斯公寓参加李四光女儿婚礼。陈告知李四光国民政府外交部阻其回国信息，李听后只身渡英吉利海峡，经法国、瑞士，由意大利返国。

十二月，在伦敦纽邦德大街亚当斯画廊举办个人画展。

一九五〇年　五十岁

结识英国桂冠诗人维塔·萨克维尔·韦斯特，在其帮助下与伍尔夫丈夫伦纳德取得联系，找回早年寄往英国的自传底稿。

是年，苏雪林自法国来访。

一九五三年　五十三岁

是年，英文自传体小说《古韵》由霍加斯出版社出版。

一九五四年　五十四岁

春，巴黎马塞·森纳斯奇博物馆举办个人画展。

十月，在美国印第安纳州哈仑美术学院、纽约、波士顿举办画展。

新加坡（1956—1960）

一九五六年　五十六岁

五月，由苏雪林推荐到新加坡南洋大学任教，为期四年，住裕廊山十七号宿舍。

一九五九年　五十九岁

年初，重游日本东京、京都等地。

冬，首次返大陆观光，回故乡深井、武汉、北京探访亲友。

一九六〇年　六十岁

二月，散文集《爱山庐梦影》由新加坡星洲世界书局出版。

春，辞去南洋大学教职。

五月，《凌叔华选集》由新加坡星洲的世界书局出版。

是年，《凌叔华短篇小说选》由马来亚青年书店出版。

英国伦敦（1960—1989）

一九六二年　六十二岁

十二月，凌叔华绘画和她收藏的中国古代名家书画及文物展在巴黎东方博物馆举办。

一九六六年　六十六岁

是年，陈西滢辞去国民政府驻外职务，在家赋闲。

一九六七年　六十七岁

是年，赴加拿大多伦多大学讲授中国现代文学。

一九六八年　六十八岁

是年，大英艺术协会展出凌叔华绘画和她收藏的中国古代名家书画及文物。

是年，应伦敦大学、牛津大学、爱丁堡大学之邀，讲授中国近代文学和中国绘画艺术。

一九七〇年　七十岁

三月二十九日，陈西滢病逝，终年七十四岁。

四月，台湾北京大学、武汉大学、台湾大学学生联合会举办追悼陈西滢活动，凌叔华应邀参加。

六月，参加国民政府故宫博物院主办的古画研讨会。在台期间，与叶公超、苏雪林、张秀亚、林海音等故旧相会。

是年，剧本《下一代》发表于台湾《纯文学》杂志。

一九七二年　七十二岁

春，回国旅游约三个月。

一九七四年　七十四岁

回国旅游，见老友蒋恩钿、沈从文。

一九七五年　七十五岁

四月，从北京赴甘肃敦煌参观，圆了她多年的敦煌梦。

是年，《我的回国杂写》发表于香港《大公报》。

一九七八年　七十八岁

是年，拜会老同学邓颖超。

是年，散文《敦煌礼赞》发表于香港《大公报》。

一九七九年　七十九岁

是年，患乳腺癌做切除手术。

是年，《凌叔华选集》由香港文学研究社出版。

一九八〇年　八十岁

八月，美籍华人女作家木令耆访凌叔华于伦敦寓所。

一九八一年　八十一岁

春，回国观光。在北京新侨饭店与萧乾、文洁若夫妇，干女儿杨静远晤面。

一九八二年　八十二岁

十月十五日，致信陈从周，谈及徐志摩“八宝箱”往事。

一九八四年　八十四岁

九月，萧乾、文洁若夫妇赴英，在中国驻伦敦大使馆的一次晚宴上与凌叔华晤面，并说拟回北京定居。

十一月，小说《一个惊心动魄的早晨》发表于台湾《联合文学》创刊号。

一九八五年　八十五岁

是年，拟出售部分房子回国定居，因事摔伤未回。

一九八六年　八十六岁

三月，人民文学出版社再版《花之寺》、《女人》、《小哥儿俩》小说集。

四月，天津百花文艺出版社出版《凌叔华散文选集。》

九月，广东花城出版社出版小说集《花之寺》，收作品三十二篇。

一九八七年　八十七岁

春，台湾《联合报》记者郑丽园访凌叔华，以《如梦如歌——英伦八访文坛耆宿凌叔华》之题，刊于五月六、七日《联合报》。

北京（1989—1990）

一九八九年　八十九岁

十二月初，在女儿陈小滢、女婿秦乃瑞护送下，回北京住石景山医院晓园国际保健部治疗腰伤。

一九九〇年　九十岁

三月二十五日，在石景山医院度过九十华诞，亲朋好友前往祝贺。

四月，乳腺癌复发，并转移到淋巴，医院会诊后改二十四小时特别护理。

五月十六日，在医务人员护理下，到北海公园看白塔，又去看东城史家胡同旧居。

五月二十二日六时四十五分，在石景山医院病逝。

六月六日，举行凌叔华遗体告别仪式。后在家人护送下，与陈西滢骨灰一并合葬于无锡西郊胡埭乡姚家湾陈氏墓园。

参考文献

[1] 费佛颐. 广州城坊志 [M]. 广州：广东人民出版社，1994.

[2] 江长仁. 三一八惨案资料汇编 [M]. 北京：北京出版社，1985.

[3] 杨静远. 飞回的袁昌英 [M]. 北京：人民文学出版社，2002.

[4] 天津市志 [M]. 天津：天津人民出版社，1990.

[5] 宋美云. 天津近代商会 [M]. 天津：天津社会科学院出版社，2002.

[6] 郭凤歧. 天津的城市发展 [M]. 天津：天津古籍出版社，2001.

[7] 雁华. 忆旧 [M]. 天津：百花文艺出版社，2008.

[8] 凌叔华 陈西滢. 双佳楼梦影 [M]. 南京：江苏文艺出版社，1996.

[9] 金凤. 邓颖超传 [M]. 北京：人民出版社，1992.

[10] 李跃森. 司徒雷登传 [M]. 北京：中国广播电视出版社，2003.

[11] 杨静远. 让庐日记 [M]. 武汉：武汉大学出版社，2003.

[12] 民国人物录 [M]. 北京：中华书局，1997.
[13] 凌叔华 傅光明. 古韵 [M]. 济南：山东画报出版社，2003.
[14] 傅光明. 古韵精魂凌叔华 [M]. 郑州：大象出版社，2004.
[15] 陈西滢. 西滢闲话 [M]. 上海：上海书店，1982.
[16] 朱东润. 朱东润自传 [M]. 北京：东方出版中心，1999.
[17] 吴鲁芹. 师友文章 [M]. 上海：上海书店出版社，2009.
[18] 卓如. 冰心传 [M]. 福州：海峡文艺出版社，2000.
[19] 陈漱渝. 许广平一生 [M]. 天津：天津人民出版社，1981.
[20] 凌叔华. 花之寺、女人、小哥儿俩 [M]. 北京：人民文学出版社，1986.
[21] 陈小滢、李菁. 我的母亲凌叔华 [M]. 上海：三联生活周刊，2009.
[22] 虞坤林. 志摩的信 [M]. 上海：学林出版社，2004.
[23] 黄兴涛. 闲话辜鸿铭 [M]. 海口：海南出版社，1997.
[24] 冯祥光. 我所知道的金融巨头 [M]. 北京：文史出版社，2005.
[25] 仪兰、张倡华. 苏雪林自传 [M]. 南京：江苏文艺出版社，1997.
[26] 郑逸梅. 近代名人丛话 [M]. 北京：中华书局，2005.
[27] 朱万章. 陈师曾 [M]. 石家庄：河北教育出版社，2003.
[28] 陈从周散文 [M]. 上海：同济大学出版社，1999.
[29] 苏雪林、于青选. 花都漫拾 [M]. 北京：群众出版社，1999.
[30] 陈群、张祥光. 李四光传 [M]. 北京：人民出版社，1996.
[31] 张放、陈红. 朋友心中的徐志摩 [M]. 天津：百花文艺出版社，1992.
[32] 张菊香、张铁荣. 周作人年谱 [M]. 天津：天津人民出版

社，2000.
[33] 倪墨炎. 苦雨斋主人周作人［M］. 上海：上海人民出版社，2003.
[34] 胡思敬. 国闻备乘［M］. 上海：上海书店出版社，1997.
[35] 帕特丽卡·劳伦斯. 丽莉·布瑞斯珂的中国眼睛［M］. 上海：上海书店出版社，2008.
[36] 虹影. 英国情人［M］. 沈阳：春风文艺出版社，2003.
[37] 胡适日记［M］. 台北：台湾远流出版事业有限公司.
[38] 胡适书信集［M］. 北京：北京大学出版社，1996.
[39] 胡适往来书信选［M］. 北京：中华书局，1979.
[40] 张学继. 袁世凯幕府［M］. 北京：中国广播电视出版社，2005.
[41] 侯宜杰. 袁世凯［M］. 郑州：河南人民出版社，1981.
[42] 魏淑凌. 家国梦影：凌叔华和凌淑浩［M］. 天津. 百花文艺出版社，2008.
[43] 陈学勇. 凌叔华文存［M］. 成都. 四川文艺出版社，1998.
[44] 袁鹰、曾敏之. 海天·岁月·人生［M］. 北京：中国文联出版社，1986.
[45] 晨光辑注. 徐志摩书信［M］. 长沙：湖南文艺出版社，1986.
[46] 韩石山. 徐志摩传［M］. 北京：北京十月文艺出版社，2001.
[47] 清代现代人物大事纪年［M］. 北京：北京图书馆出版社，2005.
[48] 钱实甫. 清代官制表［M］. 北京：中华书局，2000.
[49] 文洁若. 梦之谷奇遇［M］. 北京：中国友谊出版公司，

1992.

[50] 姜德明. 梦书怀人录 [M]. 北京: 汉语大词典出版社, 1996.

[51] 文洁若、费友文. 萧乾文萃 [M]. 北京: 东方出版社, 2004.

[52] 梁实秋. 梁实秋怀人丛录 [M]. 北京: 中国广播电视出版社, 1991.

[53] 番禺市地方志办公室. 番禺县续志 [M]. 广州: 广东人民出版社, 2000.

[54] 陈小滢、高艳华. 散落的珍珠: 小滢纪念册 [M]. 天津: 百花文艺出版社, 2008.

[55] 阎晶明. 鲁迅与陈西滢（论战文选）[M]. 石家庄: 河北人民出版社, 2002.

[56] 冰心、萧乾. 燕大文史资料 [M]. 北京: 北京大学出版社, 1991.

谨向上述著作者和提供文献资料诸位先生、女士致以衷心谢忱